ALEKSANDAR MILANOV

EL REGRESO DEL CONOCIMIENTO SAGRADO DE CATARA

◆◆◆

Los secretos de los portales estelares

ALEKSANDAR MILANOV
La información en el libro está basada íntegramente en conferencias y fuentes escritas de Yesha Ashayana.

© Autor – Aleksandar Slavkov Milanov, 2020
© Editorial – Fundación „Граждани на Новата епоха"
(„Ciutadanos de la Nueva Época")
www.newagecitizens.org
e-mail: alexander.milanov.nac@gmail.com

ISBN 978-619-90834-4-4

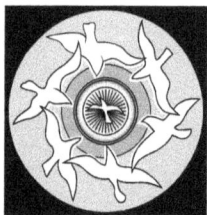

NEW AGE
CITIZENS
F O U N D A T I O N

ALEKSANDAR MILANOV

EL REGRESO DEL CONOCIMIENTO SAGRADO DE CATARA

◆◆◆

Los secretos de los portales estelares

Contenido

La información en el libro está basada íntegramente en conferencias y fuentes escritas de Yesha Ashayana.

INTRODUCCIÓN

Este libro está escrito para familiarizar a los lectores con la información contenida en más de 1200 horas de conferencias (talleres), libros y manuales escritos por Yesha Ashayana y, más precisamente, por la Unión de Guardianes. Esta alianza le transmite información a través de una comunicación multidimensional llamada *transmisión keylonta*. El propósito del libro es servir como punto de referencia para el lector en el mar de información que se ha proporcionado durante los últimos quince años y presentarla en un lenguaje aún más accesible para las personas que tienen intereses en las esferas de los mundos espirituales (las dimensiones), los cuerpos sutiles del hombre y el espacio, sanación y trabajo con frecuencias de energía, estructura multidimensional de una persona, activación de ADN, los lugares sagrados en la Tierra, razas extraterrestres y las relaciones entre ellas, misión y origen de la raza humana, la historia pre-antigua de la humanidad, razas índigo e illuminati en la Tierra.

Todos estos temas son muy extensos por sí mismos, pero están profundamente conectados entre sí. Por ejemplo, para comprender nuestra propia estructura sutil y multidimensional, necesitamos conocer la estructura del cosmos y para sanarnos, necesitamos conocer la ubicación, el número y el propósito funcional de las chakras, centros de Catara, centros de Hara, líneas axiotónicas en nuestros cuerpos sutiles y para poder tener el tipo de energía que queremos de una manera segura. El conocimiento de las razas alienígenas y el origen de la humanidad nos ayuda a comprender nuestra relación con ciertos lugares de la Tierra, el estado biológico y espiritual actual de la humanidad, cuál es el desarrollo natural y lo que forma parte de una mutación duradera en las moléculas del ADN humano. ¿Dónde comenzamos a estudiar estos fenómenos de múltiples capas y qué servirá de modelo para verificar su credibilidad? El autor de este libro ha encontrado la respuesta por sí mismo y consiste en una comprensión profunda del funcionamiento de **la red de catara**.

El libro abunda en referencias a talleres o fuentes escritas, a fin de preservar, en la medida de lo posible, la pureza de la retransmisión de información y permitir al lector profundizar su conocimiento del tema. Al final, se presentan talleres y otros materiales que podrían enriquecer aún más el conocimiento sobre diferentes temas.

Al mismo tiempo, el presente trabajo expresa los puntos de vista personales del autor sobre los temas presentados. Con respecto a los puntos de vista expresados por el autor, éstos no vinculan a Yesha Ashayana ni deben interpretarse como parte de las enseñanzas de la libertad.

Este libro no es ficción, y sus descripciones no son fantásticas ni son fruto de la imaginación de nadie. Al mismo tiempo, la información y las descripciones en él no son fantasías, tampoco es un dogma más que se ha interpuesto en la sociedad y no proporciona explicaciones razonables de las diferentes preguntas significativas que les surgen a muchas personas. El conocimiento que se transmite es más bien una cosmogonía completa que es coherente y el objetivo es que se explique de una manera comprensible. El hecho de no imponer el conocimiento y su buena explicación para los lectores y oyentes son condiciones obligatorias para expresar su respeto por su libre albedrío. La negativa a presentar correctamente el conocimiento sagrado en un momento en que es vital para cada persona resulta en una falta de respeto por su derecho a ser informado y ejercer su libre albedrío, sabiendo las consecuencias de ello.

Incluso, el simple razonamiento sobre temas como el origen de la humanidad, la existencia de razas extraterrestres y la estática del tiempo resulta una ocupación útil para cada persona. Valorar la información desde la posición del conocimiento sagrado, al que debemos tener un escepticismo constructivo y un espíritu de investigación, nos ayuda a crecer mucho más que si lo creemos ciegamente y lo convertimos en un dogma incomprensible o si lo ignoramos y lo vemos como meras fantasías.

Con gran respeto y gratitud por el trabajo que la portavoz oficial de la Unión de Guardianes, Yesha Ashayana ha realizado y continúa realizando en la presentación del conocimiento sagrado de las enseñanzas de la libertad, el autor se esfuerza por hacer que este conocimiento sea aún más accesible para los lectores. El libro da respuestas concretas a preguntas existenciales tales como: ¿Qué es el Absoluto? ¿Cuándo, dónde y por qué se creó la raza humana? ¿Cuándo ocurrió y cuándo se pobló nuestra matriz de tiempo? ¿Cuáles son las razas estelares que la habitan y cuáles son las relaciones entre ellas? ¿Cuáles son las dimensiones en el espacio y cómo se relacionan con la estructura sutil de una persona? ¿Cuántas dimensiones existen y en qué modelo están construidas? ¿Cuáles son los marcos espacio-temporales en los que las personas renacen? ¿Dónde están nuestras almas y de qué están hechas? ¿Con qué razas estelares se relaciona la humanidad? ¿Cuál es la historia pre-antigua de las personas y quiénes son las razas índigo e illuminati? ¿Cuál es el significado de los lugares sagrados en nuestro planeta, y cómo sabemos con cuáles interactuar y cuáles no? ¿Qué eventos cósmicos ocurren en el presente? ¿Qué es el proceso de la ascensión? ¿Qué es el Templario de la Tierra? Todas estas preguntas son los puntos de partida que expanden nuestra conciencia y nos ayudan a orientarnos mejor en la dinámica y las interrelaciones del microcosmos y el macrocosmos para comprendernos mejor a nosotros mismos y nuestra realidad circundante.

CAPÍTULO 1

LAS PLACAS DORA TEURA Y LAS ENSEÑANZAS DE LA LIBERTAD

Las Enseñanzas de la Libertad, también conocidas como las enseñanzas de la Orden de Esmeralda del Monje Melquisedec se originan fuera de la Tierra y contienen la historia más antigua de nuestro universo desde su creación. Representan registros de conocimientos avanzados, tanto espirituales como científicos. Los mensajes en ellos han sido traducidos hace tiempos remotos (la llamada historia pre-antigua) en varias formas, en muchos lugares y en diferentes idiomas, no solo en la Tierra sino también en la matriz de tiempo de quince dimensiones. Lo que representa nuestra matriz de tiempo se comenta por separado en el capítulo tres.

En esencia, las doctrinas de la libertad son archivos de conocimiento sagrado que contienen información sobre la estructura del universo, las leyes y los mecanismos de la creación, así como una representación detallada de los orígenes de las diferentes razas en él, su historia y relaciones entre ellas. La orden de esmeralda del monje Melquisedec también proporciona información detallada sobre la misión y el origen de la humanidad.

Las enseñanzas incluyen el conocimiento del "Cristo interior", "La ley de la unidad", "la ciencia del templario" y "la historia pre-antigua del universo". Todos ellos representan un paradigma interdisciplinario del conocimiento universal.

Esta información fue proporcionada por primera vez hace 950 mil millones de años por Razas Superiores en nuestro universo que lo han poblado con todas las demás razas y son nuestros antepasados.[1] El propósito de difundir estos conocimientos básicos sagrados

---

1 E'Asha Ashayana, Historical origins of the Melchizedek Cloister Emerald

del universo y la vida en él es enriquecer a todas las criaturas y darles la oportunidad de dirigir sus vidas aún mejor aplicando su libre albedrío. El sistema solar, respectivamente la Tierra, se creó mucho más tarde, y el origen de la raza humana tiene una conexión directa con la resolución de los problemas cósmicos de diferentes razas estelares.

La primera propagación de las enseñanzas de la libertad en la Tierra fue hace 25 millones de años, cuando sucede el primer asentamiento de nuestro planeta con nuestros ancestros genéticos, la raza humana angélica. Los registros escritos de este asentamiento no han permanecido, ya que han sido destruidos deliberadamente por otras razas no humanas que han anhelado y continúan anhelando la derrota de la raza humana.

En un período más reciente de nuestra pre-historia antigua, las enseñanzas han sido devueltas a la Tierra por un colectivo de seres de dimensiones superiores llamado "La unión de Guardianes", que actúa bajo el liderazgo de las Razas Ancestrales y El Consejo del Río de Cristal de Aquerión[2], que se explica más detalladamente en el capítulo once.

Este conocimiento de los tiempos antiguos puede compararse con un lenguaje que todos habían hablado y comprendido claramente en el pasado y el conocimiento de la existencia de colectivos estelares en otras dimensiones había sido algo normal, al igual que hoy en día somos conscientes de la existencia de otras naciones en otros continentes. Dado que el contenido y el contexto de estas enseñanzas eran ampliamente conocidos por todos los pueblos índigo y colectivos angélicos, su presentación pública hoy en día resulta un fuerte impulso para despertar los potenciales de nuestra memoria ADN y descubrir las capas más profundas de nuestro rico pasado colectivo.[3]

Order teachings, Introductory topic summary №1, 2009,p.1
2 E'Asha Ashayana, Historical origins of the Melchizedek Cloister Emerald Order teachings, Introductory topic summary №1, 2009, p.2
3 Sobre la diferencia entre razas indigo, humanas e illuminati y sus descendientes en nuestros días, ver capítulo cinco y seis.

Algunos de los eventos más importantes de estos tiempos históricos se tratan en las publicaciones de Yesha Ashayana y se mencionan en los otros capítulos de este libro.

Durante el curso de la historia de la humanidad en la Tierra, muchos aspectos de las enseñanzas de la libertad se han perdido, distorsionado u ocultado. Todas las religiones principales de hoy en día originalmente presentaron un conocimiento diferente pero complementario de estas enseñanzas, pero luego casi todas las tradiciones religiosas fueron alteradas para distorsionar los mensajes y así manipular a las personas y ocultar información sobre su pasado histórico y la estructura de la Creación.

Cuando la información en su estado puro llegaba a la gente de diferentes épocas, sea cual fuere la tradición religiosa en la que se hubiera presentado , su contenido revelaba detalles sobre la conexión de todos los seres vivos y el derecho de todos a conocerse a sí mismos como una expresión directa del Creador. Este mensaje sigue siendo el núcleo del conocimiento espiritual en las enseñanzas de la libertad, que sigue brillando con luz propia actualmente.

La premisa de que cada ser consciente es una expresión del Creador (también conocido como *la Fuente Divina, Dios, Espíritu, Absoluto o cualquier otro término usado para este concepto)* significa que contiene dentro de sí mismo sus calidades y cualidades inherentes. Cuando en las enseñanzas de la libertad se habla del Creador-Dios, no se refiere a un Dios lejano y misterioso, en algún lugar allá arriba, sino al Creador desde el cual cada uno de nosotros pisa conscientemente el escenario de la creación como co-creador.

El Creador no tiene género y cuando la palabra Dios se usa en estas enseñanzas, no nos referimos a un anciano de barba blanca en un trono que manda desde arriba y se enoja con algunas personas y pueblos repartiendo justicia si no se cumple su voluntad.

Otro entendimiento fundamental en estas enseñanzas presentado por su portavoz terrenal, Yesha Ashayana, es que nada ni nadie puede existir fuera de Dios, aunque uno puede elegir libremente pensar y actuar como si no lo hubiera.Las doctrinas de la libertad enfatizan que la cualidad más importante del Creador es que Él crea dentro de sí mismo y no en alguna parte fuera de Él. De esta tesis perfectamente lógica se desprende que todo tiene un origen divino y una misión divina original, y el ejercicio del libre albedrío de una persona u otro ser determina si se va a llevar a cabo esta misión inicial y de qué manera.

La observación de los fenómenos naturales en el universo revela que este proceso creativo no es accidental, sino que sigue principios y leyes naturales claramente definidos, que se presentan brevemente en los capítulos dos, tres y nueve.

Uno de los procesos más importantes y básicos de la Creación es el proceso de fusión.[4] La primera Trinidad Divina cósmica de vida eterna establece el movimiento de la creación mediante la fusión de las primeras tres *partikai* partículas.[5] El proceso de fusión es la fusión natural de dos objetos que forman parte del Creador ya sean partículas microscópicas de radiación, o de humanos, planetas, soles o universos. Esta fusión solo puede tener lugar cuando están presentes los ángulos correctos de rotación de las partículas entre las que se produce la fusión. Si estos ángulos se alteran o sus polaridades se invierten, la fusión no puede realizarse y los flujos crísticos de conciencia que conectan los sistemas vivos no pueden manifestarse. En consecuencia, el cambio del programa cristic innato de interacción entre los objetos, puede bloquear su camino de desarrollo. En la actualidad somos precisamente testigos de estos bloqueos a nivel del micro y macrocosmos y de lo mucho que cuesta superarlos.

En las enseñanzas de la libertad se aclara que la palabra "Crist" es una palabra sagrada usada para denotar la mecánica principal del Creador. Desde un buen principio, todo en la creación existe en base al código crístico y su estructura de la red de Catara, que se desarrolla en una serie de redes de Catara sistemáticamente entrelazadas entre sí, así como las células se juntan para formar tejidos y estos a su vez para formar órganos. Por lo tanto, es el programa que el Ab-

---

4 E'Asha Ashayana, The elements of discovery, 2010, p.53
5 Para más información sobre las partículas partikai, ver: E'Asha Ashayana , Kathara bio-spiritual healing system manual, nivel 1, 2000

soluto ha definido como original y natural para toda la creación, en todas sus manifestaciones. Como resultado del ejercicio de su libre albedrío, un ser puede dañar su código crístico y perder sus potenciales, lo que significa que no se sentirá relacionado con el Creador y con las otras manifestaciones. Tal ser se define como "caído" en términos de su misión original de existencia.

Las enseñanzas de la libertad representan la Trinidad Divina como un proceso físico natural que debe conocerse y cuya aplicación es una condición necesaria para la existencia armoniosa de todo en el cosmos.

La variedad de información que se proporciona con cada taller o libro de la Unión de los Guardianes representados por Ashayana es de una frecuencia de vibración cada vez mayor y revela con mayor profundidad lo que está sucediendo en el espacio.

La civilización moderna divide la espiritualidad, la religión y la ciencia en tres visiones del mundo separadas que, desafortunadamente, no se complementan lo suficiente, aunque buscan dar respuesta a las mismas preguntas.

Si observamos lo que hace la ciencia moderna en áreas como la clonación de especies y la realización de experimentos genéticos, constataremos que la ciencia moderna no ha encontrado su alma y la forma en que maneja los objetos de investigación es perjudicial para ambos los objetos y el entorno que los rodea. En una conferencia del año 2003[6], se presentan cuáles son los problemas de la conciencia cuando se produce la clonación caótica de las especies, y queda claro que el nuevo producto genético es una trampa a menudo insuperable para la conciencia que está en él y no puede continuar su camino natural de evolución crística que llevará a un retorno consciente hacia el Absoluto. El tratar a ciertos seres como pertenencias es extremadamente insensible y muestra una profunda incomprensión acerca de nuestra unidad con ellos a través del Creador.

Los programas de capacitación que se llevan a cabo y los libros impresos en nombre del Orden de Esmeralda del monje Melquisedec no son especulativos ni analíticos, sino que son una traducción

---

6 Dance for Joy, 2003, disk 5

de libros impresos existentes que se guardan en la llamada Tierra Interna.[7] El nombre de esta antigua recopilación de libros es Maharata. El nombre de la epopeya india Mahabhárata es una traducción parcial de estas colecciones y está muy relacionada con ellas, lo que se nota en la similitud en los nombres. Por ejemplo, en ambas fuentes escritas se conservan los datos sobre los mismos eventos históricos de intervención de criaturas alienígenas humanoides azules, con naves espaciales (vimanas) en la India y el choque con otras razas en la Tierra.

Más información sobre los eventos de este período histórico (alrededor del 5900 aC) se puede encontrar en el Disco 4 de "los Legados de Lemuria y Atlantis" de Yesha Ashayana.[8]

Los libros Maharata cuentan con 590 volúmenes, escritos a mano en el idioma anuhasi, que representan traducciones originales de registros aún más antiguos que han sobrevivido hasta nuestros días : precisamente a las placas Dora Teura.[9]

Anuhasi es el primer idioma hablado en nuestra matriz de tiempo, y todos los demás idiomas derivan de él. Los nombres de los objetos en este lenguaje son el sonido que hacen las vibraciones de los propios objetos.[10] Por ejemplo, cuando decimos que el libro se llama Maharata, significa que la vibración que transmiten es con frecuencias Mahara (crísticas) y el sonido producido por ellos tiene una secuencia de sonido "ma, ha, ra, ta".

La pronunciación de combinaciones de palabras y comandos de palabras en el idioma anuhasi representa la activación de las vibraciones correspondientes de los objetos que se indican con estas palabras. Esto hace que el lenguaje sea sagrado, y la pronunciación de palabras y combinaciones de palabras sea un poderoso instrumento creativo. El uso de lenguajes sagrados debe ser un acto muy responsable, ya que hay una poderosa fuerza creativa detrás de las

---

7 E'Asha Ashayana, Voyagers 2, Secrets of Amenti , p.32, 2002; Secrets of Lemuria & the ancient Eieyani, audio disk 1-12
8 The Lemurian & Atlantian Legacies, 2001, disk 4
9 Traducción del inglés de "Cloister Dora Teura plates".
10 E'Asha Ashayana, Engaging the God languages, 2005, p.22

palabras que conduce a consecuencias kármicas, dependiendo de las intenciones y la forma en que se usan.

En sus libros y conferencias, Ashayana explica que las placas Dora Teura son un producto de alta tecnología y son discos plateados con contenido holográfico de una gran cantidad de eventos históricos y otra información. El tamaño de los discos es de unos 30 centímetros, y el material del que están compuestos es un cristal de cuarzo de selenio estriado que se encuentra en la estrella Sirio B. La selenita rodea el núcleo del isótopo radioactivo de cada uno de los discos. La cubierta exterior tiene una aleación de plata que es orgánica para la Tierra.[11] El número total de placas es doce. Fueron creados en el año 246,000 aC de una raza angelical que forma parte de la Unión de Guardianes y está representada por un colectivo conocido como el "Consejo de Azurline".[12] Los representantes de esta raza también se llaman Maharishis y su ubicación se encuentra en el segundo universo armónico (cuarta, quinta y sexta dimensión) de Sirio B.[13] Más información sobre qué es un universo armonico y cómo se ubican las dimensiones del universo, así como referencias adicionales a la literatura y conferencias se presenta en el Capítulo Tres de este libro.

Los maharishis del Consejo de Azurline son unos humanoides azules de aproximadamente tres metros de altura que están genéticamente relacionados con los humanos en la Tierra. Son precisamente a ellos, a quienes describieron los antiguos hindúes en el Mahabharata y su apariencia con naves espaciales (vimanas).

Los maharishis crearon los doce discos como un regalo para las personas de la Tierra de esos tiempos. Este gesto estaba destinado a ayudar a la humanidad a realizar mejor la misión de mucha responsabilidad con la que fue creada: ser el guardián del templario de la Tierra y más tarde, del templario de la galaxia. El templario terre-

---

11 E'Asha Ashayana, Voyagers: Sleeping abductee I, Wild Flower Press,2002, p.xliii
12 Traducción propia del inglés, "The council of Azurline"
13 Para más información sobre la estructura del universo multidimensional (universos armónicos y dimensiones), ver "Dance for life manual", pág. 21, 2002

nal es la red electromagnética orgánica del planeta y un importante sistema de puerta estelar para ascender desde un primer universo armonico.[14] Más información sobre el templario de la Tierra y otras referencias se pueden encontrar en el capítulo ocho de este libro.

Además de los discos, crearon doce escudos metálicos que son un poco más grandes que los discos y tienen la forma de un cuenco con un orificio diseñado para el disco. Los escudos están diseñados para ser utilizados junto con los discos.[15]

Una característica importante de los Doce Escudos es que están construidos de tal manera que, si son sacados de la Tierra, no pueden volver a funcionar otra vez. Por esta razón, su protección en el planeta ha sido de suma importancia porque el mal uso de estos artefactos puede causar consecuencias catastróficas, tanto para la Tierra, como para toda la galaxia. El papel de la Tierra y la interconexión de energía con nuestra galaxia y el universo se presentan por separado en el capítulo nueve. La lucha por estos artefactos antiguos y la información sobre su uso son clave para los eventos históricos en la Tierra y es un fondo constante que ilumina las dinámicas políticas y religiosas desde nuestra época pre-antigua hasta la actualidad.

La Unión de los Guardianes explica en detalle las funcionalidades de los discos que incluyen una serie de propiedades:

En primer lugar, representan un enorme repositorio de datos que ahora compararíamos con un gran disco duro. Hay registros de la historia de nuestro universo y las vidas de las razas desde su asentamiento inicial hace 950 mil millones de años, mucho antes de que los humanos fueran creados. Los discos contienen información detallada sobre la ciencia sagrada y el trabajo con los portales estelares en el universo. Además de las grabaciones de eventos pasados, las placas de Dora Teura brindan información sobre la multitud de líneas de tiempo futuras y pasadas posibles de desarrollo de la raza humana y otras razas en el universo. La elección hecha por cada criatura en un momento determinado determina qué línea de desarrollo

---

14 E'Asha Ashayana, Contemporary Origins & Evolution of the MCEO Teachings, 2009, p.4
15 Secrets of Lemuria & the ancient Eieyani, audio disk 6

experimentará él o ella, pero todas las otras líneas de tiempo existen independientemente y se registran.

En segundo lugar, cuando los discos se colocaron en los escudos, se podrían usar como herramientas de activación manual para los doce centros del templario de la Tierra. Se puede encontrar más información sobre estos centros y otros en el capítulo ocho y en las conferencias y fuentes escritas que se mencionan en el mismo.

El acceso a estos artefactos fue estrictamente limitado y se introdujo un protocolo especial para aquellos que pudieran utilizarlos. Los discos se crearon de tal manera que, si alguien los toca, la persona puede extraer información de sí misma de forma telepática. Esto se debía a que el disco se había creado con características tecnológicas para reconocer la plantilla ADN de la persona que lo había tocado y ésta podría dar órdenes mentales para revelar información.

Los discos están diseñados para ser utilizados de manera determinada por personas que están especialmente capacitadas para hacerlo. El disco se coloca en la mano derecha de la persona que tiene que activarlo con su propia bioenergía y que debe ser de cierta frecuencia. Una vez que la energía se dirige al interior del disco, comienzan a aparecer imágenes holográficas de eventos históricos, similares a las películas. Con una orden mental, el usuario del disco puede detener la imagen o moverla a un cierto período de tiempo del pasado o del futuro.

El acceso a los discos y el derecho a utilizar la información en ellos generalmente incluye un contrato con tres oradores, que son normalmente representantes de la Orden Esmeralda del Monje Melquisedec. Tenían la misión de difundir a las personas y otras razas de un período histórico determinado aquellos conocimientos que son necesarios para la época en cuestión.

Algunas partes de las placas de Dora Teura habían sido traducidas muchas veces en nuestra historia conocida y oculta. Las traducciones habían sido realizadas en diferentes idiomas, en diferentes culturas, pero siempre habían sido destinadas a toda la humanidad, no solo a algunos grupos étnicos o religiosos. La difusión de este conocimiento fue a través de la gente índigo de los que se ha empezado a hablar abiertamente en nuestros días. Estas personas son la viva expresión del conocimiento sagrado y son el almacenamiento para su preservación, ya que su plantilla de ADN les sirve para preservar y transferir la información y hacerla accesible para todos los demás.

En las últimas décadas se habla de los niños índigo pero la Unión de Guardianes explica que la existencia de personas índigo en familias concretas índigo ha desempeñado un papel esencial en el curso de todos los períodos de la historia de la humanidad. La conservación de estas familias era muy a menudo un secreto profundo. En los capítulos cinco y seis de este libro se presta especial atención al origen y propósito de los clanes índigo.

Las placas monásticas de Dora Teura se proporcionaron para proteger a representantes de familias específicas de personas índigo en la Tierra. Estos clanes familiares se llaman Eyeianos. Son representantes de la Orden Esmeralda del Monje Melquisedec y se dividen en varias ramas de apoyo. Una de estas ramas son los Sacerdotes de Ur, otra rama son los Sacerdotes de Mua y otra rama más conocida de los clanes familiares de los Eyeianos fue la orden de los eseianos, de donde proviene también el avatar del Cristo llamado Jeshua Sananda Melquisedec, conocido hoy en día como Jesucristo.

El significado original de la palabra "sacerdote" significa guardián (poseedor) de sabiduría espiritual. Tanto los hombres, como las mujeres, eran sacerdotes en las órdenes, y han gobernado y dado esta sabiduría a otros.

Yesha Ashayana enfatiza que la Orden Esmeralda siempre ha sido y será un grupo espiritual igualitario, no jerárquico, en el que hombres y mujeres sirven en igual medida. Hacer hincapié en la igualdad de género en estas órdenes es importante para que se distingan de las organizaciones religiosas patriarcales que han sido dominantes durante los últimos milenios en la Tierra.

En el presente, hay algunos pequeños grupos de descendientes vivos de los Eyeianos que viven en diferentes países y que tienen el conocimiento de las civilizaciones antiguas del planeta. También son guardianes de varias reliquias antiguas, incluidas las placas sacerdotales de Dora Teura. Como algunos de los representantes de las escuelas tibetanas de budismo, especialmente aquellos que rara vez salen de sus escondites en el Himalaya, ciertos miembros de las familias de los Eyeianos contactan y comunican directa y abiertamente con civilizaciones vivas de otras dimensiones. Estas civilizaciones pueden ser consideradas como criaturas extraterrestres o como colectivos angelicales.

En períodos exactamente definidos de la evolución humana, se les permite a los Eyeianos devolver las enseñanzas antiguas a su forma pura. Por lo tanto, los registros de las doce placas y los libros de Maharata se reescriben en los idiomas utilizados en la respectiva era.

Cuando la sociedad lo necesita y están por ocurrir grandes eventos planetarios, los Eyeianos devuelven el conocimiento a las personas y lo hacen público. Mantener a las personas índigo en secreto a lo largo de las generaciones ha sido extremadamente importante para asegurar que la información se proporcione en los momentos necesarios y, al menos, por un momento, en su forma pura antes de que sea distorsionada por las fuerzas manipuladoras dominantes en la Tierra que incluyen gran parte de la autoridad política y de la institucionalidad religiosa.

Ashayana señala en varias de sus conferencias y publicaciones que la última traducción de las placas Dora Teura se realizó en el período de Cristo (el año 12 aC – 27 dC). Entonces, la traducción fue llevada a cabo por un grupo de eseianos de procedencia eyeiana entre los cuales Jeshua Sananda Melquisedec. Él encarnaba un avatar del nivel doce que había sido entrenado para trabajar con las placas de Dora Teura y también uno de los oradores de la Unión de Guardianes y tenía la tarea de devolver ese conocimiento a la gente. Ashayana confirma que esta tarea se realizó y Jeshua escribió seis libros, Miriam escribió tres, y la persona conocida como Juan el Bautista comenzó a escribir un libro, pero fue asesinado antes de terminarlo. Estos nueve libros son parte de los quince libros que faltan en la Biblia y han sido y siguen siendo el núcleo de las enseñanzas legítimas de los esenios, conocidas como *"Enseñanzas de las Líneas del Grial*"[16] El conocimiento y las técnicas que se dan en Catara son la ciencia sagrada que se conserva de las líneas del Grial y una herencia para toda la humanidad, así como para representantes de todas las otras razas en la Tierra.

La información que proporciona Ashayana de este período se deriva no sólo de placas Dora Teura, sino también de su propia memoria de este período, ya que Miriam, el tercer portavoz de la Unión de Guardianes de estos tiempos, es su reencarnación directa.

Para más detalles sobre la historia real de Jeshua y otras personas índigo que formaban parte de la misión de Cristo hace dos mil años, así como los eventos que están grabados en los discos y se transmiten por Ashayana, se pueden encontrar en el artículo " La verdadera historia navideña"[17], "Voyagers"[18] y los siguientes talleres:

1. The Lemurian & Atlantian Legacies, New York, 2001, disco 4

2. Legacy of the Lost, Freedoms of the Found, the Milky Way Mysteries, Halls of Records and the "Jesus Codes", Amsterdam, 2007

3. Sliders-12 "Externalization of the Kryst", Florida, 2012

Otras traducciones de las placas Dora Teura fueron hechas por los portavoces que nacieron en diferentes culturas de las líneas genéticas del Grial, incluyendo la hindú, china, tibetana, áfricana, egipcia, maya, inca y celta-druida.[19] Todas las traducciones de las placas Dora Teura que se han propagado en las culturas de la gente, han tenido el mismo destino- la destrucción y distorsión de la información para evitar la conciencia masiva de las personas sobre su origen, la comprensión de la estructura del universo y la conexión directa con el Absoluto. Ocultando y distorsionando el conocimiento sagrado, las personas pueden ser fácilmente manipuladas y hacerlas creer que son criaturas pecadoras, inútiles e incapaces; que

16 14E'Asha Ashayana, Voyagers: Sleeping abductee I, Wild Flower Press, 2002
17 Traducción propia de "The real Christmas story", Yesha Ashayana, 2001
18 E'Asha Ashayana, Voyagers: Sleeping abductee I, Wild Flower Press, 2002, E'Asha Ashayana, Voyagers: Secrets of Amenti, II, Granite publishing, 2003
19 E'Asha Ashayana, Voyagers: Sleeping abductee I, Wild Flower Press,2002

tienen que soportar humillaciones a fin de recibir una bendición de un Dios determinado. Ésta se recibía de una institución religiosa - un mediador, después de la muerte o de un soborno financiero.

La mayoría de los libros escritos fueron inmediatamente destruidos, confiscados o alterados deliberadamente por el estado corrupto y las élites religiosas de la época.

Después del año 27 dC los sacerdotes Eyeianos sabían que el próximo período de traducción de las placas Dora Teura sería un poco antes y durante el período de los años 2000-2017. Este período en el que hemos elegido nacer es el tiempo que se planea para grandes cambios en la evolución del universo, la galaxia, la Tierra y todos sus habitantes. Para la mayoría de las personas, estos cambios van más allá de su alcance, la mayoria no tiene idea sobre la repercusión que tiene el desenredo de los nudos kármicos. Este libro tiene como objetivo ofrecer al lector en busca espiritual más información sobre estos temas, informarle sobre las fuentes existentes que el autor cree que son fiables y si hay un pulso interno positivo, que cada uno evalúe si quiere y en qué medida, introducirse en dicho conocimiento sagrado. El objetivo del libro es hacer que la información sea comprensible y práctica para el hombre moderno. Esto significa que esté relacionada con la espiritualidad, religiones, ciencia popular conocida (historia, geografía, astronomía, física, antropología, biología), terapias curativas y ejercicios físicos.

En el período 2000-2017, los sacerdotes Eyeianos seleccionaron cuidadosamente a varias personas como hijos de descendientes familiares de los que se sabe que son descendientes de Eyeianos. Una vez que han establecido quiénes son, los sacerdotes se ponen en contacto personalmente con ellos y comienzan a enseñarles discretamente. En este contacto, no hay una predisposición de actitud especial ni una estimulación de complejos mesiánicos ni narcisismo ególatra, como es característico de los contactados que representan a otros seres extraterrestres. Por el contrario, cuando los guardianes cristic se ponen en contacto con una persona, es personal, siempre basado en el libre albedrío para comunicarse o no, y está dirigido desde el punto de vista del deseo del individuo de cooperar para una tarea cósmica. Ashayana ha sido una de estas niñas que ha estado en contacto con la Unión de Guardianes desde la infancia. En mi opinión, la mejor prueba de estas declaraciones de contacto es la información precisa, irrefutable e inaudita, como la profundidad esotérica y sabiduría espiritual que proporciona.

Cuando es hora de que comience el ciclo de traducción de Dora Teura, los Eyeianos ofrecen tres contratos oficiales de "oradores" a los tres aprendices, ya adultos, que no están obligados a aceptar el nombramiento como portavoz. Las personas que se convierten en portavoces son libres de ejercer su voluntad y elegir la forma en que llevarán a cabo su misión, pero hay casos en que su actividad es contraria a las enseñanzas de la libertad y, en consecuencia, su contrato se rescinde.

Desde mayo de 2012, los contratos del orador-2 (Michael Dean) y el orador-3 (Mary Ann Callaway) son rescindidos y el único orador oficial es Yesha Ashayana Aneya Kananda Melquisedec, anteriormente conocida como Ashayana Deane y Diane K. Dean.[20]

En enero de 2009, el contrato de la portavoz de Yesha Ashayana se completó con la traducción y distribución de los discos cristalinos Kumea Alhambra, que se encuentran en la matriz de Aquerion, Aquinos. Estos discos contienen información con enseñanzas aún más avanzadas de la vecina galaxia M31-Andrómeda, similar a la nuestra, y se hace mención más sobre ellos en el capítulo once de este libro.

Al analizar cualquier información, es necesario conocer la fuente, los medios de transmisión de la información y apreciar su veracidad, coherencia y sentido.

Mi evaluación personal, basada en un estudio exhaustivo de más de 1,200 horas de conferencias y todas las guías y libros disponibles de Yesha Ashayana, es que la información es extremadamente consistente, coherente, exacta, y los mensajes son muy claros

---

20 Para más información sobre las razones por las cuales se terminaron los contratos de los portavoces 2 y 3 en el taller de Ashayana desde mayo 2012 en Florida, EEUU.

y enriquecedores espiritualmente hablando, construyendo así una visión muy amplia y armoniosa.

Los oradores de la Unión de Guardianes reciben, procesan y traducen información a través de un intercambio de información llamado comunicación keylonta. Este tipo de transferencia de información es una forma de transmisión remota de símbolos, llamados códigos de Keylonta, que se encuentran en la bioenergía de cada persona. Una vez que la información se encuentra en el campo de la bioenergía, se procesa de manera subconsciente a través del sistema neurológico del cuerpo para convertirse en un impulso electrónico que la biología humana traduce al lenguaje que el hombre puede entender. Entonces, la información aparece en la mente en forma de palabras e imágenes. Es importante tener en cuenta que este método puede ser aprendido y utilizado gradualmente y sin ningún peligro por cualquier persona.

La comunicación de Keylonta difiere de los "mensajes de canalización" en que la primera, no fusiona la conciencia individual con otra esencia o partes de su esencia en otras dimensiones. En la canalización existe el riesgo de dañar el ADN humano, lo que puede obstaculizar la evolución biológica y espiritual de la persona que lo está haciendo. La comunicación de Keylonta puede compararse con el envío de un correo electrónico con archivos adjuntos cuya información es recuperada por el destinatario progresivamente.

Durante muchos períodos históricos, las traducciones de Dora Teura estaban prohibidas, por un lado, para proteger a los oradores y por el otro, para evitar la confiscación y el mal uso del conocimiento del templario y otros conocimientos sagrados.

En la antigüedad, la presentación verbal del conocimiento era predominante y era lo que se permitía, por lo que los traductores se llamaban "oradores". Los oradores están capacitados para proporcionar información al público y no necesitan convencerlos a toda costa de su verdad. Compartiendo sus conocimientos, los Eyeianos y sus oradores siempre tratan con tolerancia todas las percepciones y respetan el derecho de los demás de tener una opinión diferente, y respectivamente, de aceptar o rechazar el mensaje.

En tiempos mucho anteriores a la caída y la destrucción del continente de la Atlántida, que finalmente ocurrió en el año 9558 aC, estas enseñanzas eran comúnmente conocidas por una sociedad radiante, alegre y pacífica compuesta de representantes de la raza humana angélica cuyos descendientes son la gente de nuestros días.[21] Era una civilización global basada en el amor y el respeto. Los vestigios de estas ensecanzas espirituales y a su vez cientнficos están presentes en todas las religiones tradicionales, la ciencia en desarrollo y la espiritualidad de los tiempos modernos. Históricamente, muchos de estos fragmentos fueron editados y modificados para convertirse en un control dogmático de varios poderes religiosos y políticos.

En el núcleo de cualquier estructura, incluso la más compleja, hay una interacción definida entre el sonido, la luz y la energía. Para tener una idea real de cómo tiene lugar esta interacción, estos tres elementos deben considerarse por separado y luego explorar la interacción entre ellos. El proceso creativo por parte del Creador no es accidental ni arbitrario. A nuestro alrededor, hay ejemplos de ecosistemas complejos cuyos elementos están en las proporciones correctas para desarrollar la vida biológica en la Tierra. Basta con imaginar lo que pasaría con la vida de nuestro planeta si la cantidad de árboles cayera dramáticamente y cómo afectaría esto al oxígeno que necesitamos. Hay muchos ejemplos que los lectores pueden dar, y estos ejemplos nos muestran cuán frágil es el equilibrio de la vida en la Tierra y cuán dependientes son todos los organismos entre sí.

En las enseñanzas de libertad y Catara, el sistema bajo el cual la Fuente Divina entra en su propia creación, se presenta en profundidad y detalle. Además de explicar la mecánica del proceso creativo, las enseñanzas también arrojan luz sobre su significado y propósito. En resumen, consiste en adquirir una cierta experiencia a través de la cual el Creador se examina a sí mismo en diferentes situaciones.

---

21 Para más información sobre la caída de Atlandida, ver " E'Asha Ashayana, Voyagers 2, Secrets of Amenti", pág. 320, 2002, "E'Asha Ashayana, Secrets of Lemuria and ancient Eieyani", 2001, E'Asha Ashayana, The Lemurian & Atlantian Legacies, 2001

El nombre del sistema de creación divina se conoce en las enseñanzas de la libertad como *"escalones de creación"*.[22] Las etapas de la creación son el proceso a través del cual la mente del Creador Central de la Creación se proyecta en la formación de *campos morfogenéticos*. Estos campos establecen la estructura básica del orden macro y microcósmico de la expresión creativa. Los campos morfogenéticos contienen la huella y el modelo matemático en el que el Creador construye el holograma para que sea el area de exploración de la creación.

Al conocer la existencia de los campos morfogenéticos que conectan todos los objetos existentes, pasamos a una visión del mundo de la existencia humana transitoria en la que el hombre actúa en el mundo exterior, a una visión del mundo de la unidad interna y la existencia, a semejanza de una ola que es una parte inseparable del mar y se relaciona con las otras olas.

IGUALDAD DIVINA Y CONEXIÓN DIRECTA CON EL CREADOR

En la sociedad moderna está de moda y es común hablar de igualdad y superar la desigualdad entre las personas y los grupos de personas. Cuando se trata de igualdad, se debe enfatizar que no se trata de uniformidad y estereotipos, sino de igual importancia para todas las personas, grupos de personas, etc. Todos somos libres de elegir qué creer, y según esta elección, él o ella experimenta la experiencia adquirida a partir de las manifestaciones de sus creencias. Cuando una creencia de valor se basa en el verdadero cumplimiento de las leyes originales del Absoluto, su manifestación brinda una oportunidad para un desarrollo evolutivo armonioso, que también se denomina *evolución cristic*.

Por esta razón, el conocimiento de estas leyes (incluido el sentido interior intuitivo de su autenticidad) y su aplicación, es fundamental para el desarrollo armonioso de cada individuo o comunidad.

---

22 Traducción propia del inglés "Stair step creation"

Este conocimiento y las leyes originales no pueden ni deben imponerse a nadie, ya que cada uno se desarrolla, dependiendo de la forma en que ejerza su libre albedrío y las consecuencias kármicas que deriva de este ejercicio. Compartir este conocimiento no pretende imponer ciertas leyes y modelos, sino informar sobre su existencia y las consecuencias que una criatura o equipo está causando por su aplicación o incumplimiento. De igual manera que es útil conocer los beneficios de la higiene y los efectos beneficiosos del lavado y el baño, así como los problemas de salud por falta de buena higiene, de la misma manera, Ashayana y la Unión de Guardianes proporcionan información beneficiosa para todos los humanos y otros seres.

¿Por qué es de mayor importancia presentar la estructura en la que tiene lugar la creación? Este conocimiento no es solo información para cultura general. Brinda una perspectiva más clara sobre quiénes somos y dónde estamos en este cuadro holográfico tan grande. El conocimiento de la matriz de tiempo de quince dimensiones y sus cinco niveles de densidad es clave para comprender la estructura y ubicación de nuestra alma, sobre-alma, avatar e individualidad rishi, y las enseñanzas de la libertad son de gran valor para proporcionar esta información en un contexto específico y en coherencia sistemática.

Al conocer el modelo teórico de nuestra esencia multidimensional, nos damos cuenta mejor de por qué todas las personas son igualmente importantes para el Creador y lo que significa ser creaciones divinas. Por lo tanto, la fe ciega es reemplazada por el conocimiento real, y se entiende que el racismo, la xenofobia, la segregación y otras formas de discriminación, no se corresponden con la verdad original de que el Absoluto se manifiesta en todo, por lo tanto, todos somos extremadamente importantes, insustituibles e igualmente importantes entre si. Toda comunicación con otro ser, es comunicación con Dios, es comunicación con nosotros mismos y de ello podemos obtener alegría, satisfacción y conocimiento que nos acercarán aún más a la comprensión y al sentimiento del Creador.

El ateísmo y las ideas caóticas sobre el universo y el origen de la vida que dominan la comunidad científica son incompatibles con las enseñanzas de la libertad. El ateísmo separa al hombre del significado de la vida y lo pone en posición que el ego domine, ya que nada tiene un propósito y dirección, y la vida, desde un punto de vista ateo, es un producto aleatorio de una combinación de elementos químicos. El vacío y la desesperanza en esta creencia hacen que uno se vea a sí mismo como insignificante y, en consecuencia, todos los demás como caducas partículas de polvo en el universo. Esta creencia también conduce a una actitud de crueldad, actitud inhumana y crueldad en la comunicación con otras especies.

Comprender los procesos de creación nos da la claridad de que somos una manifestación del Creador en una realidad dada. Tenemos un propósito definido y siempre estamos conectados con Él, independientemente de si nos damos cuenta de esta conexión. Este concepto es radicalmente diferente de los puntos de vista religiosos principales de que Dios está en algún lugar allá arriba y necesitamos salvación y aprobación de poderes externos porque somos pecaminosos e insignificantes.

Por ejemplo, en la Biblia, y más precisamente en el versículo 1:27 de Génesis, se dice: *"Y creó Dios al hombre a su imagen, a imagen de Dios lo creó, varón y hembra los creó"*.

Si nos preguntamos qué es esta imagen común del hombre y Dios, es lógico buscar similitudes a un nivel más profundo que la imagen externa de las personas, respectivamente, de Dios. Todos los seres son creados de acuerdo con el modelo de Dios. En Catara se deja claro que esta afirmación bíblica es verdadera y significa que todos estamos creados con la misma estructura del cuerpo cristalino en cuya raíz se encuentra la red cátara. Con el desarrollo de la física cuántica, las ideas de catara también pueden demostrarse que todas las partes están conectadas a través de los campos morfogenéticos. Esto significa que todos nosotros, todas las plantas, animales, planetas, sistemas, galaxias y universos, estamos constante y permanentemente en el "cuerpo de Dios" y estamos basados en el patrón común de la red de Catara, que es el árbol natural de la vida.

El verdadero conocimiento es más fuerte que la fe ciega, y crea una fuerte creencia de que todos somos parte del Absoluto, lo que significa que no necesitamos que alguien o algo se interponga entre nuestra relación personal con nosotros mismos en un nivel superior.

En el momento en que una persona niega su propio significado divino y una relación primordial con el Absoluto, así como la de todos los demás, se convierte en un blanco conveniente para la manipulación y el control de las fuerzas que actúan en contra de la verdad de estos valores.

Si no conocemos la realidad de la identidad multidimensional que es inherente a todos, no podremos entender nuestra naturaleza como criaturas espirituales, así como a los demás habitantes de la Tierra y otros lugares del universo. El conocimiento de las dimensiones y la ubicación de nuestras partes más elevadas de nuestra identidad colectiva en ellas nos ayuda a construir la actitud de no otorgar nuestro poder a seres de otras dimensiones y, cuando surge tal posibilidad, sus motivos de contacto se analizan cuidadosamente.

El siguiente elemento esencial de este conocimiento es darnos una idea clara de que cuando invocamos nuestra alma u otra identidad superior, en realidad nos escucha y tratará de entrar en contacto con nosotros de la manera correcta y en el momento adecuado. Para la raza humana este contacto siempre ha sido consciente, accesible y claro. Los eventos históricos de los tiempos anteriores a la antigüedad, que han llevado a un bloqueo sustancial de nuestra relación interna con nuestras identidades superiores, se tratan en el capítulo cinco.

CAPÍTULO 2

CATARA - LA CIENCIA SAGRADA DE LA UNIDAD DEL SONIDO Y LA LUZ

La palabra *catara* proviene del idioma annuhasi y es una combinación de tres sonidos: **ca-** la energía eléctrica masculina y la luz, **ta-** la energía magnética femenina y el sonido, **ra-** la unidad entre la combinación de las dos fuerzas. Por lo tanto, Catara puede traducirse como una enseñanza de la unidad de sonido y luz.

Es una disciplina que presenta técnicas de bioregeneración que logran expandir la consciencia cuidadosa y paulatinamente. Este proceso ocurre después de la estimulación de nuestra plantilla de ADN, energías kundalini, chakras y los campos mercaba en nuestros cuerpos sutiles. Aunque la enseñanza catara todavía no está científicamente demostrada, fue ampliamente conocida en nuestro pasado y se ha enseñado en escuelas de alto nivel de la civilización humana avanzada. Por lo tanto, Catara no se presenta como un conocimiento recién descubierto, sino como un retorno a uno muy antiguo.

En Catara se explica en detalle el surgimiento de la creación como resultado de la intención del Creador de crear en ciertos parámetros y ciertas leyes inmutables. Toda manifestación, todas las dimensiones, universos, organismos comienzan con la intención del Creador de crear simultáneamente el sonido primario (la feminidad divina), que corresponde al magnetismo y la luz primaria (la masculinidad divina) que corresponde a la electricidad.

En el primer nivel de Catara se explica la naturaleza de la mente y su propósito es que sirva de generador de programas en los campos morfogenéticos, usando nuestros propios pensamientos. Cuando creamos una imagen más clara de lo que está sucediendo con nuestros pensamientos y el efecto que tienen en los campos morfogenéticos (toda la creación), comprendemos lo importante que es guiar nuestras mentes con una meta. Los pensamientos aleatorios crean programas no armoniosos que se transforman en resultados caóticos de la creación. Los medios por los cuales se construyen los programas estelares son el sonido (vibraciones), la luz (el uso de los colores) y los símbolos específicos que en Catara se denominan códigos. Mediante el uso de combinaciones de tonos y visualizaciones que se enviaban de una manera específica, en la antigüedad se celebraban los rituales sagrados de las "mesas redondas", activación de templario de ADN, curación holística, levitación de objetos, manejo de las energías en la Tierra y muchas más cosas que en la actualidad consideraríamos ciencia ficción, si no conociéramos su manera de funcionar. Las secuencias tonales sagradas se usaron para limpiar, reprogramar y acelerar la rotación de los escudos de la Tierra. Estas secuencias de tonos también se conocen en Catara como "Música de las Esferas". La voz humana es uno de los medios más poderosos de impacto multidimensional, por lo que el uso de tonos específicos fue un secreto sagrado.

En el primer nivel de Catara, se explica en detalle el proceso en el que la primera partikai partícula se divide en dos partículas: partike y partikum, entran en fusión, se replican y se organizan en redes partiki. Las redes partiki se organizan en códigos de luz fijos, llamados keylones, que se agrupan para crear campos morfogenéticos (red cristalina de espectro luminoso y frecuencia de sonido). El mismo programa matemático se replica en los campos morfogenéticos y esto forma la red catara. Por este motivo, ella representa el Árbol de la vida natural y original.

La red catara

La red de Catara es la estructura subyacente sobre la cual se manifiesta la creación, y representa el código matemático original, también llamado código crístico, que organiza la interacción de las subpartículas de radiación en un ángulo específico entre ellas. Es la huella divina que se reproduce en matrices de tiempo y universos, pero también en el cuerpo humano y en las creaciones más pequeñas en el espacio.

La Red Catara es la estructura central con la cual se desarrolla el proceso creativo en el espacio (cosmos). Es el "Árbol de la vida" natural, que funciona como un programa matemático que crea ciertas interacciones matemáticas que originalmente establece el Creador.[23]

A través de la red catara, la conciencia se conecta con las distintas dimensiones para ganar experiencia en diversas formas manifiestas y para recibir y entregar energía.

El conocimiento de la red catara y el programa natural en el que opera es clave para comprender los procesos de creatividad en los que participamos todo el tiempo.

A través de él, podemos establecer la ubicación de las dimensiones y los universos armónicos y su diferenciación, así como la estructura de los cuerpos sutiles del hombre u otro ser. Con este conocimiento, podemos gestionar conscientemente el envío y la recepción de energía de diferentes dimensiones.

Las principales características de la red catara se describen brevemente a continuación, tal como fueron presentadas por Ashayana y la Unión de Guardianes en el Primer Nivel de Catara.

---

23 Para más detalles, ver " E'Asha Ashayana , Kathara bio-spiritual healing system manual", Nivel 1, 2000, pág. 64-70; "E'Asha Ashayana, The elements of discovery", 2010, pág.33-3

La red catara es así:

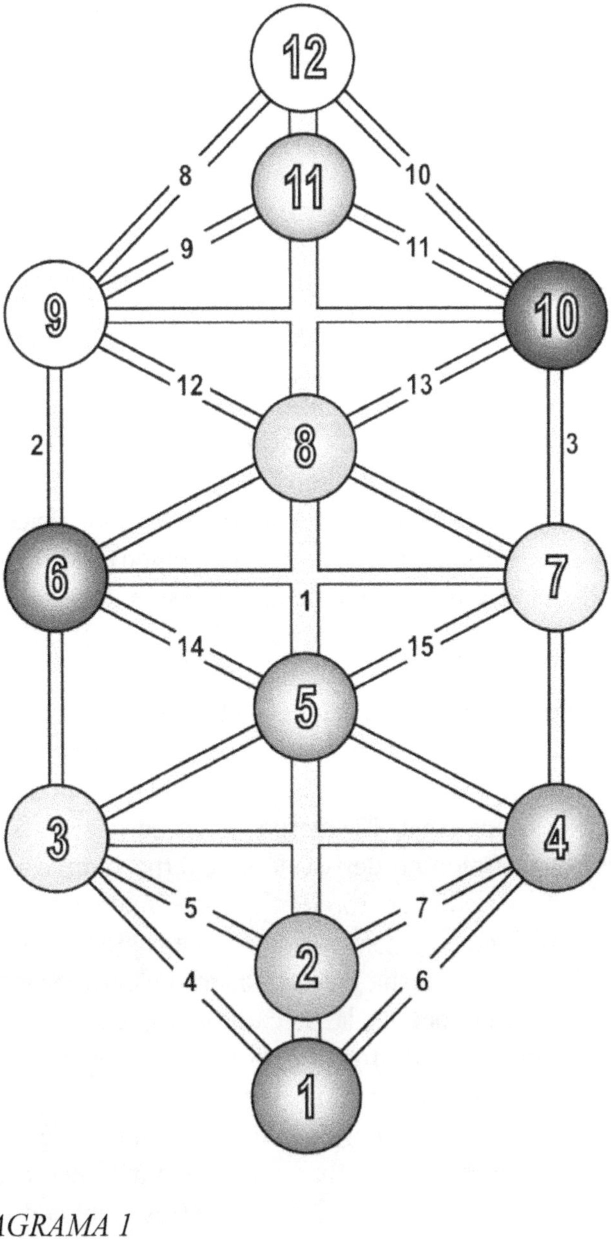

DIAGRAMA 1
© E'Asha Ashayana, 1997-2020

Al igual que los órganos físicos en el cuerpo tienen funciones, ubicaciones y características específicas, de la misma manera, los tienen los diferentes centros de energía. Cada uno de los doce puntos en la tabla se llama centro catara. Cada centro catara representa una cristalización específica de partículas llamadas unidades de partiki y se correlaciona con la dimensión correspondiente. Por ejemplo, Centro Catara 1 es un programa matemático que establece una relación con la primera dimensión, primer chakra, primer campo de aura, primera cadena de ADN y primera línea axiotónica; el Centro Catara 6 - sexto campo de aura, sexto hilo de ADN, sexta línea axiotónica, etc.

Estos programas de los centros catara contienen la matriz de expresión del ADN biológico, incluido el ADN humano. Además, los centros de catara de energía son fundamentales para el funcionamiento de los escudos de energía, chakras y órganos físicos.

Cada uno de los centros de catara del gráfico emite un color que corresponde a la forma de onda de la dimensión dada y al chakra.

El centro 1 es rojo; el 2 – naranja; el 3 – amarillo; el 4 – verde; el 5 – azul; el 6 – añil; el 7 – violeta; el 8 – oro; el 9 – plata; el 10 – azul-oscuro; el 11 – plata oscura; 12 – blanco.

Los biocampos de una criatura se llaman popularmente *auras*. En Catara estos biocampos forman parte de la anatomía del cuerpo luminoso de una persona. El cuerpo físico de una persona en un primer universo armónico deriva de su cuerpo luminoso. El alma es una pequeña parte del cuerpo luminoso de una persona. Proviene del cuerpo espiritual que, a su vez, tiene una anatomía fina.[24]

Existe un cuerpo rasha entre el cuerpo espiritual y el cuerpo luminoso, que se conoce en la física moderna como una plantilla de la materia oscura. Nuestro cuerpo físico atómico en la tercera dimensión está rodeado por todos estos cuerpos, lo que significa que somos mucho más grandes de lo que podemos imaginar. Solo el diámetro de una parte relativamente pequeña del cuerpo luminoso de un hombre se extiende a lo largo de varios cientos de miles de

---

24 E'Asha Ashayana, Revelation of DhaLA - LUma", Phoenix, August, 2007, Disk 1

kilómetros.[25] Nuestros biocampos son enormes y su conocimiento aumenta nuestro autodominio y autoconocimiento. Esto significa que no somos partículas insignificantes sino un foco de infinita conciencia que se explora a sí misma en detalle y bajo reglas predeterminadas. Este conocimiento y esta actitud nos estimulan e inspiran para llegar a conocernos y a respetarnos, así como a todos los demás. Podemos encontrar algo cuando sabemos que existe, luego deberíamos tener ganas de encontrarlo, y despues necesitamos tener los medios y los métodos para hacerlo; para que podamos llegar al momento de hacer pasos aún más grandes en el camino del autoconocimiento.

Sería incorrecto afirmar que en Catara se dice que la primera dimensión es roja. Más bien, las frecuencias de color rojo resuenan con las frecuencias centrales de la primera dimensión, y catara explica este fenómeno físico. Así como el arcoiris tiene sus colores específicos y la secuencia de su orden, todas las energías en el cosmos corresponden a una cierta frecuencia que tiene una resonancia de un color específico. Por lo tanto, el color es la clave para acceder a la dimensión, y esta circunstancia es importante cuando uno realiza visualizaciones y viajes meditativos. Por ejemplo, para ponerse en contacto con los seres de la quinta dimensión, se necesita una técnica que incluya visualizar una plataforma azul y trabajar con el quinto chakra y el quinto catara centro.[26] Sin saber esto, no podremos gestionar conscientemente el proceso de este contacto, y para tener un contexto de lo que nos está pasando.

En el diagrama 1 se percibe que los centros catara están interconectados de una manera específica por líneas. Estas líneas se llaman líneas catara y su número en la red catara es un total de 15. Los centros de Catara incluyen los programas para las dimensiones correspondientes y las líneas de catara sirven para transferir las frecuencias entre las dimensiones. El conocimiento de estas interrelaciones entre las líneas catara y su función, nos ayuda a comprender

---

25 E'Asha Ashayana, Revelations of Ra. The pillar of power and the Nadradon awakening, Disk 1
26 E'Asha Ashayana, Angelic realities, 2000, disk 4

una serie de cuestiones como, por ejemplo, la forma en que interactúan nuestro cuerpo mental y emocional (tercera y segunda dimensión). Al aplicar las técnicas de catara, aprendemos a equilibrar
los flujos de energía en nuestro cuerpo y a administrar la energía de
los centros de catara a través de los chakras y viceversa.

La red de Catara también tiene un punto de vista de macrocosmos
que nos dice qué centros galácticos, respectivamente las dimensiones,
están directamente vinculados a la Tierra, que es el tercer portal galáctico principal. Estos son los centros 1, 2, 4, 5 y 6. Cuando energía de
la 12ª dimensión tiene que llegar a la Tierra, ésta debe enviarse desde
el portal estelar 12 (centro de catara) ubicado en la constelación Lira
(que se llama Aramatena) hasta el tercer portal estelar. Si hay centros
bloqueados e invertidos durante la transición de energía, como es el
caso, las frecuencias deben ser redirigidas a través de otros portales.
En el caso de la Tierra, la energía de Cristo (las Frecuencias de Maharata) llega a ella a través de los centros 12, 9, 6, 3 hasta centro catara
1. Este camino se conoce como "Pasaje de Amorea".[27] El funcionamiento normal de los centros de catara y las líneas de catara en el
cuerpo humano es de una importancia clave para la salud del cuerpo.

Las tres líneas verticales de catara controlan el funcionamiento
de las 12 líneas restantes. La línea de catara central vertical controla
el ritmo de las partículas pulsantes en toda la red de catara. Si se
deteriora esta línea, se estropea el funcionamiento de toda la red de
catara y de todos sus centros. Esto significa que se dañan también
los dos flujos mercaba, los chakras y esto conlleva al mal funcionamiento de los órganos fisiológicos.

En el primer nivel del Catara se explican en detalle las características de la red y las líneas de catara, la conectividad de los
centros de catara con los chakras, así como los campos mercaba y
su origen y funcionamiento entre ellos.

El siguiente elemento fundamental en la red de catara son los
llamados "sellos cristalinos".[28] Para distinguir las diferentes dimen-

---

27 Más información sobre el pasaje amorea y su papel , ver: "Secrets of
Lemuria and ancient Eieyani", 2001, pista 3 & pista 7.
28 E'Asha Ashayana on crystal seals - Kathara bio-spiritual healing system

siones entre sí y mantener las realidades con un cierto ritmo de pulsación de las partículas partiki, en la red de catara existen sellos cristalinos primigenios, que se ubican entre las diferentes dimensiones. Sirven para regular el ritmo de alternancia de la vibración y la emisión de luz de las partiki partículas, así como el ángulo bajo el cual giran. El papel de los sellos cristalinos es crucial para distinguir diferentes realidades espacio-temporales. En Catara se explica que hay un sello cristalino entre cada una de las 15 dimensiones en nuestra matriz de tiempo.

Además de los sellos cristalinos entre las dimensiones, también hay zonas de repelencia magnética entre los cinco niveles de densidad (universos armónicos). Estas zonas magnéticas sirven para separar los universos armónicos entre sí y actúan como imanes con los mismos polos que mantienen los universos armónicos separados. Es importante enfatizar que cada persona tiene una conciencia tridimensional (persona individual) en cualquier nivel de densidad.[29] Por lo tanto, nuestra alma, sobre-alma, avatar y rishi son individuos autónomos con unas características distintivas y peculiaridades características.

En muchos textos religiosos se habla del surgimiento y la aparición repentina de criaturas "de la nada". Este fenómeno puede explicarse en parte por los logros de la ciencia moderna, y en Catara se enfatiza en el enfoque científico para explicar estos fenómenos místicos. Para comprender mejor el proceso de presencia repentina y desaparición de una realidad, necesitamos saber qué es un *mercaba*.

La palabra mercaba, así como catara, proviene del anuhasi: **Mer** significa movimiento; **Ca** es luz, **Ba** se traduce como cuerpo. En consecuencia, *mercaba* significa movimiento del cuerpo luminoso. En catara, se explica que hay dos flujos de energía principales llamados espirales de mercaba. Una corriente es predominantemente eléctrica e irradia energía, la segunda corriente es magnética y recibe energía. Las dos espirales mercaba son embudos en espiral que tienen la forma de tetraedro cuando se encuentran.Todo lo que

manual, level 1, 2000, pp.26-31
29 E'Asha Ashayana;,,The elements of discovery manual", p.27

existe es una combinación de los dos tipos de espirales mercaba. En el primer nivel de catara, se explican en detalle el propósito y la forma natural del funcionamiento del mercaba. Es importante tener en cuenta que otros estudios enseñan mecánicas mercaba anti-cristicas no naturales, que dañan la estructura multidimensional del hombre y lo orientan hacia los agujeros negros, y no hacia los sistemas de Cristo. Por esta razón, se recomienda el estudio cuidadoso de la mecánica de mercaba en Catara, comparando con otros sistemas y evaluando sobre la base de un sentido interno qué sistema es el correcto. La principal marca distintiva de mercaba cristico es que el flujo eléctrico es hacia la derecha y sigue el curso de las agujas del reloj, y por lo tanto, la pyrámide con la punta hacia la cabeza se mueve hacia la derecha y el flujo magnético (la pyrámide con punta hacia abajo) gira hacia la izquierda, al contrario del sentido de las agujas del reloj. Las dos corrientes giran en dos direcciones diferentes, lo que es un signo de "respiración" normal del respectivo sujeto manifestado.

La activación de mercaba desbloquea la capacidad del cuerpo para elevar y disminuir sus vibraciones y moverse a través de los universos armónicos. Pasar a un universo armónico implica programar la rotación de las dos pyrámides a una cierta velocidad, que se mide en una cantidad de rotaciones en trillones por nanosegundo.

Con el desarrollo de la física moderna y el estudio de la antimateria, queda claro que las partículas pueden "desaparecer y reaparecer" en ciertas circunstancias. En esencia, se trata de aumentar el grado de vibración de la partícula en cuestión, y después de alcanzar un cierto punto crítico, se fusiona con su correspondiente partícula de antimateria y se mueve hacia un universo armónico superior. La existencia de un universo paralelo, el universo adjunto[30], así como la antimateria y la antemateria, son fenómenos que también se explican en el primer nivel de Catara.

Los sellos de cristal de nuestra matriz de tiempo pueden eliminarse y ciertos seres son responsables de estos procesos. Cuando se retira un sello cristalino entre las dimensiones, comienza un proceso

---

30 Traducción propia del inglés "adjugate universe"

de fusión, y esto conduce a cambios muy importantes en la vida de las dimensiones relevantes. Estos cambios consisten en lo siguiente: La materia dimensional superior establece una mayor pulsación de las partículas en el nivel inferior, lo que resulta en un aumento de la luz emitida por las partículas en las dimensiones inferiores y desencadena el proceso de transición a un universo armónico superior, también conocido como ascensión. Por este motivo, la eliminación de sellos cristalinos permite ascender y moverse a otros niveles de existencia con un cuerpo físico, pero cuando éste está muy dañado, también sin él, después de la muerte natural del ser.

La enseñanza de Catara es un sistema de sanación que ayuda a una persona que recibe las frecuencias de energía a conectarse mejor con su avatar de Cristo.

Es absolutamente necesario que el canalizador energético conozca la fina estructura de una persona y conozca la ubicación y las funciones de los centros catara, los chakras, incluidos los morfogenéticos, los centros hara, las líneas axiotónicas, los meridianos, etc. Catara, junto con tantriara, son los sistemas curativos con mayor acceso a las dimensiones y frecuencias que existen en la Tierra. El nivel mínimo de frecuencias a partir del cual se extrae la energía en la curación de catara es la 12ª dimensión, que ofrece garantías adicionales de que las energías tienen frecuencias de cristo naturales.

Una característica importante es que el practicante ayuda al cliente a activar sus propias biocampos y su escudo maharic, como resultado del cual mejora la relación de una persona con su avatar de Cristo. Por lo tanto, el tratamiento en catara es una autocura guiada que facilita la conexión personal del cliente con su propio YO de Cristo.

Alrededor de cada persona hay una serie de escudos de energía que tienen la forma de discos alrededor del cuerpo. Cada escudo tiene funciones de procesamiento y envío de cierta energía en diferentes dimensiones. Sobre la base de estos escudos se manifiesta el cuerpo material físico y se observan sus leyes fisiológicas.

Existen el escudo Teluric, que corresponde a las energías de las dimensiones 1, 2 y 3; el escudo Doradic- - 4ª, 5ª y 6ª dimensiones;

el escudo Teuric: 7ª, 8ª y 9ª dimensión, el escudo maharic: 10ª, 11ª y 12ª dimensión, y el escudo Risheik de 13ª, 14ª y 15ª dimensión.

Cada cosmogonía, religión o doctrina proporciona a una persona una cosmovisión específica que es decisiva para desarrollar su actitud hacia sí misma, el mundo circundante y la relación entre ellos.

Uno de los aspectos más importantes de la cosmovisión que se ofrece en el Catara es el conocimiento, el respeto, el amor hacia nuestro cuerpo físico y la comprensión de su relación con todo el cosmos. Esta conexión es a través de la red catara.

En varias tendencias religiosas importantes de la doctrina cristiana moderna, así como en otras tradiciones religiosas, el cuerpo físico se presenta como pecaminoso, animal y como un obstáculo para el desarrollo espiritual del hombre. Se le atribuyen instintos egoístas y se opone al espíritu. La adopción de este sistema de valores conduce a malentendidos e incluso a la negación de la vida en un cuerpo físico. Es lógico que la persona que sigue esta línea de pensamiento se pregunte por qué el espíritu y el alma se asocian en un cuerpo físico si es pecaminoso. ¿Han decidido el espíritu y el alma sufrir sin sentido y castigarse a sí mismos, o quizás no tienen la oportunidad de liberarse de sus cuerpos? Si las personas perciben que sus cuerpos son pecaminosos y sucios, no encuentran un significado positivo en su existencia en un cuerpo físico, la vida se convierte en castigo y encarcelamiento, y esto conduce a un camino de autodestrucción inicialmente a sí mismo y luego a otros.

En Catara se explica en detalle el papel del cuerpo físico como un importante medio espiritual para ayudar a restaurar los potenciales cristicos del ser humano, pero también del planeta. Es un medio de acceso a diferentes dimensiones. Es importante tener en cuenta que este conocimiento es específico, detallado, sistemático y aplicable.

En el presente, las pinturas con mandalas, que son una característica inherente del budismo tibetano, se han hecho populares. ¿Pero qué significan los mandalas? ¿Por qué los monjes están entrenados durante años para crearlos a partir de arena o pintarlos?

Tienen una aplicación específica más alla del deleite al observarlos? Las enseñanzas de la libertad explican el significado espiritual de los mandalas y otras imágenes geométricas coloridas. Estos son códigos que se utilizan con ciertos sonidos y sirven para activar diferentes partes de los cuerpos sutiles de una persona, raza, planeta u otro ser. En el primer y segundo nivel de Catara se estudian los códigos veca y eka, que son programas poderosos para trabajar con las propias bio dimensiones de una persona. Su uso seguro abre los sellos cristalinos y se activan los centros de catara en el cuerpo. Incluso la simple visualización de estos códigos es una forma leve de contacto con ellos, e interacción con sus programas que afectan a nivel sutil.

La respuesta específica a la pregunta de qué es un mandala nos permite profundizar en las prácticas de una tradición espiritual como la tibetana para explicar en un lenguaje comprensible la función de las imágenes individuales y tomar una decisión consciente de interactuar con ellas o no. Entonces tenemos un conocimiento espiritual práctico que no está recubierto de indescifrables símbolos místicos, sino que consiste en herramientas concretas de creatividad con el Absoluto. Este tipo de conocimiento nos da la libertad de elegir cómo desarrollarnos, lo que hace de Catara una disciplina sin precedentes para el autoconocimiento.¿Qué determina que los siete chakras básicos del cuerpo estén en las posiciones que ya son popularmente conocidas y que se designen en el color y orden apropiado? La respuesta a esta pregunta es que las siete chakras en el cuerpo físico se diferencian por la intersección de las líneas axiotónicas 11 y 12 en el cuerpo a lo largo del flujo vertical central.[31] El flujo vertical central consiste en dos espirales mercaba que envían y reciben energía. Los chakras secundarios se forman en lugares donde otras líneas axiotónicas se interseccionan con un orden inferior, respectivamente, con una menor frecuencia de energía.

Una vez que las líneas axiotónicas 11 y 12 se cruzan, forman una hélice que pasa verticalmente a través del centro del cuerpo y

---

31 Más información en "E'Asha Ashayana;,,The elements of discovery manual", pág.18- 22

de la cual se definen los 7 chakras principales y los 8 chakras morfogenéticos. Esta espiral tiene un color dorado y en los antiguos sistemas de curación esotérica del Este se llama *línea hara*.

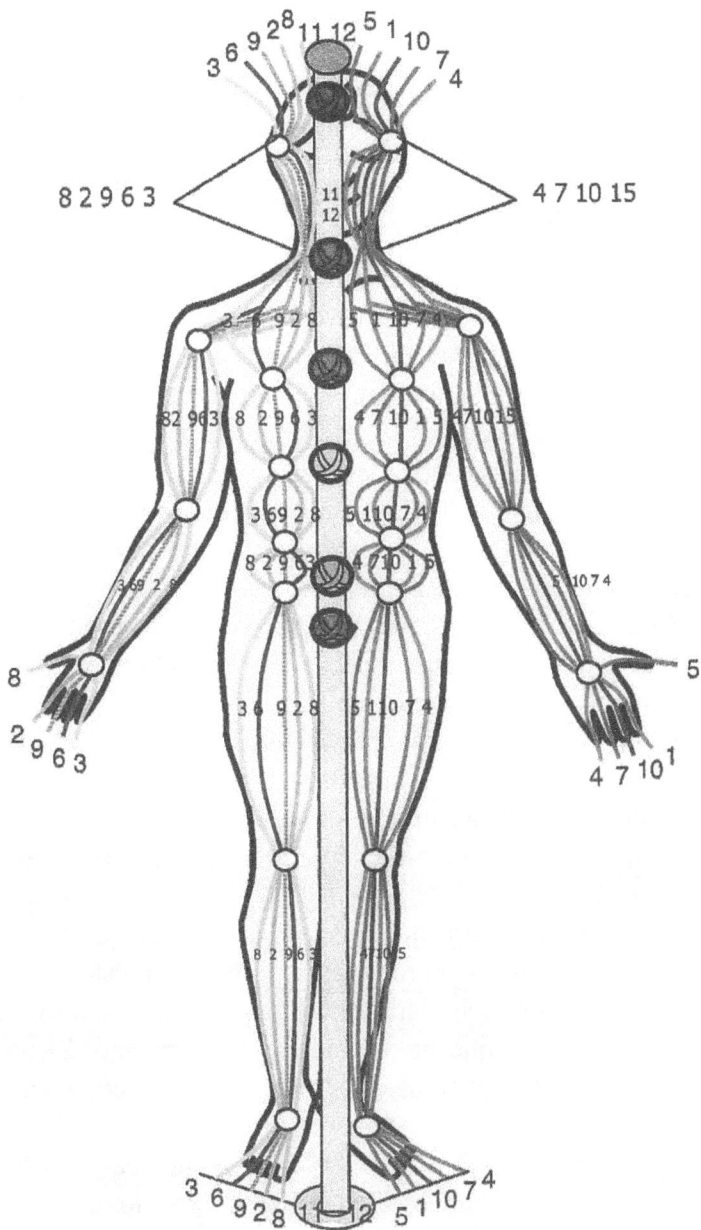

DIAGRAMA 2
© Copyright E'Asha Ashayana, 1997-2020

En enero de 2000, en el núcleo del planeta, se introdujo el pulso de 12 dígitos de la frecuencia de Cristo: el Maharata, que condujo a la activación del templario de la Tierra. Esto fue posible después de que la llama de Amenti fuera traída de la galaxia M31-Andrómeda. Después de ese acontecimiento, existe la oportunidad para todas las personas en el planeta, de utilizar y recargarse de esta energía despertando su escudo maharic y activando su huella natural en la salud. La activación de las frecuencias maharic ocurre por primera vez en 210,000 años y marca el comienzo de la liberación de los nudos kármicos de millones de años por dramas en los que el planeta Tierra había estado metido. Éstos, y mucho más antiguos nudos kármicos debidos a sucedidos fuera de nuestra galaxia y veca sistema, comenzaron a desenredarse después del regreso de las frecuencias maharata en el año 2000. Algunas de estas historias se presentarán brevemente en algunos de los siguientes capítulos y en los talleres citados en notas al pie de página.

Con las técnicas en Catara, uno comienza a introducir frecuencias naturales y programas en el cuerpo y en todo su ser, lo que lleva a la restauración de su huella de Cristo.

Catara fue presentada públicamente despues del año 2000, precisamente porque no estaba disponible anteriormente, y el conocimiento fue cuidadosamente protegido por la Orden Esmeralda del Monje Melquisedec y la Unión de Guardianes para servir en el momento adecuado.

La antigua sabiduría que se comparte en Catara dice: " Conócete y sabrás la verdad y la verdad te hará libre". En este mensaje, podemos leer un objetivo claro: ser libres. El medio para alcanzar la libertad no es más que un verdadero conocimiento. El lugar y el campo para centrar la atención para llegar a este conocimiento somos nosotros mismos.

Hay muchos niveles de lectura de esta llamada. Uno de ellos es saber de qué están compuestos el cuerpo físico y los cuerpos sutiles, entender las posibilidades reales que nos ofrece y luego aprender a usarlos. El cuerpo físico es un microcosmos que se configura y funciona de una manera que también funciona el macrocosmos.

El templario interior de una persona (su red catara, centros de catara y chakras) da acceso y conocimiento del templario planetario, el templario del sistema solar, el galáctico, etc. Debido a la interferencia negativa en la Tierra, los cuerpos físicos de los humanos no se encuentran en este momento en la forma en que fueron creados, y la raza humana vive con habilidades bloqueadas y la memoria borrada de su pasado y sus potenciales espirituales. Al restaurar nuestros potenciales naturales y los talentos crísticos, podemos mejorar nuestras vidas y las vidas de las personas que nos rodean. Las habilidades como la visión clara, la levitación, el paso a través de las puertas del tiempo, el paso a través de las puertas estelares a otras dimensiones, la bilocación, la regeneración de órganos mediante la voluntad y el pensamiento, son habilidades que son inherentes a cada ser humano. Al restaurar la huella natural de la salud e integrar cada vez más al avatar de Cristo, estos dones se recuperan gradualmente, que son las manifestaciones físicas directas de nuestra recuperación energética sutil. Estamos en un período de tiempo cuando estas habilidades comienzan a despertarse gradualmente, y las doctrinas de la libertad y catara buscan hacer este proceso más seguro, más comprensible y menos traumático

CAPÍTULO 3

LA ESTRUCTURA MULTIDIMEN-SIONAL DEL SER HUMANO

Cada especie se crea con ciertos potenciales para acceder a un número específico de dimensiones. La genética humana está diseñada para poder acceder a la conciencia de la 12ª dimensión . Este potencial se refleja en la plantilla del ADN humano que tiene 12 hilos. La doble hélice, conocida científicamente, es un hilo de ADN. Cada hilo corresponde al acceso a cierta dimension. Otras especies, como los animales y las plantas, tienen menos potencial, por lo que necesitan asistencia para continuar su evolución espiritual. Es importante tener en cuenta que las circunstancias en que un ser tiene más potencial y se encuentra en una etapa más avanzada de la evolución que otro ser, no significa que el primero sea más importante o tenga alguna autoridad jerárquica obligatoria sobre los seres que se encuentran a un menor grado de evolución. Debido a que todos somos manifestaciones divinas, todos tenemos nuestro libre albedrío y, dependiendo de cómo lo practiquemos, experimentaremos las consecuencias kármicas de lo que creamos y con lo que estamos conectados.

Es precisamente el conocimiento de nuestra estructura multidimensional, de nuestra naturaleza más profunda, de nuestra conexión con todo lo que nos rodea, lo que nos puede ayudar a crear una realidad consciente en la que haya más armonía. A través de la sagrada doctrina pre-antigua, podemos aprender o recordar con mayor precisión, nuestra verdadera estructura divina y comprender en profundidad la relación entre el microcosmos y el macrocosmos. Cada nivel de conciencia que existe en la matriz de tiempo de 15 dimensiones es parte de nuestra identidad y tiene su propia visión del mundo, necesidades y misión.

Como se mencionó anteriormente, hay 5 niveles de densidad, también llamados universos armónicos, y cada nivel incluye tres dimensiones.[32] Es importante enfatizar esta diferencia terminológica entre dimensión y densidad. En muchas doctrinas de la Nueva Era, esta diferencia no se hace, y los seres de la 5ª Dimensión se representan como maestros y criaturas ascendidas que están más allá de la polarización y la caída, pero en realidad son bastante bajos en la escala evolutiva y están en el segundo nivel de densidad.

En el primer nivel de densidad (primera, segunda y tercera dimensiones) se encuentra nuestro yo encarnado.

En el segundo nivel de densidad (cuarta, quinta y sexta dimensiones) se encuentra nuestra alma.

En el tercer nivel de densidad (séptima, octava y novena dimensiones) está nuestro sobre-alma.[33]

En el cuarto nivel de densidad (décima, undécima y duodécima dimensión) está nuestro avatar de Cristo.

En el quinto nivel de densidad (decimotercera, decimocuarta y decimoquinta dimensiones) está nuestro adepto rishi.

A cada nivel de densidad corresponde un cierto tipo de materia, y todas las identidades mencionadas anteriormente de los universos armónicos individuales poseen una cierta estructura biológica fina. Este conocimiento supera la división artificial del mundo en mundo material y espiritual, que se observa en muchas religiones y enseñanzas modernas. Observando la creación en profundidad y el estudio de las interdependencias entre las dimensiones, nos damos cuenta que el cuerpo, respectivamente, "lo terrenal" es también espiritual y las dimensiones más altas poseen su material específico.

Por ejemplo, nuestro primer universo armónico, respectivamente nosotros en la Tierra, tenemos una estructura biológica basada en el carbono y la materia es a nivel físico.

---

32 E'Asha Ashayana, The Elements of Discovery, 2010, pp29-31
33 Traducción propia del inglés "oversoul"

En un segundo universo armónico donde habitan nuestras almas, hay una estructura biológica de silicio-carbono, y la materia es de un nivel físico-etérico, también llamado nivel semi-etérico.

En un tercer universo armónico, los seres están compuestos de silicio cristalino y su materia es completamente etérica.

La estructura biológica del cuarto universo armónico donde se ubican nuestros avatares o, más bien, el estado en el que se encuentran, se denomina "luz líquida cristalina" y las partículas de ese nivel se denominan *pre-materia*.[34]

Las dimensiones 13, 14 y 15 en el quinto nivel de densidad, se componen de *ante-materia* (distinta de la antimateria), y la biología de los seres se llama "radiación de luz cristalina".[35] En los tres niveles por encima de estas dimensiones, en concreto, los niveles polaric, triadic y ecatic, las criaturas son de conciencia pura y estos niveles no se consideran dimensiones.

Todos nosotros estamos conectados a las dimensiones arriba mencionadas y niveles por encima y poseemos identidades superiores en ellos, de los cuales formamos parte. La biología humana nos permite integrar nuestra alma, nuestra sobre-alma y nuestro avatar de Cristo.

Aquí, en el primer nivel de densidad, a través del cuerpo de una persona, pasa el flujo vertical central, que consiste en una corriente que entra en el cuerpo, llega al nucleo de la Tierra y otra que sale del cuerpo de la persona. Cuando integramos nuestra alma, el flujo vertical central se hace más grande y de unos pocos centímetros se extiende a varias decenas de centímetros. Después de la integración de nuestra alma, nuestro flujo central parece una columna que pasa a través del cuerpo, y después de la integración de nuestro avatar de Cristo, el cuerpo está completamente rodeado por un aura de energía que tiene un diámetro de alrededor de dos metros.[36]

---

34 E'Asha Ashayana, Masters Templar Stewardship Initiative, 2001, p.33
35 Ibid.
36 E'Asha Ashayana;„The elements of discovery manual", p.35; E'Asha Ashayana, Kathara bio-spiritual healing system manual, level 1, 2000, pp. 62-98.

En el primer nivel de las enseñanzas de catara se explica la existencia de "plataformas de percepción" de la conciencia en cinco cuerpos hova. Esto nos da diferentes niveles de percepción. La integración de nuestras identidades superiores es una fusión de cuerpos hova del primero hacia el segundo (integración del alma) y alcanzar el nivel de conciencia del segundo universo armónico, etc. A través de esta fusión de los cuerpos hova, se logra el desarrollo del código genético y los cambios del cuerpo físico.[37]

DIAGRAMA 3

Existe un orden matemático preciso que vincula todas las identidades de los diferentes niveles de densidad. En primer lugar, cada identidad superior se compone de 12 identidades inmediatamente inferiores. Los nombres de identidades superior e inferior tan sólo reflejan la ubicación de la conciencia en la escala multidimensional, no necesariamente la ética de los seres. De esta manera, la experiencia y el conocimiento acumulados por las identidades inferiores en-

---

37 E'Asha Ashayana Kathara bio-spiritual healing system manual, level 1, 2000, pp. 142-145.

riquecen y desarrollan las superiores. Por ejemplo, nuestra alma nos incluye a nosotros y a otras 11 personalidades encarnadas, es decir, un total de 12 personas. Su encarnación sucede en diferentes períodos de tiempo, tanto en el pasado como en el futuro. Estos períodos de tiempo tampoco son aleatorios, sino que incluyen 4 ciclos evolutivos de la llamada evolución humana angélica en la Tierra y, en particular, el tercer asentamiento de las personas en el planeta.[38]

En muchos casos documentados de hipnosis en encarnaciones pasadas, los sujetos y el hipnoterapeuta obtienen información de una persona que no es un humano, sino un extraterrestre que vive en otro planeta y representa a otra raza. Es lógico preguntarnos si siempre hemos sido humanos, y si la respuesta es negativa, de qué dependería y si habría algún orden en el que se realizan las encarnaciones con las que estamos conectados kármicamente y tenemos tareas comunes. En las enseñanzas de la libertad, se aclara cuándo y dónde se distribuye la forma en la que el ser renace y acumula experiencia.[39] Esto sucede en un tercer universo armónico, a nivel de nuestro sobre-alma. En este nivel, conectamos con una especie biológica, raza y linaje en particular.

Todos están profundamente conectados con encarnaciones del otro sexo, raza y otra etnia. Aquellas personalidades que construyen la experiencia de nuestra alma, sobre-alma y avatar crecen con los logros y las deficiencias de otras culturas, sufren adversidades y alcanzan victorias. Todas estas circunstancias influyen en la actitud que tenemos hacia personas del otro sexo, otras razas, etnias y costumbres culturales. Las heridas que hemos creado y recibido en estos tiempos pueden y está bien que sean tratadas hoy.

Nuestra alma, junto con otras 11 almas, forma nuestra sobre-alma. En consecuencia, el sobre-alma está compuesta por 144 personas encarnadas.

Doce sobre-almas forman el avatar de Cristo, que incluye a 144 almas y 1.728 personas encarnadas.

---

38 E'Asha Ashayana, Voyagers 2, Secrets of Amenti, Granite publishing, 2002, pp.290-293

39 E'Asha Ashayana; Holy grail quest, 2000, disk 5

En consecuencia, 12 avatares de Cristo están conectados y forman un adepto rishi. El adepto rishi incluye, a su vez, otras 144 sobre-almas, 1,728 almas y 20,736 personas encarnadas.

En las enseñanzas de la libertad y catara se aclaran en detalle las fórmulas matemáticas sagradas, a través de las cuales el alma distribuye sus 12 personas encarnadas en diferentes periodos de tiempo y circumstancias. Existen principios comunes de esta distribución que nos brindan información muy importante sobre por qué una persona es de un determinado sexo y tiene una fuerte atracción por una determinada persona en una vida determinada. Cada uno de los doce individuos se coloca en el llamado vector de tiempo, y se ordenan cómo las horas en el dial. De esta manera, se forman 6 pares de personas nacidas. Estos son 1 y 7; 2 y 8; 3 y 9; 4 y 10; 5 y 11; 6 y 12. El alma distribuye una cantidad diferente de energía a estos individuos nacidos y cada uno tiene una misión diferente. La mayor parte de la energía se distribuye en los pares 12 y 6, así como en los pares 3 y 9. Estos individuos se llaman "las cuatro caras del alma".

La mayoría de las veces, la posición 12 es un hombre y la posición 6 es una mujer. Cuando un par de personas se encuentran en la vida, sienten una fuerte atracción porque están construidas con la misma plantilla de ADN. Por esta razón, cuando un par de almas están juntas, sienten una oleada de energía y tienen la capacidad de llevar más frecuencias y crecer juntas espiritualmente más rápido. Cuando dos personas que son almas gemelas y tienen un contrato para unirse, generan una energía juntas que es dos veces mayor que la que generan cuando están solas.

Cuando tenemos conocimiento del orden y la forma en que se lleva a cabo la distribución de las personas nacidas del alma, esto nos ayuda a comprender el significado de los sexos y las diferentes conexiones entre las personas. Podemos destacar algunas cosas que nos ayudarán a enriquecer nuestra visión:

En primer lugar, la complementariedad entre el sexo masculino y femenino es clave para el desarrollo espiritual de cada persona. Cuando en una cultura nacional o una tradición religiosa prevalece un sexo sobre el otro, la mayoría de veces, el masculino sobre el femenino, esto conduce a la disfuncionalidad de la comunidad respectiva, ya que se ha alterado el equilibrio entre las entidades multidimensionales. Esto conduce a manifestaciones muy bajas del arquetipo masculino, como la agresión, la violencia y el dominio autoritario, pero también conduce a la supresión de la manifestación del arquetipo femenino, que tampoco puede demostrar adecuadamente sus cualidades naturales como el cariño, la estética, la emocionalidad, etc. Por lo tanto, la igualdad de género, teniendo en cuenta sus peculiaridades y permitiendo una complementariedad libre, es una condición indispensable para el flujo armonioso de la energía social en una comunidad. Esa puede ser familia, género, tribu, etnia, raza. Cuando las costumbres y las tradiciones religiosas no se corresponden con ese principio, estos obstaculizan el desarrollo armónico de la comunidad.

La siguiente conclusión importante que podemos hacer al comprender el patrón de repartición del nacimiento de las personas de un alma, un sobre-alma o un avatar, está relacionada con nuestra actitud hacia las relaciones entre personas. Muy a menudo, en una encarnación, uno se encuentra con diferentes parejas que tienen un significado importante para una cierta etapa de su vida. Cuando es una pareja que forma parte de la matriz del alma y aún más es la parte opuesta de una pareja (por ejemplo, 9 y 3), el significado de esta relación y el flujo de energía entre los dos es mucho más fuerte que con otras parejas.

Este orden matemático original de manifestación es la forma en que la Fuente Divina expresa partes de su conciencia. También es el orden en que el alma distribuye sus personas nacidas. Todos somos parte de un equipo y nunca nacemos solos.

El foco de atención en este libro se dirige más hacia la identidad del avatar de Cristo de la 12ª dimensión, ya que forma parte de la estructura multidimensional de una persona que está relacionada con los ideales de Cristo y no se ha apartado del camino de la evolución de Cristo. En el primer nivel de la catara, se establece un vínculo con el avatar de Cristo mediante la técnica de activación del escudo maharic.[40]

---

40 La técnica se describe en capítulo 12

En el presente, el término avatar se ha vuelto ampliamente popular con el significado de alter ego, y en catara se utiliza en el sentido de identidad del cuarto universo armónico. En el hinduismo, la palabra "avatar" también se usa, pero el significado allí es el descenso intencionado de una deidad a la Tierra y su encarnación en cierta forma. En catara, se hace una distinción importante, enfatizando que cada persona está conectada con su avatar y es parte de él. Este refinamiento es necesario para volver a enfatizar que todos somos igual de importantes, y cada uno de nosotros tiene un Yo elevado y hermoso con el que está conectado y puede aprender a encarnarlo de manera armoniosa y segura. Sanar la relación con su propio avatar de Cristo fortalece los biocampos y crea protección contra las intrusiones negativas en la 12ª dimensión. El avatar es parte de la estructura de identidad multidimensional y corresponde al cuerpo Mahara Hova del cuarto universo armónico. El Avatar incluye la mente de Cristo de la décima dimensión, la mente Buda de la undécima dimensión y la mente nirvana de la duodécima dimensión. Los nombres de estos niveles no están tomados de diferentes religiones y las religiones y enseñanzas respectivas los usan porque los nombres son la vibración que denota el nivel espiritual correspondiente. El poder de las lenguas sagradas esta en que los sonidos de las palabras son las vibraciones de la energía que emiten los respectivos objetos. Debido a ello, su pronunciación de una manera determinada y en un orden determinado, tiene un efecto directo sobre la bioenergía humana.

La identidad del Avatar representa un nivel de conciencia de 12 dimensiones que puede lograrse a nivel biológico con la activación completa del ADN de 12 hilos. En la doctrina, Esta plantilla de ADN se llama la huella genética de la matriz de silicato, así como matriz de ADN del "Sol de Diamante".[41] Este es el nivel más alto que se puede alcanzar en el cuerpo humano. Las razas índigo tienen un mayor potencial para acceder a niveles más altos de conciencia, respectivamente, un mayor número de cadenas de ADN para la activación, y su función se considerará por separado. El objetivo

---

41 E'Asha Ashayana, Architects of Light, Adashi MCEO, 2000, p.26

de enfatizar las diferencias en los potenciales genéticos de grupos individuales de personas no es crear divisiones adicionales y discriminación basada en el genoma humano. Los prejuicios a la gente diferente, el racismo y la xenofobia están en total contradicción con la Ley de la Unidad y el conocimiento de que todos vamos y venimos al mismo lugar, siempre hemos sido y siempre seremos uno con la Fuente Divina. El propósito de señalar estas diferencias es que uno sepa que está relacionado con ciertas razas estelares y que su conciencia proviene de algún lugar y se le permite estar en un cuerpo humano, incluso si él no es un representante de la línea humana angélica. Esto significa que nadie está aquí solo, y todos, sin excepción, tienen una conexión con cierta familia estelar. Gracias a esta relación, una persona recibe ciertos impulsos, instintos, actitudes hacia otras comunidades e individuos. Saber sobre el ADN y trabajar con técnicas de catara para ayudarnos a activarlo y protegernos de interferencias negativas es la fuente principal para obtener mayor libertad. Esta libertad consiste en elegir si seguir la voluntad y el camino evolutivo de las familias relacionadas con las estrellas con las que estamos conectados, o seguir otro camino más consistente con la forma en que queremos vivir.

Catara es una enseñanza holística que muestra simultáneamente la conexión entre las entidades multidimensionales y explica las formas en que podemos activar estas conexiones que conducirán a nuestra evolución espiritual y biológica. En otras palabras, a través del sistema catara, activamos los potenciales de nuestras cadenas de ADN y nuestra plantilla de ADN. Estos potenciales han sido suprimidos y distorsionados deliberadamente durante miles de años por criaturas y facciones que desean que la humanidad sea esclavizada y deformada para alejarse de su misión de ser el guardián de las puertas estelares de la Tierra y, por consiguiente, de nuestro sistema veca.

Las técnicas en catara y tantriara permiten la integración gradual y sin problemas de nuestras identidades multidimensionales que expanden nuestra conciencia y la armonía de este proceso se rige por nuestro avatar personal de Cristo. Dado que las frecuencias se integran en el núcleo del planeta, la activación del ADN afectará a todas las personas y les sucederá a todos, ya sea que sean conscientes de ello o no. Esta es precisamente la razón por la que este antiguo conocimiento se ha puesto a disposición del público para arrojar luz sobre los cambios que ya son inevitables para la civilización moderna. Puede encontrar más información sobre el proceso de activación del ADN y referencias adicionales sobre él en el capítulo siete.

Cuando alguien integra su nivel de avatar, cambia sus percepciones del tiempo, el espacio y la materia y logra la llamada *conciencia multivectora* de la 12ª dimensión. La conciencia multivectora es una percepción y la capacidad de interactuar con nuestras mentes, almas y personalidades, que se encuentran en diferentes realidades espacio-temporales (ciertos años en el pasado o en el futuro) en nuestra matriz de tiempo. Para ilustrar la imagen multidimensional representada, uno puede poner de ejemplo los muchos logros de la hipnoterapia moderna en vidas pasadas y la hipnosis entre las encarnaciones en las que el alma examina sus propias transformaciones personales que aparecen en paralelo y simultáneamente existen vidas en diferentes momentos. Hipnoterapeutas como Michael Newton, Dolores Cannon, Brian Weis y muchos otros han adquirido experiencia con miles de sus clientes, y todos ellos reflejan una imagen similar de la revisión del alma y su vuelta arriba (al segundo universo armónico) junto con un montón de otras almas.

Es la experiencia clínica y el examen de gran parte de la información que ha recibido como resultado de la hipnosis en vidas pasadas, que el concepto de renacimiento debe considerarse como un fenómeno real que existe independientemente de lo que una persona o comunidad religiosa cree. Otro ejemplo de ilustrar dos universos armónicos y el acceso a dimensiones superiores son los estados relacionados con la muerte. Se han observado millones de casos y se ha investigado clínicamente a miles de personas con experiencias cercanas a la muerte o en situaciones de fuerte amenaza física o emocional, que experimentan cosas similares. Entre las experiencias más comúnmente observadas se encuentra la sensación de atravesar un túnel, observar tu cuerpo físico en la parte superior, contactar con los seres queridos fallecidos, reunirse con seres espirituales que orientan y revisan la vida hasta ahora.

Muy a menudo, los hallazgos después de una condición cercana a la muerte son que uno mejora la actitud hacia uno mismo, las personas y la vida en general. Es importante tener en cuenta que todas las condiciones cercanas a la muerte después de las cuales se produce un cambio de personalidad en una persona y una reorientación de sus valores son eventos que están regidos por el alma, el sobre-alma o el avatar de una persona para que se active su quinto hilo de ADN.[42]

Lo que sucede en estos estados en el lenguaje de catara significa cambiar las estructuras geométricas del campo morfogenético que permiten a una persona expandir su canal de comunicación entre las identidades del primero y segundo universo armónico, es decir, entre nuestra encarnación y nuestra alma. En resumen, esto significa que una persona integra más plenamente su alma y puede comunicarse mejor con ella.

---

42 Secrets of Lemuria & the ancient Eieyani, Audio file disk 8.3.; Hawaii, 2001

DENSITY-2 RADIAL BODY

Veca Density-Lock-2 Seal

DENSITY LOCK SEALS

DNA Template Activation
& Perceptual Field Ranges

DENSITY - 2 VOID

DENSITY-2

D-6 — Density-2 Atmospheric Plane

D-5 — Density -2 Elemental Plane

D-4 — Density -2 Atomic Plane

D- Lock-6 Seal Strand-7 Act.

D- Lock- 5 Seal Strand -6 Act.

D-6 DN-2 Angelic Mental Body

Strand-5 Act. D-4 Astral Plane projection begins

D-5 Archetypal/ DN-2 Elemental Emotional Body

D- Lock- 4 Seal Strand -5 Act.

Strand-4 Act. D3 Mental Plane projection begins

D-4 Astral/ DN-2 Atomic Body

Veca Density -Lock-1 Seal

Full Strand -6 Activation 'sees' full D-5 Archetypal DN-2 Elemental Plane

Full Strand -5 Activation 'sees' full D-4 Astral/ DN- 2 Atomic Plane as solid

4.5 Strand Activation (all 4 & ½ 5) 'sees' the first ½ of D-4 Astral Plane

Full Strand-4 Activation sees' full D-3 DN-1 Mental Plane as solid; Dreams' are the D-3 Mental Body awareness projecting within the DN-1 Radial Body levels

ASTRAL BODY

DENSITY - 1 VOID

DENSITY-1

D-3 — Density -1 Atmospheric Plane

D-2 — Density -1 Elemental Plane

D-1 — Density-1 Atomic Plane

D- lock -3 Seal Strand -4 Activates

D-3 DN-1 Mental Body "Ego" focus Density-1 Pale-Silver-Blue Radial Body Projection Cord connects all Density Bodies to D-13, D- 12 & each other.

D-Lock -2 Seal Strand -5 Activates

D-2 Elemental/ Emotional Body Sub-Consc-2

D- Lock -1 Seal Strand - 6 Activates

D1 Atomic Body Sub-Consc-1

Veca Density-Zero PT Lock Seal

3.5 Strand Activation (all of 3 & ½ of 4) 'sees' first ½ of D3 Mental plane

Full Strand-3 Activation 'sees' full D-2 DN-1 Elemental Plane

Most contemporary humans have 3-3.5 Strand DNA Template Activation, characteristic of the present 4th Aryan Root Race cycle

ZERO POINT VOID

The Pale-Silver-Blue ErrA Radial Body Projection Cord is the frequency bridge by which the "incoming" Soul orchestrates Fetal Integration & the "out-going" Soul fulfills Bhardoah (death). It is also the "tube" of energy through which consciousness expands in Astral Projection & the "Tunnel" perceived in NDE's

DENSITY-1 RADIAL BODY

1. Cuerpo radial en el segundo nivel de densidad.
2. Veca sello de densidad-2
3. Veca sellos de densidad
4. Segundo nivel de densidad
5. Dimensión 4, Dimensión 5, Dimensión 6
6. Segundo nivel de densidad nivel atómico
7. Segundo nivel de densidad Nivel elemental
8. Segundo nivel de densidad Nivel atmosférico
9. Huella divina del segundo nivel de densidad
10. Segundo nivel de densidad Manu (Dimensión 12/13 Cam-

po Reion)

11. Segundo nivel de densidad Mane (Dimensión 11 Campo Traion)

12. Segundo nivel de densidad Ire (Dimensión 10 Campo Meiaji)

13. Segundo nivel de densidad Iros

14. Activando el hilo de ADN - 4 Inicio de las proyecciones a nivel mental (Dimensión 3)

15. Activando el hilo de ADN - 5 Comenzando las proyecciones a nivel astral (Dimensión 4)

16. Espacio vacío en el primer nivel de densidad. Los sueños son la consciencia del cuerpo mental en la tercera dimensión que se proyecta en los niveles del cuerpo radial al primer nivel de densidad

17. Activación de los hilos de ADN 4.5 (Incluye activación completa hasta el cuarto hilo y la mitad del quinto hilo) da la posibilidad de ver en la primera mitad del campo astral

18. Activación completa del ADN del quinto hilo abre la visión en toda la cuarta dimensión (campo astral), un campo en un segundo universo armónico como material.

19. Activación completa del ADN del sexto hilo hace visible la quinta dimensión, nivel elemental de la segunda densidad

20. Cuerpo Astral

21. Dimensión-1, Dimensión-2, Dimensión-3

22. Primer nivel de densidad Nivel atómico

23. Primer nivel de densidad Nivel elemental

24. Primer nivel de densidad Nivel atmosférico

25. El pálido hilo plateado-azulado del cuerpo radial de Ire es el puente entre las frecuencias a través de las cuales el alma venidera se integra al embrión y el alma que se va realiza el bardo (muerte del cuerpo). Este hilo es un tuboenergético a través del cual se expande la conciencia y realiza la proyección astral. También es el túnel de luz blanca que se ve por las personas que han vivido una situación cercana a la muerte

26. La mayoría de las personas modernas tienen activación de los hilos hasta 3-3.5 de su plantilla de ADN, que es una característi-

ca del cuarto ciclo de la raza aria.

27. La activación completa del ADN del tercer hilo se hace posible ver en toda la segunda dimensión (campo elemental del primer nivel de densidad).

28. Activación del ADN del tercer hilo junto con la mitad del cuarto, abre la primera mitad del campo mental (tercera dimensión).

29. Cuerpo radial al primer nivel de densidad.

30. Punto cero desde un espacio en blanco.

Aunque todas las personas están conectadas a sus identidades multidimensionales de los diferentes universos armonicos, incluido con su avatar de Crisro, no todas las personas tienen la oportunidad de encarnar plenamente una conciencia de 12 dimensiones en una vida. La razón de esto es que los campos bioenergéticos del avatar totalmente encarnado emiten una gran energía y, más precisamente, un gran espectro de ondas electro-magnéticas multidimensionales y ondas escalares. Si se diera el caso de que un gran número de avatares del nivel 12 se encarnen en la Tierra y activen su potencial al completo al mismo tiempo, el campo morfogenético del planeta se sobrecargaría con altas frecuencias y causaría una explosión planetaria. Esto se debe a que la Tierra ha sido sometida a severas interrupciones de energía en los últimos 210,000 años y su capacidad de transfusiones energéticas ha disminuido.

Por lo tanto, las verdaderas encarnaciones de avatar están destinadas a tratar el planeta y sus especies biológicas. Estas encarnaciones están reguladas por un nivel aún más alto y se producen después de que se hayan firmado un número limitado de contratos entre la identidad del avatar y las identidades rishi. En el presente hay muchos líderes de movimientos espirituales y gurús que afirman ser avatares encarnados. Si esto fuera cierto, estas personas podrían desmaterializarse y aparecer a voluntad en la 12ª dimensión, así como regenerar las células de los cuerpos de los humanos mediante el uso del poder de sus mentes.

Cuando alguien alcanza este nivel de integración, puede ingresar a la fase mahunta del mercaba[43] para lograr su potencial de

---

43 E'Asha Ashayana, Kathara 2-3 manual, 2003 pp.108-110

transmutación biológica completa en los cuatro universos armónicos. Esto significa que el individuo puede moverse libremente entre las 12 dimensiones, ascendiendo y descendiendo en los cuatro niveles de densidad. Este movimiento es posible después de activar los 12 hilos de la plantilla de ADN. Otra habilidad de los avatares es tener acceso al banco de memoria galáctico.

Los verdaderos avatares solo pueden nacer a través de una combinación de códigos genéticos específicos, permitiendo que se forme un embrión, que puede soportar frecuencias de energía de dimensiones más altas. Muy a menudo los avatares no son despertados para su verdadero objetivo hasta que no son adultos. Este despertar está sincronizado con el aumento de la vibración del campo morfogenético planetario y la mayoría de los avatares se despiertan en etapas y por consiguiente la vibración del planeta se eleva. Los contratos de los avatares incluyen algún tipo de trabajo que influya en el curso de la evolución de la Tierra y la humanidad.

Aunque la mayoría de las personas no tienen contratos firmados de encarnación de avatares, muchas personas tienen contratos para la integración de su sobre-alma y son capaces de expandir sus mentes hasta el punto de encarnar su sobre-alma fusionando los cuerpos hova Nada, Alphi y Beta y activan las cadenas de ADN 7, 8 y 9. Cuando se logra la encarnación del sobre-alma, una persona u otro ser puede abrir un canal para obtener información de su avatar y rishi identidades. Abrir un canal no es lo mismo que una encarnación biológica completa en el cuarto nivel de densidad, pero también representa un nivel trascendental de conciencia.

Es importante tener en cuenta que la interacción con el avatar, mediante técnicas, está regulada por el propio avatar, que responde y garantiza que no sobrecargue el cuerpo de energía. Por esta razón, sin importar la anchura del canal y la estabilidad de la relación con su avatar, uno obtendrá tanta energía como sea seguro y útil para integrar en la etapa de evolución y en función de la capacidad del planeta.

La identidad del avatar de la 12ª dimensión representa el verdadero significado de "la conciencia de Cristo".

La evolución espiritual personal es el proceso de expansión progresiva de la personalidad para encarnar identidades de niveles superiores. Este proceso reúne nuestra identidad espiritual y conciencia divina. La integración de una identidad superior altera progresivamente la naturaleza de nuestra forma biológica. Por lo tanto, la evolución biológica y espiritual se deben de considerar como un único proceso. Inicialmente, la integración de la identidad humana tenía lugar en una vida, la forma humana era eterna y el hombre no moría, sino que ascendía a universos armónicos superiores con su cuerpo físico que sufría un proceso de transmutación de átomos. Debido a las deformaciones perjudiciales en el campo morfogenético de la Tierra, causadas deliberadamente por otras razas estelares[44], este proceso se interrumpió y la vidas se abrió paso a través de reencarnaciones posteriores. La reencarnación no era el proceso evolutivo natural de la genealogía humana original, sino que comenzó a funcionar hace más de cinco millones y medio de años.[45]

Mediante técnicas de catara y la expansión del conocimiento de la dinámica morfogenética y el gen cristalino de la matriz de silicato, cada uno puede recuperar gradualmente los magníficos potenciales del cuerpo humano y reingresar a su camino natural de la evolución de Cristo.

Una característica importante en catara es que es un sistema de conocimiento espiritual que no opone lo físico a lo espiritual. A través de la física partiki, explicada detalladamente en los primeros tres niveles de la enseñanza, la estructura, las leyes y las matemáticas de la creación divina se pueden entender y describir en la medida de la intención divina primaria de la creatividad. El mundo espiritual no es un concepto imaginario, sino que se representa en unas dimensiones concretas y se explican las técnicas para un trabajo seguro en ellas.

Cada nivel espiritual (cada dimensión) tiene su propia materia fina. El cuerpo (terrenal) es parte de este sistema multidimensional

---

44 Ver más información en capítulo 5 y las notas a pie de página contenida en el
45 Otra vez allí

y es una manifestación espiritual que tiene todas las propiedades primarias. Cuando vemos nuestro cuerpo como pecaminoso y corrupto, no hay manera de encontrar su propósito divino, entender nuestros potenciales de ADN y desarrollarlos. En catara, el cuerpo humano es visto como un microcosmos con su red de catara a través de la cual puede actuar sobre el macrocosmos. Nuestro cuerpo es sagrado en la misma medida que nuestros cuerpos sutiles, así como el Absoluto, porque todo y cada uno está formado por la misma sustancia divina, que es una conciencia unificada. Este conocimiento antiguo es el patrimonio de toda la humanidad, su responsabilidad y su poder. La privación, supresión y distorsión de este conocimiento a lo largo de los milenios condujo a una situación en la que las personas no recuerdan su origen y propósito y no ven la belleza de la manifestación de Cristo en si mismos. En cambio, la gente fue sometida a un patrón de comportamiento autodestructivo que les llevó a buscar lo divino más allá de ellos y negar lo divino dentro de nosotros mismos.

En catara, el alma no se presenta como un concepto nebuloso, sino que se considera como un fenómeno físico real que tiene su propia estructura fina que se puede explorar. El alma es solo una parte de la identidad espiritual del hombre y otras especies biológicas.

Al conocer la estructura multidimensional de una persona, es natural experimentar la autoestima y el respeto por los demás. Esta actitud es fundamentalmente diferente de un sentimiento de impotencia e inferioridad que se compensa con la adoración de las deidades y la deificación de los objetos externos de los cuales se espera la misericordia y la salvación. Cuando uno es consciente del potencial de su propio poder, conocimiento y amor, puede aspirar a desarrollarlos y tomar una decisión consciente para una mejor integración de estas virtudes en sí mismo.

Al profundizar la conexión con sus partes multidimensionales, cada uno puede sentir hasta qué punto y de qué manera debe revelar y expresar sus potenciales espirituales.

En cada uno de los cinco universos armónicos existe una cantidad progresiva de conocimientos y se logra una comprensión más profunda de los mecanismos de creación y nuestra conexión con la Fuente Divina. Con el inicio del proceso de integración de nuestras partes superiores, estamos expandiendo nuestra conciencia y obteniendo inspiración en el conocimiento que se encuentra en ellas.

Es importante tener en cuenta que a estos niveles nosotros ya tenemos este conocimiento y una visión del mundo superior y los esfuerzos que hacemos aquí en un primer universo armonico son para recordarlos y usarlos también en este nivel

Tabla de los universos armónicos y sus características:

Universo armónico (nivel de densidad)	Dimensiones	Tipo de materia física biológica	Identidad
Primero	1ª, 2ª y 3ª	La biología está basada en el dióxido de carbono.	**Persona que ha nacido**
Segundo	4ª, 5ª y 6ª	Biología semi-éter basada en base silicio-hidróxido de carbono..	**Alma** Está constituida de 12 personas nacidas
Tercero	7ª, 8ª y 9ª	Biología éter, basada en una base de silicio	**Sobre-alma** Se compone de 12 personas
Cuarto	10ª, 11ª y 12ª	La materia biológica es una pre-materia hidroplasma – „luz líquida"	**Avatar** Se compone de 12 sobre-almas
Quinto	13ª, 14ª y 15ª	La materia biológica es ante-materia – „radiación lumínica"	**Rishi** Se compone de 12 avatares

En nuestro pasado pre-antiguo, el conocimiento masivo de las habilidades descritas anteriormente y la posibilidad de su aplicación han sido eliminadas para los humanos por etapas empezando por dañar los campos geomagnéticos de la Tierra y de allí el ADN de los humanos.[46] No es una coincidencia que hoy en día, los científicos que examinan el genoma humano concluyen que la mayor parte (más del 95%) es "ADN de desecho", en el que las proteínas no están codificadas en secuencia y su objetivo no está claro. Los detalles sobre el daño al genoma humano y la manipulación alrededor de el para presentarlo como ADN animal o ADN relacionado con annuaki, se revelan en el libro "Voyagers. Secrets of Ameniti", así como en una serie de talleres de Yesha Ashayana.[47]

En consecuencia, nuevamente a través del impacto electromagnético negativo en la Tierra por parte de usurpadores extraterrestres con intenciones anti-crísticas, se deteriora la memoria de las personas y su conocimiento de su origen y dones.[48] El último paso para evitar que las personas usen sus dones de seres de Cristo (con ADN que da acceso a la 12ª dimensión del Maharata) es que se le enseñe y programe a evitar lo terrenal, a despreciar su cuerpo físico, a vivir con miedo a la supervivencia y una lucha constante por la supremacía.

Controlar a las personas como una raza cristica con todas las habilidades y el poder, algunos de los cuales se describen anteriormente, era un medio para causar daño a la Tierra e introducir frecuencias invertidas en el templario planetario. Cuando el escudo racial de la humanidad ha sido dañado, esto ha resultado en un daño en la biología de cada hombre en la Tierra. Incluso en la Biblia, existe información de que los antiguos tenían una vida más larga que la gente en nuestros días.[49]

Para que este control de la humanidad estuviera completo, el siguiente paso había sido limpiar la memoria de las personas de estas habilidades para no se recuperaran. Esta limpieza se había realizado mediante la manipulación de los campos geomagnéticos, lo

---

46 Dance for Joy, Disk 3, 2003
47 The Evolutionary Path of Human Consciousness. Secrets of the Melchizedek's and Guardian races,1999; Dance for Love, disk1, 2002
48 Voyagers. The sleeping abductee, 2002, p.50; Voyagers. The secrets of Amenti,2003 pp.310-422. Dance for life manual, 2002 pp.146-156
49 Biblia, capítulo 5

que había resultado en un daño permanente a la plantilla de ADN humano. La siguiente etapa en la opresión y la retirada de la libertad incluía inculcar un sentimiento de pecado carnal para no recordar cómo realizar las técnicas de interacción cristica con la Tierra y con todo el escudo racial humano. Algunas de estas técnicas son muy simples de recordar y, al mismo tiempo, muy potentes y pueden restaurar códigos dañados en la plantilla de ADN.

El proceso de despertar masivo de los talentos de las personas y la recuperación gradual de sus potenciales de ADN ya es en gran medida irreversible debido a los impactos de energía a los que la Tierra ha estado sometida durante las últimas dos décadas. El ciclo de activación estelar de nuestro planeta, con todas sus características, actividad en varios sistemas estelares, obstáculos y permisos, ha sido descrito detalladamente por la Unión de Guardianes en una serie de talleres y manuales prácticos.[50]

Hoy en día, la mayoría de la gente ve la pronunciación de palabras como algo ordinario que no tiene gran efecto. La subestimación y la ignorancia del poder del habla, conducen a la subestimación y la ignorancia de las conexiones energéticas que se están creando. Esto se aplica tanto para las buenas palabras hacia una determinada persona como para los insultos y juramentos hacia una persona, un grupo de personas o una situación concreta. Cuando uno olvida el poder de sus palabras y las usa apresuradamente, eso no significa que no suframos las consecuencias y el efecto energético de lo que hemos creado a través de estas palabras.

Un ejemplo típico de la subestimación del uso de las palabras es el hacer juramentos y la aceptación de iniciaciones a diferentes organizaciones. Muy a menudo, los motivos que llevan a las personas a comprometerse o recibir iniciaciones están relacionados con la inclusión social, creación de mejores condiciones comerciales, contactar con gente de influencia y poder, o simplemente porque todos los demás lo han hecho. El hecho de que el hombre vea estos actos

---

50 Summary of December 2012 Workshop by E'Asha Ashayana, 2013; Voyagers, The secrets of Amenti, 2003; Dance for freedom, part 2 disk 4 Workshop,2002; The kethradon awakening, Disk 1, 2005

a través de su conciencia tridimensional como formalidad para obtener beneficio social o aprobación no significa que no tengan efecto en las dimensiones superiores. La adopción de las iniciaciones y los votos a diferentes organizaciones no es una formalidad energéticamente hablando, y crea vínculos energéticos (conexiones kármicas) para toda nuestra identidad multidimensional.

Como resultado de las iniciaciones, el individuo activa energías en sus campos biológicos que inician cambios en su vida y en las encarnaciones paralelas del alma, sobre-alma y avatar. Esto significa que los votos hechos en el pasado a una determinada tribu, pueblo, una orden o una iglesia puede tener su efecto significativo (beneficioso o negativo) para una persona en el presente, sin que él / ella sepa de lo que está sucediendo. Catara proporciona técnicas mediante las cuales uno puede entender si está conectado con dicho grupo, así como técnicas para romper dicha conexión kármica si no corresponde a la misión del avatar de Cristo o lo refuerza si esa relación tuviera un efecto positivo en el desarrollo espiritual.[51]

A través de estos actos, abrimos nuestros biocampos y dejamos entrar en ellos un programa energético que nos influye desde el correspondiente egregor colectivo. Es por esta razón que es bueno saber con qué nos conectamos y qué efecto tendrá este vínculo en nuestras vidas e identidades de alma, sobre-alma y avatar. El conocimiento del efecto de haber aceptado la iniciación, faculta al hombre a tomar una decisión consciente de aceptación o no de una comunidad en particular y sus valores. Si esta información se esconde de la persona, esto es una forma de manipulación y falta de respeto por su derecho a ejercer su libre albedrío. En casi todas las publicaciones de Ashayana y la Unión de Guardianes, se ofrece una breve introducción sobre la Orden Esmeralda y los niveles de ordenación y su efecto en la bioenergía del iniciado. Las enseñanzas de la libertad explican que la iniciación y los niveles de iniciación corresponden a transmisiones definidas con precisión de ondas electromagnéticas y escalares al cuerpo,

---

51 Flame body activation and shadow body healing, técnica 18 – Beta juva escaneo, pág.61-66

el sistema de chakra y los campos morfogenéticos del iniciado que los acepta. Al aceptar estas influencias, el iniciado comienza a construir su propio medio mercaba hiperdimensional de movimiento formado por el sonido y la luz. La ordenación de la Orden cristica no es un compromiso con una criatura en el cielo o un deber hacia una organización, sino un voto a sí mismo, a nuestras identidades superiores.

Los nombres de los niveles de iniciación en la orden esmeralda no se dan para determinar el rango, sino para indicar el nivel de desarrollo mercaba y expansión de la conciencia, así como la capacidad de curación y el acceso a las frecuencias. De esta manera, la persona que acepta la iniciación podrá determinar el camino y la velocidad de su propio desarrollo y ser responsable de ello.

¿Estamos haciendonos preguntas para ayudarnos a gestionarnos mejor y para elegir qué comunidades e ideas nos impactarán? ¿Estamos haciéndonos preguntas como, por ejemplo:

1. ¿Sé lo suficiente sobre esta organización / comunidad a la que declaro unión?

2. ¿Pueden los representantes de este grupo explicar claramente el efecto de la iniciación y los ideales de la comunidad?

3. ¿Mi afiliación en una organización tiene un precio determinado y me da la libertad de ejercer mi voluntad o se espera que ejecute las órdenes de los superiores sin el derecho de cuestionar o hacer preguntas?

4. ¿Tengo suficiente información sobre este ángel / santo por quién oro? ¿Tengo que orar a un ángel en lugar de a Dios o a mi Yo Superior?

5. ¿De dónde proviene esta información y hay algo en el comportamiento o la actitud de este ser que me molesta?

6. ¿Hay algo que me preocupe en la información en sí y hay alguna discrepancia en ella?

7. ¿El hecho de que una organización religiosa sea popular, significa que afirma verdades espirituales? ¿Cuál es el patrimonio histórico de esta organización? ¿Cómo ha tratado a diferentes per-

sonas y comunidades? ¿Cuál es su estructura organizativa? ¿Sus miembros hacen lo que predican o son declaraciones hipócritas?

8. ¿El hecho de que una hipótesis científica sea popular, significa que es correcta? ¿Cuáles son las pruebas de ello y me parecen suficientes para obtener una opinión personal sobre el tema?

Expandir nuestros conocimientos sobre el poder de las palabras y la creación de una conexión de energía a través de un voto o compromiso que implica abrir nuestro biocampo y adoptar un programa de energía determinado, nos ayudará a comprender mejor las diferentes culturas del pasado y del presente.

Con bastante frecuencia, los científicos que exploran culturas antiguas utilizan enfoques limitados para comprender lo que realmente hacían los antiguos. Esto es perfectamente normal, porque no se puede buscar algo que no se sabe que existe y no se puede entender algo que no se quiere encontrar. Durante mucho tiempo se ha establecido que algunas de estas culturas tenían un conocimiento sobre nuestro sistema solar e incluso de nuestra galaxia que resultan ser perfectamente precisos. Una conclusión de "este hecho no tiene explicación" es típica ya sea para las comunidades que tienen un enfoque de investigación demasiado limitado o para las autoridades que insisten en que cierto conocimiento no sea aceptado universalmente, ya que daría información que revertería la idea percibida de la historia de los pueblos y del origen de la humanidad.

El conocimiento de la estructura multidimensional del hombre y el universo también nos ayuda a comprender mejor el fenómeno del contacto con seres de otras dimensiones, sin importar si los llamamos ángeles o extraterrestres.

En muchos casos, cuando una persona está realmente en contacto con otra, se trata de vincularla a una parte de su naturaleza multidimensional. Por ejemplo, el sobre-alma de una persona se le aparece (una de sus encarnaciones) para un propósito determinado. Nuestras identidades superiores en los universos armónicos superiores dependen de la existencia de nuestras encarnaciones en la Tierra, la elección que hace cada persona, los enlaces de energía que crea. Esto se debe a que nosotros en la Tierra somos parte de ellos y las decisiones que tomamos cada día influyen en ellos.

Los universos armónicos representan diferentes espacios de tiempo. En consecuencia, el contacto que tiene lugar es desde una cierta línea de tiempo, es decir, desde un futuro posible hasta un pasado potencial. También es importante tener en cuenta que una identidad superior no siempre significa una esencia moral que sigue la Ley de Unidad y los Principios de Cristo. A veces puede haber un conflicto entre el alma y sobre-alma, entre sobre-alma y avatar, así como entre el avatar (que no es de la 12ª dimensión) y su identidad de rishi. Por lo tanto, el hecho de que un ángel o un extraterrestre esté asociado con una persona, no significa que tenga buenas intenciones y que todas sus instrucciones deban cumplirse. El establecimiento de una conexión con el avatar de Cristo, al activar el escudo maharic, ofrece más garantías de que tales contactos sean más seguros y con seres que tienen buenas intenciones.

CAPÍTULO 4

EL SIGNIFICADO SOCIAL DE CATARA Y LAS ENSEÑANZAS DE LA LIBERTAD

Cuando se trata de conocimientos sagrados sobre la relación entre el microcosmos y el macrocosmos, muy a menudo se relaciona con lo místico, distorsión de la realidad, mensajes codificados difíciles de interpretar. Para mucha gente, estos mensajes van dirigidos a unos representantes en concreto de diferentes escuelas religiosas y órdenes y existe una barrera psicológica para su conocimiento y la respectiva puesta en práctica. La existencia de esa barrera psicológica se podría deber a unas cuantas razones:

En primer lugar, por nuestra historia sabemos ya que los conocimientos sagrados no estaban al alcance de todo el mundo. Han sido custodiados con cuidado y recelo para no ser utilizados por individuos egoístas y comunidades que habrían abusado de ellos. Estas personalidades y comunidades, a su vez, perseguían un conocimiento sagrado diferente porque sabían que podía darles la oportunidad de manipular el poder sobre la naturaleza y sobre las personas. Cuando encontraban personas que tenían tal conocimiento, a menudo les amenazaban y torturaban para que entregasen y describiesen los conocimientos. Por esta razón, la información se evitó de ser presentada y enseñada al mundo. Las diversas escuelas y órdenes que sirvieron a la Ley de Unidad52 transmitieron sus conocimientos en secreto.

Es muy importante destacar que no todas las enseñanzas místicas y secretas enseñan *cristic* orientación (la verdadera de Cristo). Cuando éstas comunidades lograron acceder al conocimiento sagrado, como la estructura del universo o la ubicación y acción de los

---

52 Más información sobre la Ley de la Unidad podéis encontrar en capítulo 10

portales estelares, lograron hacer cambios en las tradiciones religiosas del determinado período. Esto se hizo cambiando solo una parte de los textos religiosos, y el resto se conservó para que los mensajes verdaderos resuenen en los humanos, pero los falsos los engañen y confundan. De esta manera, estas élites religiosas y políticas logran someter y manipular a las personas, y mediante su autoridad los convencen para que vayan por caminos espirituales falsos o incluso, por caminos de autodestrucción.

La segunda razón para la difícil entrada del conocimiento sagrado original en la cultura de la sociedad moderna es que esta cultura está programada a través de dogmas que no dan respuestas claras y no estimulan el autocuestionamiento de las cosas. Para que se produzca un cambio positivo, una masa crítica de personas que hacen preguntas de orden existencial debe descubrir que no está satisfecha con las respuestas vacías que les dan los movimientos espirituales o movimientos tradicionales de la Nueva Era y luego dar un paso adelante para evaluar la integridad de las enseñanzas de la libertad y su aplicación en Catara.

Uno de los elementos más esenciales de la manifestación de los verdaderos valores de Cristo que se observan en las enseñanzas de la libertad es la igualdad de género, mostrar respeto e igualar en valoración espiritual los principios masculino y feminino.

En primer lugar, esto significa que el impedimento impuesto a las mujeres para ocupar puestos en comunidades eclesiásticas y órdenes religiosas, está dictado por una actitud patriarcal egoísta que crea conflicto y no cumple con la Ley de Unidad. El mismo desequilibrio también se observa en las culturas y tradiciones religiosas donde domina el matriarcado y el dominio del arquetipo femenino sobre el masculino.

Sería bueno pensar qué hay detrás de tales restricciones y si debemos aceptar su existencia. Para que la esencia de un conocimiento llegue a una persona o un grupo de personas, debe explicarse en un lenguaje claro y comprensible sin profanarse. Luego, para que este conocimiento esté vivo, debe integrarse en el sistema de valores de aquellos que lo han comprendido y que han reconocido los principios de los mensajes como propios. La adopción de estos principios a menudo ocurre antes de que una persona se familiarice con la doctrina que le atrae, y esto es una señal segura de que hay una sincronización de las vibraciones de sus pensamientos y valores con los del nuevo conocimiento. El proceso de integración de la información está profundamente conectado con el proceso de su aplicación en la vida, en la práctica. Inicialmente esto sucede con pocas personas, luego se aplica a un grupo creciente de personas para terminar convertiendose los valores en direcrtices socialmente reconocidos. Tal destino tiene el concepto de derechos humanos en el derecho internacional, que gradualmente se ha convertido en un principio universal del derecho después de la Segunda Guerra Mundial. Esta actitud es percibida y defendida por un grupo de personas mucho más grande que antes de la guerra, cuando matar a personas con ciudadanía de un estado enemigo o de otra etnia era un comportamiento aceptable y normal para un gran número de naciones. Por esta razón, antes de poder asumir una cierta creencia de valor, es bueno descubrir cómo se aplicaría en la práctica y examinar cuidadosamente si nos gustan todas las manifestaciones de ese valor. Cuando se realiza este ejercicio mental y uno experimenta internamente las manifestaciones de sus propias creencias, ya puede hacer libre elección de ser o no ser un seguidor y defensor de ciertos principios.

Las enseñanzas de la libertad pueden ser útiles para cambiar la forma en que se llevan a cabo las investigaciones y los experimentos científicos. Esto se debe a que la información en ellos presenta la física cuántica junto con la conciencia de las partículas, que es un enlace directo entre la materia y la conciencia. En el presente, se hacen experimentos con las llamadas tecnologías holográficas que distorsionan la luz de una manera poco natural y esto conduce a daños perjudiciales para la integridad de los campos morfogenéticos como se mencionó en los capítulos anteriores.[53]

Una vez que entendamos la existencia de nuestras identidades superiores, su estructura de bioenergía, ubicación, etc., es lógico

---

53 E'Asha Ashayana, Revelations of Ra: The pillar of power and the Nandradon awakening, 2004, disk 2

preguntarnos qué están haciendo en el presente y si importa si nos ponemos en contacto con ellos. La Unión de Guardianes responde a estas preguntas y es importante saber que estas identidades están altamente interesadas en nuestra encarnación actual, ya que nacemos y vivimos en tiempos de apertura de las puertas de las estrellas y la evacuación crística de todo el sistema veca. Los eventos en el presente no tienen precedentes para nuestra matriz de tiempo por su escala e intensidad por lo que, lo que está sucediendo, es importante eones antes y después en el tiempo. Para nuestra alma, sobre-alma y el avatar, es extremadamente importante si respondieramos a su llamada interna, si la escucharamos y ampliaramos nuestra percepción de quiénes somos realmente.

Cualquier decisión que tenga que ver con matrimonio, trabajo, ocio, excursión a un destino particular tiene algún significado para nosotros y nuestra activación de ADN, por lo tanto, es importante para nuestras identidades superiores. Es por esta razón que nuestra tendencia intuitiva a escuchar nuestro ser superior, es clave para la experiencia que obtendremos en el futuro.

Un ejemplo muy común que muestra el interés de nuestras identidades multidimensionales por nuestra personalidad es la necesidad de sincronizar un encuentro con una dimensión superior en la que nuestra participación también es necesaria. Cada uno de nosotros aprende y recibe ciertas tareas en los niveles superiores, pero en la mayoría de los casos no tenemos memoria de eso. A menudo, nuestra atención se centra en las tareas cotidianas, y para nuestras identidades superiores es deseable que nos desarrollaramos de tal manera que las integremos más aún en nuestra plantilla de ADN (para activar nuestros potenciales de ADN). Por esta razón, cuando uno siente que tiene que meditar, tumbarse y dormir entre 20 y 30 minutos al día, es muy probable que ocurra un cambio de conciencia de este tipo en los niveles más altos, una integración más fluida en las frecuencias más altas y la activación armónica del ADN. Por lo tanto, es muy importante en qué pensamos durante el día, los sentimientos que sentimos hacia las personas, animales, plantas, criaturas alienígenas, amigos, enemigos, etc.

En la cultura occidental moderna, la mayoría de las personas se perciben a sí mismas y sus cuerpos como inseparables hasta el momento de la muerte. Esta comprensión no siempre ha sido así. En sus conferencias, Ashayana explica que en el pasado vivíamos en civilizaciones donde debíamos dormir nuestro cuerpo de algún modo, a veces por unos pocos meses, y mediante la proyección de nuestra conciencia entrar en otro cuerpo nuestro dormido, que incluso puede estar en otro planeta, para realizar determinado trabajo allí.[54]

La presentación de la información de las enseñanzas de la libertad expande enormemente nuestro conocimiento, no solo en física sino también en geografía y astronomía al explicar la disposición y el orden de las dimensiones en nuestra matriz de 15 dimensiones del tiempo y en niveles más altos de creación.

La designación de un mapa multidimensional del espacio en su vasta escala, características comunes de desarrollo de todas sus partes, peculiaridades de dimensiones y niveles individuales, es una riqueza tremenda y un conocimiento concreto aplicable, y no simplemente una "cultura general".[55] A través de este conocimiento es posible determinar la ubicación de las diferentes razas en el espacio y el así llamado mundo espiritual (para algunos, la terminología de los mundos extraterrestres es más conveniente), comienza a obtener límites reales y ubicaciones específicas de sus diversas partes. A través de este conocimiento, también podemos profundizar en la relación y la función de la Tierra con el resto de la creación.

La educación en geografía tradicional contemporánea también incluye familiarizarse con mapas y explicar la ubicación de un país, los minerales en un territorio determinado y otros indicadores clave. Cuando se dan mapas multidimensionales en el espacio en las enseñanzas de la libertad y la explicación de las características esenciales de los lugares en cuestión, se debe tener en cuenta que la creación se considera como un campo único y que, en ciertas condi-

---

54 E'Asha Ashayana, Doorways through time, 2009, disk 3
55 E'Asha Ashayana, The science of spirituality of creation - manual, 2003, pp. 22-24

ciones, un hombre u otro ser puede moverse de un lado a otro, utilizando su pensamiento y conocimientos sobre el manejo del campo mercaba. En otras palabras, esta información ya no es solo una cultura general adicional, donde está una civilización y qué seres viven en ella, sino que también contiene los requisitos previos para acceder a los lugares. Conocer un evento, una raza en particular o una ubicación particular del sistema estelar en el mapa multidimensional del universo, es una posibilidad real de contacto con estos seres, ubicaciones y períodos de tiempo cuando conocemos las técnicas seguras de catara para mover nuestra conciencia, nuestro cuerpo de plasma y (para algunos practicantes) hasta el cuerpo físico. La libertad adquiere un nuevo significado, y todos los límites de lo posible se vuelven más superables y por eso es importante que una persona conozca los principios del amor, el respeto por los demás y su derecho a existir. Después de un cierto nivel de desarrollo evolutivo individual, podremos alcanzar la libertad y el poder para elegir las realidades temporales en las que existimos y movernos en otros períodos de tiempo, teniendo cuidado de cómo interferimos con una comunidad determinada y cómo influimos en ella.

Por lo tanto, en sentido figurado, este conocimiento ya incluye no solo la ubicación geográfica, sino también el billete de avión y las condiciones para emitir una visa para un territorio determinado. La física moderna ha demostrado que el tiempo y el espacio están intrínsecamente unidos, cada momento pasado y futuro se encuentra en un lugar particular y que el viaje en el tiempo es una posibilidad teórica. Catara y las enseñanzas de la libertad muestran cómo este modelo teórico se aplica en la práctica.

En Catara esta interrelación entre el tiempo y el espacio se explica en detalle, junto con la posibilidad de que una persona se mueva en el espacio temporal. En una conferencia de "Puertas a través del tiempo" de 2009, Ashayana explica la información de la Unión de Guardianes sobre la estructura y la cantidad de realidades probabilísticas.[56] Así como el alma no es un concepto volátil, tiene su propia estructura física y ubicación, de la misma manera

---

56 Doorways through time, 2009, disk 1

las probabilidades que existen y que podemos vivir son identificables y comparables. Es más, en la misma conferencia, igual que en otras conferencias que presentan las enseñanzas de la libertad, se proporciona información sobre los códigos en nuestro cuerpo que determinan nuestro movimiento a lo largo del tiempo y qué probabilidad experimentamos en cada momento. Uno de estos códigos se llama "stalia". Al aprender a activar estos códigos de translocación, podemos comenzar gradualmente a determinar y cambiar nuestra ubicación en el mapa de probabilidad de tiempo.

Otra información importante que Ashayana retrata sobre el viaje en el tiempo al activar nuestros potenciales biológicos es la función del cristal ekusha en nuestra sutil anatomía, que es responsable de regular los códigos de tiempo genéticos en el ADN de todas las especies biológicas.[57] El cristal del ekusha se llama también la "semilla de lotus" y uno de sus propósitos más importantes es que contiene registros en forma de inscripción vibratoria para cada aspecto de la existencia, para cada evento, pensamiento, emoción, para cada momento potencial y experimentado en el tiempo. El cristal ekusha posee a todos y todo lo que proviene de la creación. Todos venimos de un cristal común de ekusha y nos manifestamos en los niveles más bajos de las dimensiones, manteniendo nuestras relaciones con todos los niveles a través de los cuales hemos pasado.

De seres que forman parte de la Unión de Guardianes, como los llamados Consejos de los Maestros Adone y Eyane, queda claro que, como resultado del ejercicio de su libre albedrío, el hombre, el planeta, el sistema solar, la galaxia, el veca sistema y eka sistema, pueden interrumpir para siempre su conexión con su cristal ekusha perdiendo así la memoria de su origen y el parentesco con sus identidades superiores.[58] No podemos estar fuera de la Fuente Divina, pero podemos perder la memoria de nuestro origen y nuestra relación con Él. A diferencia de la generalizada visión moderna de que el hombre es tan sólo una pequeña partícula de polvo en el universo, las enseñanzas de la libertad consideran al hombre y a todo

---

57 Kethradon awakenening, 2005, manual & disk 1
58 Kethradon awakenening manual, 2005,p.15

lo demás, como manifestaciones individuales del todo, que están indisolublemente vinculadas a todas las demás manifestaciones y tienen una Fuente Divina común: el Absoluto.

Cuando uno sabe de su relación indestructible y única con la Fuente, no necesita intermediarios para comunicarse con Él y tiene la responsabilidad personal del desarrollo y la preservación de esta conexión. Esto significa que un hombre así no se pondrá de rodillas ni besará la mano como un signo de subordinación a ninguna autoridad religiosa o de otro tipo, y si valora sus méritos, puede expresar su respeto y gratitud como lo haría un ser divino a otro ser divino. Un criterio seguro de sí una institución religiosa y sus representantes ponen en práctica la enseñanza de Cristo, que da el mismo valor a todos los seres, es que nunca fomentarían el comportamiento de servidumbre, adulación o una obediencia incondicional.

La actitud de igualdad ante los seres de dimensiones superiores, enfatizada en las enseñanzas de la libertad, se caracteriza precisamente por la actitud de autoestima y respeto por los demás como manifestaciones divinas únicas e igualmente significativas. Por lo tanto, si estamos aquí en un primer universo armonico, cada uno de nosotros tiene sus propias partes en las dimensiones superiores, por lo que un ángel, por ejemplo, no es más importante que un hombre, como se predica en muchas tradiciones religiosas. Enaltecer a alguien o algo aleja el hombre de la conexión con su avatar personal de Cristo y la capacidad de construir una relación interna aún mejor con la Fuente. Los adeptos Adashi y los maestros Eeyene nunca serían altivos o requerirían obediencia o alabanza. Por el contrario, cuando las personas se tiran para besar sus pies o manos, es una manifestación de un malentendido de la Ley de Unidad. Subir a alguien o algo a los altares u obedecer ciegamente es una manifestación de la negación a reconocer su propia fuerza interior y un intento de evitar la responsabilidad de su propio desarrollo espiritual. Este comportamiento no es alentado por los Guardianes.

Si un avatar de Cristo desea ayudar a la humanidad, explicaría los talentos individuales que tiene cada persona, y se daría a sí mismo como un ejemplo de que, si uno evoluciona, llegaría a ser como él. Sería un grave impedimento para su misión, si una organización lo enalteciera, proclamándose ella misma como mediadora entre él y la humanidad; ocultando el conocimiento y las técnicas para que las personas no puedan conectarse e integrarse con **su propio** avatar. Las enseñanzas de la libertad explican el poder del sonido y las palabras de una manera diferente a la conocida, a la hora de decir la oración o la repetición del mantra. La comprensión generalizada de la oración es una apelación a un ser externo que puede representarse como Dios o un ángel y el deseo de que su poder ayude a resolver un problema en particular. Si se asume tal actitud de pensamiento, uno se niega a reconocer su fuerza interior y se vuelve dependiente del favor de alguien.

En las enseñanzas de la libertad es característico que uno apele humildemente a Dios o a su avatar de Cristo para que le ayuden creativamente a discernir su situación desde un plano superior. Es típico en Catara, en el uso de colores y símbolos específicos, que éstos sean considerados como seres conscientes, y su manejo debe ser respetuoso y no violento. El sonido influye mucho en cada persona y las frecuencias de sonido se pueden usar para influir tanto con propósitos positivos como negativos. Unas de las armas más potentes son las tecnologías del sonido, que se llaman foto-sonic tecnologías, que dematerializan los objetos para los que se usasn.

Cada vez que reflexionamos sobre un pensamiento particular, creamos un patrón específico de ondas escalares y frecuencias de sonido que el campo morfogenético, incluidos nuestros cuerpos, percibe como programas que nos afectan directamente. Lo que vemos como palabras comunes, desde el punto de vista del campo morfogenético, son programas que determinan la forma en que los objetos separados funcionan en este campo. Si se nos enseña y razona que no tenemos control sobre el funcionamiento de nuestras moléculas de ADN, enviamos un programa que nos impide influir en la gestión del código en nuestro ADN. Los pensamientos son objetos muy poderosos y el uso adecuado del poder del pensamiento es clave para lograr los resultados deseados en el desarrollo espiritual del individuo.[59]

En muchas tradiciones religiosas y enseñanzas de la Nueva Era, la mente y el cuerpo se presentan como un obstáculo para el desarrollo espiritual del hombre. Un entendimiento común en las religiones tradicionales es que el cuerpo es pecaminoso y sucio y que el hombre es un pecador. Otra tesis popular sobre la cual se trata la enseñanza de la Nueva Era es que la mente es diferente de la espiritualidad, por lo que no es necesario aprender la estructura, la ubicación, la función y la conectividad sistemática de los diversos objetos.

En catara y las doctrinas de la libertad se da un lugar importante tanto a la mente como al cuerpo y se representan a sí mismos como un cuerpo físico y mental, que debe tener interacciones armoniosas con los otros cuerpos sutiles del hombre. Si ignoramos la mente y el conocimiento, como el número, la ubicación y las características de los chakras, los centros de catara, los escudos, el mapa multidimensional del universo, los orígenes de las razas y su historia prehistórica, será muy difícil lograr los resultados deseados. El cuerpo mental es el puente entre los cuerpos más finos y el cuerpo etérico. Por lo tanto, es necesario entender conceptualmente un conocimiento espiritual y poder explicarlo por nosotros mismos para poder aplicarlo lo suficientemente bien.

Todas las técnicas de meditación que se presentan en catara requieren algunos esfuerzos de visualización iniciales. Después de un tiempo de su aplicación, el cuerpo y la mente de una persona se acostumbran y las técnicas se vuelven mucho más fáciles de realizar.

En las enseñanzas de la libertad, la oración no se ve como un desesperado clamor de ayuda, sino como una herramienta poderosa para crear con el Absoluto, el avatar de Cristo, las razas crísticas o cualquier otro ser con el que uno se conecta a través de la expresión de tonos específicos.

Cuando una persona se relaciona con representantes de razas crísticas de otras dimensiones con las que puede haber una histo-

---

59 E'Asha Ashayana, Engaging the God languages, 2005, p.24

ria común, se produce una comunicación multidimensional, que es una conversación entre buenos amigos que se conocen desde hace mucho tiempo pero que uno no tiene ningún recuerdo de ello. Los buenos amigos construyen su relación con confianza y respeto, honestidad e igualdad. Se pueden pedir consejos o ayuda entre ellos cuando el otro tiene información sobre un tema en particular. Los representantes de las razas crísticas y seres, que entienden que todos son una manifestación divina, no se ofrecerán a resolver sus problemas , sino que pueden ayudar con consejos u ofrecer una técnica que le permita resolverlo usted mismo más fácilmente. Esto está en línea con el principio de enseñar a alguien a pescar en lugar de dárselo para que él / ella no se acoctumbre a esperarlo todo y vea al pescador como la Fuente de cuya salvación depende. La igualdad, la responsabilidad personal y la elección personal de participar en la comunicación con un ser multidimensional es una característica importante de estas relaciones.

En muchos entornos de la Nueva Era, entre los investigadores OVNI y las criaturas extraterrestres, prevalece la actitud de subordinación servil por parte de las personas que están en contacto con los ángeles / alienígenas. Muchas de las razas que están orientadas egoístamente, es decir, en servicio a sí mismas (razas caídas), utilizan la ingenuidad del canalizador y su convicción de misión especial, y mantienen la actitud de superioridad y obediencia ciega. En contacto con razas egocentricas, no se dan respuestas a las preguntas dadas, muy a menudo no se respeta el derecho del canalizador a interrumpir la comunicación. De esta manera, manipulan al sujeto y a sus seguidores, y arrojan información parcial que no puede guiar a las personas a construir una imagen clara.

Al contrario de este comportamiento manipulador, las razas crísticas respetan a las personas con las que entran en contacto, sin sentir que alguien es más importante y sin estimular el narcisismo en ambos lados. Una práctica normal en tales contactos es que uno quiera saber más sobre este ser y abordarlo con reserva, y si la criatura sigue un comportamiento cristico, debe respetar necesariamente la cautela de la persona con quien se comunica. Está claro que la comunicación suele ir acompañada de un sentido del humor y una actitud que no molesta a la persona. Los ángeles no son más importantes que los humanos, y aquellos con las intenciones de Cristo lo saben muy bien y lo explican cuando entran en contacto.

Además, la misión de la transmutación crística de la Tierra y el retorno de sus potenciales de ascensión no se pueden realizar si no hay representantes humanos e índigo en el planeta que tengan los códigos de ADN correspondientes, y los conocimientos o al menos un sentido intuitivo de cómo usarlos. Por lo tanto, la gente de la Tierra y los miles de millones de razas crísticas involucradas en el drama en nuestro rincón remoto de matriz del tiempo actúan como un equipo en el que hay roles claros que todos han elegido libremente para realizar. Sin un equipo terrestre de personas e índigo, los templarios no podrían activarse de manera segura, ni el receptor del río cristalino estaría conectado al planeta, ni el complejo de la catedral de la Alhambra estaría activado.

El principal problema para las personas, los representantes de índigo e iluminati es que, cuando nacen en la Tierra no tienen memoria de la misión que eligen cumplir, con quién están conectados o de dónde vienen. Esta pérdida de memoria se debe al daño del escudo de la Tierra que bloquea la integración de las frecuencias más altas de nuestra naturaleza multidimensional y la posibilidad de comunicación multidimensional. Muchas personas sienten que ocurren eventos grandiosos épicos, pero es muy difícil descubrir qué son si una persona no fortalece su relación con su avatar, sobre-alma y alma.

Con frecuencia, es posible que surjan preguntas de si tenemos derecho (y si es seguro) buscar respuestas y queremos saber más sobre nuestras encarnaciones pasadas o futuras. Uno puede decirse que, si esta información no está a su alcance, él/ella no debe buscarla por la fuerza. La ausencia de memoria de encarnaciones paralelas no es una condición natural para el hombre, sino una privación forzada porque nacemos en un planeta mutado y sus mutaciones afectan a todas sus especies biológicas. El capítulo siete de este libro establece que el proceso de activación del ADN se relaciona con ciertos años, que cuando los cumplimos, la integración de nuestras partes superiores desde nuestra esencia debe llevarse a cabo. En el proceso natural de desarrollo, cuando uno integra su alma, tiene acceso a su memoria para las otras 11 personalidades y su experiencia, ya que el alma está distribuida en ellas. Por esta razón, si uno busca conocer sus encarnaciones paralelas y tiene un fuerte impulso interno para ello, el uso de técnicas seguras en catara ayudaría a ser consciente de otras vidas y la integración de la experiencia de ellos. La siguiente pregunta lógica a responder es: ¿Somos nosotros lo que vemos/sentimos. cómo debemos tratar esta vida pasada o futura? En primer lugar, debemos tener en cuenta que la personalidad ha crecido y se ha formado en una cultura particular, con sus defectos y aspectos positivos. Las decisiones que toma esta persona, las actitudes y los valores que posee se deben a su desarrollo. Juzgar o exaltar una vida pasada nos impediría comprender el significado de la encarnación y su relación con la vida actual. Somos libres de elegir no repetir los errores del pasado y la mejor manera de hacerlo es cuando conocemos en detalle las circunstancias en las que se cometieron.

Es importante enfatizar que uno no necesita pagar el karma de otras encarnaciones experimentando las mismas circunstancias traumáticas. El Catara también explica el proceso de eliminación de las huellas del Miasma, que son los programas que desencadenan algunas historias conflictivas del pasado o del futuro. Las diferentes encarnaciones en el pasado o en el futuro contienen mucho conocimiento y experiencia que hemos acumulado y nos pueden servir como una inspiración y un replanteamiento.

Las enseñanzas de la libertad revelan que no estamos solos en el universo, nunca hemos estado y nunca estaremos. La compleja relación entre las diferentes razas y el papel de la humanidad como raza, tiene la tarea de apoyar la restauración de los potenciales de Cristo de la Tierra y todas las especies biológicas que viven en ella y quienes la visitan. Este conocimiento revela un punto de vista antropológico diferente y muestra la conectividad de las personas en la Tierra con diferentes colectivos estelares. Cuando pensamos en el hombre como un ser que no está en la cima de la escala evolutiva, pero que tiene un gran potencial para la evolución bioespiritual, gradualmente comenzamos a desarrollar respeto por las plantas y los animales, y nos libramos de verlos solo como recursos humanos.

Cada planeta y sistema solar es un ser vivo con un nivel mucho más alto de evolución consciente que el humano. Las enseñanzas de la libertad nos dicen cómo aprender a interactuar (comunicarse y sentir) con diferentes seres vivos.

El conocimiento de los visitantes de la Tierra alienígenos altera y desarrolla nuestros conceptos de religión y mitología, lo que nos permite comprender mejor a nuestros antepasados que no han descrito muchos fenómenos naturales pero que han documentado eventos históricos reales de criaturas alienígenas. Algunos de estos visitantes extraterrestres eran seres cristic con buenas intenciones y otros representantes de razas caídas.

Las enseñanzas de la libertad ofrecen una imagen más completa de las religiones de la Tierra y revelan cosas que muchos de los seguidores de una religión en particular no aprecian, y más concretamente, que todos los libros antiguos y tradiciones religiosas han sido sometidos a cambios incompatibles con el espíritu de los mensajes originales. El propósito de estos cambios es someter y manipular a grandes grupos de personas y si uno quiere seguir ciegamente instrucciones, que estan en contra de la humanidad y el respeto a los que piensan diferente, las enseñanzas de la libertad no le servirán. Hay una diferencia importante en seguir a ciegas una religión y en sentir resonancia con la verdad de sus mensajes, por lo que elige aceptarlos, pero puede distinguir aquellos que no comparte. Las enseñanzas de la libertad están destinadas a personas y seres que son buscadores espirituales, pero también pensadores, creativos, críticos, capaces de evaluar la información y aplicarla cuando la entienden. En todos los volumenes y conferencias de Ashayana, se enfatiza que catara y tantriara son sistemas que, en su forma actual en la Tierra, no se pueden probar ni negar de manera concluyente al igual que todas las otras enseñanzas de la Nueva Era y las enseñanzas tradicionales. Por esta razón, deben considerarse como una cosmogonía que se ofrece a la sociedad como un punto de vista inspirador que estimula la investigación teórica posterior. Aquellos que están interesados en la curación con energías y comprender la dinámica de la energía entre organismos, tantriara y catara son sistemas que ofrecen un enfoque detallado, sistemático y holístico para comprender el potencial de sanación de todos. Estos sistemas son el nivel más alto de frecuencias que se haya proporcionado a la Tierra. La información sobre la existencia de 15 chakras principales, no solo 7, es de gran importancia para explorar la anatomía sutil de una persona. Además, explica cómo funciona cada chakra, cómo se puede usar como portador de energía y puerta a una dimensión particular, qué son los flujos mercaba y cómo podemos activar varios cuerpos sutiles que son parte de nosotros.

Las enseñanzas de la libertad están destinadas a todos los individuos o representantes de las razas índigo e illuminati. Este conocimiento les brinda a todos, sin importar su origen y relación con las razas estelares, la oportunidad de elegir personalmente cómo les gustaría vivir.

Cuando entendemos cómo funciona la red de catara en nuestro cuerpo y el ritmo en la Tierra, el sistema solar, la galaxia, los sistemas veca y ekasha, etc., comenzamos a considerarnos como una parte importante de estos sistemas y los procesos que fluyen en ellos.

Cada ser biológico vibra a ciertas frecuencias y, dependiendo de la energía que elige dejar pasar a través de sí mismo, cambia la realidad en la que está presente. Entonces, todos los que conocen, aunque sea lo mínimo, las enseñanzas de la libertad, perciben y aplican los principios y técnicas en ellas, se convierten en trabajadores conscientes de luz cristic y participan en el gran drama en el que participa la humanidad (que continuará existiendo a al largo de los próximos 900 años).

En catara y tantriara, es importante explicar el papel de las diferentes artes y considerarlas como manifestaciones sagradas de la creatividad, junto con el Absoluto. Por ejemplo, el baile y todos los movimientos del cuerpo, brazos y piernas crean formas de energía. Cuando uno aprende a hacer esto conscientemente, entendiendo su significado, transforma los movimientos de danza en comunicación ritual con el Absoluto que lo ayuda a expresarse. El conocimiento de la mecánica de mercaba, la capacidad de gestionar los flujos de energía a través de los cuales nos movemos en el espacio tiempo, la canalización de energías cristicas específicas hacia el cuerpo, se explican en detalle en los primeros cuatro niveles de catara. Uno de los aspectos más importantes de las enseñanzas de la libertad es que en su presentación pública, no se omite información ni sobre la historia, ni luchas religiosas, ni objetivos políticos de ciertos colectivos. Para muchos, esta información parece, a primera vista, impactante e incluso aterradora, ya que la mayoría de los movimientos de la Nueva Era no hablan de los problemas ,y muy a menudo, los que actúan de manera sutil y manipuladora se representan a sí mismos como salvadores y ángeles.

En las enseñanzas de la libertad, se explica la estructura crística de la red de catara y se la compara con otros "árboles de la vida" que se revelan como mutaciones no naturales. Esto significa que la aplicación de una medida en diferentes proporciones a las crísticas conduce al bloqueo del átomo seminal en el punto azure y se une a la estructura multidimensional del ser humano en un sistema cerrado. Quien quiera tener tal destino, su voluntad será respetada, pero cuando una caída en un agujero negro se presenta como una ascensión, esta es una manipulación indebida que Ashayana y la Unión de Guardianes están obligados a abordar. Sólo la elección informada es una verdadera elección libre. La presentación de dicha información no pretende atacar a nadie, sino que tiene como objetivo garantizar que la elección de los seguidores de estas enseñanzas y seres esté informada. Por esta razón, en muchos talleres se detalla el lugar de cada uno y qué tecnica mercaba a qué lleva.

La presentación de esta información, junto con las relaciones históricamente complejas entre humanos, anunaki, razas de dragones y colectivos índigo, también tiene como objetivo ilustrar la identidad de cada uno en la Tierra y a qué colectivos estelares está vinculado. Todos venimos de algún lugar y estamos conectados con ciertas familias estelares. Para aquellos que tienen una codificación índigo, es muy probable que esta información sea mucho más cercana y fácil de entender que las personas que no la tienen. Para los últimos temas de este tipo son a menudo muy distantes e incluso aterradores. Esta característica no pretende subir de nivel determinadas personas a expensas de los demás, sino explicar por qué algo es más fácil de entender para unos que para otros. Encumbrar es una forma de tratar, que está en gran contradicción con el principio de que todos somos manifestaciones divinas y este trato no es compartido por los seres cristic.

El elitismo y el sentimiento de superioridad y mayor importancia son inherentes a las razas caídas y han dejado una huella fuerte en la formación de la cultura de división basada en este principio en todas las sociedades de la Tierra.

Todos somos igual de importantes y valiosos, pero estamos en un nivel evolutivo diferente y tenemos diferentes funciones y roles en los que hemos elegido participar. No importa de dónde venimos, todos pueden decidir cómo quieren vivir y qué principios quieren seguir. Integrar las enseñanzas de la libertad en una sociedad conducirá inevitablemente a un nuevo tipo de relación entre las personas, un nuevo tipo de actitud hacia la Tierra y hacia todos los seres vivos. Esto significa que aquellas sociedades que aplican estos principios *cristic* alterarán fundamentalmente sus sistemas sociales, económicos y políticos para cumplir con la Ley de Unidad.

CAPITULO 5

HISTORIA PRE-ANTIGUA
DE LA HUMANIDAD

Se hace un énfasis especial en las enseñanzas de la libertad a la historia de la humanidad y su relación con determinadas razas en el espacio y en la Tierra.

¿Por qué los eventos históricos reales son tan importantes para una comunidad? La historia es hacer realidad el programa kármico de la comunidad. Quien conoce bien la historia, sabe cuáles son las tareas a largo plazo de una comunidad, cuáles son las dificultades que enfrenta y enfrentará, así como cuáles son las debilidades que debe superar. La historia de una nación contiene sus errores y sus logros, sus momentos difíciles, pero también sus momentos gloriosos. Es su riqueza, su apoyo y un punto de partida para su desarrollo evolutivo.

El deseo de manipular la historia se basa en el deseo de controlar a un grupo, su supresión y la esclavitud mental de sus miembros. No es casual la frase "La historia se escribe por los ganadores". Es mundialmente conocido que cuando un pueblo conquista a otro, el primero toma medidas para reescribir los acontecimientos históricos. De esta manera, las generaciones del pueblo subordinado han sido privadas de la oportunidad de comprender profundamente las causas de su caída y desatar su nudo kármico para obtener su libertad. Quitar la historia de un pueblo es una medida monstruosa que hiere profundamente al pueblo ya que "ata los ojos" de la gente que pertenece al pueblo en cuestión y eso hace que les resulte más difícil ver el camino y realizar las tareas que enfrenta la comunidad. Una herida aún más severa y traumática es cambiar la historia de las personas de manera que acepten por suya la historia del pueblo que los ha conquistado, olvidando su propia cultura y tachando su propia identidad.

Lamentablemente, tales cambios se han hecho y siguen haciéndose y mucha gente siente que pertenece a una historia que, en realidad, no es la suya. Generaciones enteras han sido enseñadas a participar en acciones que no hacían sus ancestros sino la gente que los esclavizó.

La historia es, así mismo, un puente hacia nosotros mismos. Literalmente el conocimiento de la historia crea un vínculo de energía con nuestras encarnaciones del período histórico en cuestión. Como hemos mencionado en el Capítulo 3, la estructura multidimensional del hombre se compone de 1728 personas encarnadas que viven en épocas históricas diferentes. Esto significa que la conexión kármica con estas personas que existen en realidad, interviene en nuestra vida, pero nosotros también intervenimos en la suya. Las decisiones que tomamos en la vida real tienen mucha importancia para todas nuestras encarnaciones en el pasado y en el presente ya que nos encontramos en el centro del nudo kármico más grande, no solo en nuestro planeta, sino en el sistema solar y nuestra galaxia. Por consiguiente, la historia está siempre viva y es muy importante si hemos conectado con los tiempos correctos y tenemos una información correcta de lo que ha acontecido, de qué manera y en qué condiciones.

La aparición en el tiempo de las personas encarnadas no es arbitraria para ninguna persona, sino que existe un preciso sistema matemático que decide el nacimiento de una persona suceda en un tiempo histórico determinado. Seguir este modelo no es fijo ni obligatorio, depende del libre albedrío de cada uno, ya que vivimos en una matriz de tiempo en la que el ejercicio del libre albedrío es una regla básica. Este sistema de organización de vidas individuales en diferentes períodos de tiempo se tratará brevemente a continuación.

Cuanto más atrás volvemos en la historia, más fundamental es su significado para nuestra psique y para nuestro comportamiento hacia el mundo que nos rodea y hacia nosotros mismos, pero aún más difícil es entender qué ha pasado en realidad. No es casual, que todos los libros sagrados representen la historia que ha sucedido de un grupo determinado de personas en tiempos atrás. Tampoco es accidental este periodo de revelación de la historia pre-antigua así como de la humanidad, otras razas celestes, en la Tierra, el sistema solar, nuestra galaxia y nuestro universo. La razón, por la que la información de un nivel tan alto y con tan altas frecuencias se brinda a las personas en este momento es porque, desde el año 2000, estamos en la encrucijada de nuestro pasado, presente y futuro lejano. Lo que suceda a partir de entonces determinará el curso de la evolución de toda la humanidad y los caminos que cada criatura tomará durante los próximos miles de millones de años de evolución.

La provisión de esta información por el portavoz de la Unión de Guardianes y los consejos de magistrados Alhambra - Yesha Ashayana, tiene como propósito, precisamente, brindar la oportunidad de una elección consciente para tomar una decisión del destino. En este punto es importante enfatizar que de ninguna manera esto significa que la escala del drama se interpreta como una incitación al miedo, la desesperación o el suicidio. Por el contrario, los cuerpos son la mejor manera de eliminar las mutaciones del ADN y no el ego, sino el alma, el sobre-alma o los avatares son los que determinarán el momento y el lugar de retiro del cuerpo, de lo que nadie esta notificado.

Si el karma de una persona, familia, gente, raza, planeta, etc. comienza a desatarse de repente, significa que habrá eventos que anularán la vida del individuo o grupo. Cuando ocurren tales eventos, pueden producirse traumas psicológicos y dolor, que conducen a vías destructivas y conclusiones incorrectas. Basta con recordar las lecciones de nuestro reciente pasado trágico y lo que sucedió durante la Segunda Guerra Mundial después de que los pueblos de Europa no pudieron razonar ni curar las heridas de la Primera Guerra Mundial. Cada guerra hiere profundamente toda la humanidad, cada vez que se reprime la consciencia de los pueblos, la imposición de la esclavitud a determinados grupos de personas nos perjudica a todos y la ampliación de nuestra conciencia nos hará todavía más sensibles a los problemas de los demás.

Una información más detallada y profunda sobre el origen y las características genéticas de determinados grupos de gente, de determinados pueblos, ha sido un secreto bien guardado durante miles de años. Una vez sabemos que el funcionamiento de determinados ADN códigos tiene una relación directa con la activación de los portales estelares del templario de la Tierra, nos podemos explicar también la aparición monstruosa del genocidio hacia denominado pueblo o raza. Las raíces de fenómenos criminales e inhumanos, como el racismo o el genocidio, no son el odio ciego a un grupo racial o étnico en particular, sino un acto intencionado de erradicación del ADN potencial que busca bloquear la evolución de la Tierra y la humanidad. Hay una razón profunda, mística pero lógica para este odio a diferentes grupos de personas y, para ser entendidos y para poder contrarrestarlo, es necesario conocer la historia y las relaciones de las diferentes razas estelares, así como sus motivos para hacerlo. Además, es necesario conocer las funciones de los códigos de ADN de diferentes pueblos y cómo funciona el templario de la Tierra. Entonces es posible entender las causas de los conflictos entre los pueblos y las razas desde la antigüedad hasta nuestros días, y no las razones de su actitud agresiva unos hacia los otros.

Cuando incluso una persona activa sus potenciales de ADN, se vuelven disponibles para todos los humanos cuando son enviados al núcleo de la Tierra y distribuidos al escudo racial a través del cual todos estamos conectados. A continuación, los biocampos de las personas se utilizan para observar, recopilar información y acceder a ciertos centros de la Tierra por diferentes criaturas y colectivos.

Debido a estas peculiaridades de la genética humana, como las raíces del racismo, no son el odio ciego, asi como las raíces del humanismo y la tolerancia étnica no son virtudes ciegas. El amor y el respeto por el derecho a existir para cada ser viviente son una actitud crística que reconoce el significado y la divinidad de cada persona, cada planta, animal o ser extraterrestre. La preservación y el desarrollo cultural de una tribu y una nación en la Tierra a menudo son importantes para la protección de los códigos de ADN de otras razas en el espacio. Estos códigos pueden ser necesarios para activar los puntos del templario de la Tierra después de muchos años.

Nuestra capacidad para integrar profundamente los eventos y mirar dentro de nosotros por qué nos encontramos en un contexto histórico dado es clave para entender y aflojar un nudo kármico, respectivamente, para nuestro desarrollo espiritual. Este desarrollo espiritual de un individuo o grupo implica el conocimiento de su historia y la integración de las lecciones que no hemos aprendido en un período de tiempo determinado.

Comenzando a entender la naturaleza del tiempo y su unidad con el espacio, queda claro que la historia que sabemos está siempre viva y, bajo ciertas condiciones y con conocimientos específicos, incluso se puede cambiar. La historia de la humanidad y la misión sagrada de las personas de ser guardianes del templario de la Tierra y por consiguiente del templario de la galaxia, está descrito con detalles por Yesha Ashayana en los siguientes libros y talleres:

Libros
1. Voyagers - The secrets of Amenti,2002
2. Dance for life manual, 2002
3. 12 tribes transcripts, 2007
Talleres
1. Amenti Series-1 Classes. Keylontic science explained, 1998
2. Awakening the Flame of Orion, 2000
3. Holy grail quest, 2000
4. The Lemurian and Atlantian Legacies, 2001
5. Forbidden Testaments of Revelation, 2003
6. Dance for Joy I (First HetharO), 2003

El ORIGEN DE LA HUMANIDAD

Ashayana comparte la información de las placas Dora Teura en las que está apuntado cómo la raza humana, también llamada "Turanezium", fue creada hace 560 millones de años en el segundo universo armónico, llamado "Tara".[60] Tara es la quinta puerta estelar

---

60 E'Asha Ashayana, Voyagers 2 - Secrets of Amenti, Granite Publishing, 2002,, pp.2-9

galáctica de nuestro sistema veca y es el planeta que corresponde a la Tierra en el segundo universo armónico.

Turanezium fueron creados con el objetivo de superar los bloqueos genéticos de las razas estelares avanzadas. El prototipo humano se creó con la intención de que los humanos sean guardianes de Tara y disfruten de un contacto intergaláctico e interdimensional con muchas otras civilizaciones.[61] Durante aproximadamente 10 millones de años de existencia, la gente de Tara vivía en armonía y evolucionaban con éxito, pero luego se embarcaron en el camino de la involución, ya que comenzaron a unirse con seres de Tara con los que no era natural aparearse. Este acto antinatural condujo a cambios en el código genético de Turanezium, que gradualmente bloqueó su acceso a dimensiones más altas y habilidades intelectuales, las personas se volvían más salvajes con conducta cada vez más agresiva y deseo de dominación sobre otras especies.

Después de los acontecimientos en este planeta que ocurrieron hace 550 millones de años y llevaron a su destrucción, el sol y los planetas de nuestro sistema solar, cuyos campos morfogenéticos se asociaron con una estrella ya existente en un primer universo armónico, cambiaron. Los planetas de nuestro sistema solar no se desarrollaban en un primer universo armónico, sino que literalmente aparecieron en él desde el segundo.

Las almas de Turanezium tuvieron que ser encarnadas en los cuerpos de un primer universo armónico y esto sucedió en la Tierra.

Las 12 tribus

Después de los problemas de Tara, los creadores del Turanezium decidieron que era necesario y que se haría otro experimento. Este experimento consistía en habitar la humanidad en la Tierra. Esta vez, esto se haría más lentamente, ya que la huella genética se dividió en 12 sub-huellas. Cada sub-huella se usaría para crear una subespecie del Turanezium, que sería un grupo separado de perso-

---

61 E'Asha Ashayana, Voyagers: Sleeping abductee I, Wild Flower Press,2002, pp.39-42

nas. Así, fueron creados 12 grupos, cada uno con una función específica de bioregeneración de una porción del ADN humano. Estos grupos de personas se describen en las placas de Dora Teura y son presentados por Ashayana como las 12 tribus.[62] Cada tribu tenía su propio nombre y sufijo. Los nombres son las marcas tonales de los programas de ADN contenidos en la respectiva plantilla de ADN de la tribu. Cuando los descendientes genéticos de este grupo de personas pronuncian los tonos del nombre y el sufijo, activan su plantilla de ADN y la memoria racial colectiva aumenta gradualmente en ellos. Comienzan a sentir la misión de su tribu, pero también de toda la raza humana. Después de tal activación, tienen lugar los rituales de las mesas redondas, de lo que trata también también la leyenda del Rey Arturo.

Los nombres de las 12 tribus con los sufijos correspondientes se enumeran en el libro "Voyagers", "Secrets of Amenti " y " Master Templar Mechanics, First Level ". Cada una de las tribus se asentó en la puerta estelar correspondiente y en un área designada de los templarios. Por lo tanto, la primera tribu está poblada alrededor del primer portal estelar y la primera zona designada, la décima tribu alrededor del portal estelar y la décima área designada.

Los nombres de las tribus son los siguientes:

Primera tribu - Izutu Ishu – Ur
Segunda tribu - Maajali Brue – El
Tercera tribu - Amekasan Etur – Do
Cuarta tribu - Nuagu Hali – Ka
Quinta tribu - Ionatu Etila – Ey
Sexta Tribu - Ramiana Shridveda – Um
Séptima tribu - Mahata Agra – Oe
Octava Tribu - Chia Zun Zan La Yung – Om
Novena tribu - Yun Zuu Zen – Ki
Décima tribu - Maa Juta – Kju
Undécima tribu - Zefar Duun Atur – Da
Duodécima tribu - Araya Zurta – Ra

---

62 E'Asha Ashayana, Master Templar mechanics, level 1, 2001, p.8

En el presente, todas las personas tenemos una huella de ADN de todas las tribus humanas, incluidos los códigos anunaki y dragón invertidos. Por esta razón, el uso de la combinación de la duodécima y primera tribu, es decir, **"Araya Zurta Ra, Izutu Ishu Ur"**, es el estímulo maestro de la activación del escudo racial de las personas, sin importar a qué tribu pertenecen. El uso de esta clave es esencial para nuestra activación de ADN y nuestro trabajo posterior con la mecánica Mercaba.

Además de estar divididos en 12 sub-huellas, correspondientes a los 12 hilos en el ADN humano, que dan acceso a cada una de las 12 dimensiones, las sub-huellas fueron polarizaradas y cada una de las 12 tribus tuvo que hacer frente a la dualidad y los bloqueos acumulados en su código genético. Cuando una de las 12 tribus había superado los bloqueos correspondientes en su código genético, se preparaba para conectarse con otra tribu que había hecho lo mismo. De esta manera, el código genético humano tuvo que ser purificado de elementos exteriores negativos de una inesperada mutación animal y extraterrestre. Este plan de evolución humana necesitó varios cientos de miles de años para alcanzar el objetivo de restaurar el fulgor de la matriz de silicato del genoma humano.[63]

En la primera parte de la serie "Viajeros" (Voyagers), Ashayana explica el significado simbólico de la historia de Adán y Eva, que se describe en la Biblia. Uno de los principales significados de esta historia sobre los orígenes de los humanos es la representación de la polarización de los fragmentos sutiles de ADN humano y el cambio de los doce hilos en 12 tribus. La sugerencia de la superioridad del sexo masculino sobre el femenino, que se presenta hasta el día de hoy, es una distorsión en un nivel psicológico muy profundo de la cultura humana, que ha llevado a una relación no armoniosa: agresividad, actitud dominante irrespetuosa, actitud de acusación de pecado. Mantener esta interpretación distorsionada tiene como objetivo estimular la oposición interna conflictiva que ha marcado las 12 huellas del ADN humano y que lleva a la in-

---

63 E'Asha Ashayana, Voyagers: Sleeping abductee I, Wild Flower Press,2002, pp.39-42

completa evolución humana y los conflictos interminables entre los pueblos.

En la primera parte del libro "Viajeros" se explica la existencia de grupos de razas estelares que, en todos los períodos históricos, estuvieron en contacto con representantes de diferentes culturas humanas en la Tierra y tenían como objetivo dirigir el desarrollo de la civilización en cierta dirección. La teoría de los astronautas antiguos está determinada por Ashayana y la Unión de Guardianes como bastante precisa.[64]

El asentamiento inicial con los humanos fue en la Tierra Paralela[65] hace 250 millones de años y pronto, nuestra Tierra tuvo que ser habitada debido a la repentina invasión de razas caídas en la Tierra Paralela, que fue un acto sorprendente para la Unión de Guardianes; a la raza humana en nuestro planeta no se le permitió propagarse durante 225 millones de años. Este largo período de despoblación de nuestra Tierra se debió a que la invasión de estos seres caídos en nuestro planeta hubiese puesto en peligro la misión de restaurar los potenciales cristic en la Tierra y el templario de todo el sistema veca. El asentamiento de la Tierra en la que vivimos hoy con la raza humana angélica ocurrió tres veces y nosotros formamos parte del último, tercer asentamiento.[66]

El primer asentamiento de la Tierra fue en el período 25 millones de años antes de Cristo y continuó hasta 5.5 millones de años aC, cuando la humanidad fue destruida durante una colisión entre razas de universos armónicos superiores, que se describe en las placas de Dora Teura, bajo el nombre de "Las Guerras eléctricas".[67] Este período está presente en las tradiciones de muchas tribus, como la tribu Jopi de América, que lo llaman en sus leyendas "Kuskurza - El Tercer Mundo". Más detalles sobre el primer asentamiento y su catastrófico resultado final se pueden encontrar

---

64 Ibid.
65 Más información sobre la Tierra Paralela podéis encontrar en el taller „Holy grail quest", 2000, disco 3
66 Voyagers 2 - Secrets of Amenti, Granite Publishing, 2002, pp.9-70
67 Voyagers 2 - Secrets of Amenti, Granite Publishing, 2002, pp.9-26; Secrets of Lemuria & the ancient Eieyani, audio disk 5

en el libro "Viajeros, El Secreto de Amenti" (Voyagers, The secrets of Amenti).

El segundo asentamiento de la Tierra fue en el período de 3.7 millones de años aC hasta 846,000 aC y su final fue consecuencia de una guerra global que se conoce en las placas de Dora Teura como "La Guerra de los Mil Años". Este período también se describió en las leyendas de muchas tribus y se conoce como el " El Cuarto Mundo".

El tercer asentamiento, del cual también formamos parte, y que es el último intento de cumplir la misión de la raza humana, comenzó en 798,000 aC. con el primer ciclo de Palaida-Urtit una predominante línea humana angélica.[68] Hay 4 ciclos de tiempo evolutivos en los que el tercer asentamiento tiene lugar simultáneamente. Estos períodos de tiempo están relacionados kármicamente y en ellos viven otras personalidades de nuestra alma, sobre-alma y avatar. Por lo tanto, en este marco de espacio-tiempo se realiza la mayor parte de las reincarnaciones de los humanos en la Tierra. Los cuatro ciclos existen de la siguiente manera:

1. El primer ciclo es de 798,000 aC a 208,216 aC
2. El segundo ciclo se extiende desde 208.100 aC hasta 75,000 aC
3. El tercer ciclo es de 73,000 aC - continúa en el futuro
4. El cuarto ciclo es de 71,000 aC - continúa en el futuro

Ashayana explica que, en cada uno de estos cuatro ciclos, las personas tienen la tarea de recuperar una cierta capacidad de frecuencia multidimensional en las redes de la Tierra. Por esta razón, cada período de la historia humana es importante para el cumplimiento de esta tarea sagrada de la humanidad para ayudar a restaurar los potenciales de Cristo en el planeta. Detrás de cada trama histórica están sus respectivas causas y la prehistoria. En las enseñanzas de la libertad se da información desde el principio del asentamiento de nuestra matriz de tiempo hace 950 mil millones de años. Se sigue el origen de todas las razas en el universo hasta llegar a las tres

---

68 Voyagers 2 - Secrets of Amenti, Granite Publishing, 2002, pp.290-293 & pp.328-333

fundadoras: Elojai-Elojim, Serafai-Serafim, Bra-ja-rama. Nuestro universo es mucho más antiguo que los 13.7 mil millones de años que suponíamos, según muestran los registros de las placas Dora Teura representados por Yesha Ashayana.[69] Aquí no entraremos en detalles sobre la historia de las razas estelares, pero en las referencias de las notas a pie de página el lector puede aprender más sobre su ubicación, tipo, origen y relación entre ellos.

Como se mencionó anteriormente, el origen de la línea humana angélica en el universo se remonta a hace 560 millones de años y la ubicación se encuentra en un planeta llamado Tara, que se encuentra en un segundo universo armónico (4ª, 5ª y 6ª dimensiones).[70] Los seres humanos fueron creados por los orafimos para promover la paz en el universo y, en particular, para promover la paz entre las razas de dragón militantes caídas y las razas caídas Anu-Elojim. Si observamos imágenes modernas de una serie de íconos y descripciones de mitos, veremos y sentiremos la resonancia de este conflicto, que no tiene nada que ver con el comportamiento crístico, sino que es una lucha por la supremacía sobre el vasto territorio de nuestro sistema eka-veca.

La guerra entre estas razas se remonta a 250 mil millones de años y se extiende en todas las dimensiones hasta la 12ª. Las personas fueron creadas con la misión de ser guardianes del templar de cada sistema y para ayudar las razas Azuritas a restaurar la paz en ella. De esta forma, se daba la oportunidad a todas las razas caídas en el sistema veca ,que quieran cambiar su comportamiento, recuperen sus potenciales de ascensión y dejen de luchar entre sí aprendiendo a vivir en paz y armonía según los principios cristic y la Ley de Unidad.

Como ya se mencionó anteriormente, el nombre de la raza humana angélica de Tara es Turanezium, que en el idioma anuhasi significa "los hijos de los Iluminados".[71]

---

69 E'Asha Ashayana, Voyagers 2, Secrets of Amenti, Granite Publishing, pp.261-310, 2002; E'Asha Ashayana.Dance for life manual, 2002
70 E'Asha Ashayana, Dance for life manual, 2002 p.131
71 Traducción de "Children of the Lighted ones", E'Asha Ashayana, Voyagers:

Aquí es importante tener en cuenta que el origen de la línea genética humana **no es, ni nunca ha sido** del anunaki. Las personas fueron creadas como una forma genéticamente mejorada que tenía la capacidad genética de permitir que almas de muchas razas estelares nazcan y restauren su potencial de ascensión. Esta circunstancia hizo que la genética de la línea humana angélica fuera deseada por muchas razas caídas, y las personas fueran vulnerables a los ataques desde el exterior, pero también por la interferencia de los representantes raciales que tuvieron la oportunidad de nacer en cuerpos humanos o de interactuar a distancia en los campos biológicos de las personas. Precisamente, los anunaki son una de las líneas genéticas que necesitaban y deseaban su bioregeneración (su regreso a las frecuencias de Cristo) y que, durante millones de años, ha traicionado razas humanas e indigo en momentos clave de la evolución como lo demuestran las conferencias de Ashayana.[72] La última traición y engaño de las razas Anunaki se remonta a septiembre del año 2000 con el abandono de los acuerdos oficiales conocidos como "Pleiades-Sirius" del año 1992 y el Tratado de Altair, cuando la mayoría de las legiones Anunaki se unen a razas draconianas caídas en una unión conocida como Resistencia Unida Usurpadora.[73] Esta unión de seres caídos declara la guerra a las razas protectoras, incluidas las personas índigo.[74] En 2005, estas legiones anunaki, que se llaman a sí mismas de una manera altiva "amos del universo", entienden que los grupos de seres caídos del sistema Ekasha-e con los que han firmado un contrato contra los guardianes, les van a asimilar y, por lo tanto, piden ayuda de nuevo a las razas cristic.[75]

En el curso de la historia, el plan de Cristo de la humanidad para ayudar a la Tierra y los diversos grupos estelares a restaurar su

---

Sleeping abductee I, Wild Flower Press,2002, pág.165
72 The Lemurian & Atlantian Legacies, 2001
73 Traducción del inglés de United Intruder Resistance
74 E'Asha Ashayana,workshop - "The Arthurian Roundtables - Nibiruian Checkerboard Mutation", 2001, disk 1
75 Más información sobre este cuadro dimensional dinámico y político podéis encontrar en el taller ",,Whispers of the Rasha ReishA, Revelations of the Unspoken Ones, the HaahTUrs and the HUB", 2005.

potencial de ascensión, ha conducido a problemas y complicaciones catastróficas. A partir de las conferencias de Ashayana y la Unión de los Guardianes[76], queda claro que la raza humana ha perdido sus habilidades o, más precisamente, se las han quitado deliberadamente como resultado de efectos electromagnéticos negativos sobre la Tierra. Esto llevó a la deformación del ADN humano para evitar el cumplimiento de su misión.

Durante cientos de miles de años, la humanidad ha vivido privada de sus raíces, orígenes y grandes capacidades y esto era debido al daño producido al genoma humano, de modo que se bloqueaba el acceso de las personas a la percepción de las dimensiones superiores. Esto ha permitido a muchos colectivos alienígenas, con diferentes planes, a presentarse como dioses a las personas indefensas, demostrar su superioridad tecnológica y científica sobre ellos y persuadirlos de que son sus antepasados para guiar la historia humana. Una de las mentiras manipuladoras más populares sobre el origen humano es que los seres humanos descienden de las razas anunaki a medida que fueron creados para procesar su oro. Esta no es una información históricamente veraz, como se revela en las conferencias y libros de Ashayana.[77] Cuando las personas tenían memoria colectiva de sus orígenes y de su pasado, habían acordado ayudar a algunas de las razas anunaki a restaurar su potencial crístic. Esto llevó a la aparición de los cromañones hace más de 250,000 años, cuyos esqueletos fueron encontrados actualmente. Estas criaturas tenían material genético de cuatro especies biológicas, incluidos los humanos, los anunaki y dos variedades de monos.

Durante decenas de miles de años, las criaturas creadas fueron mejoradas genéticamente hasta el punto en el que podrían tener hijos con los humanos. Esta compatibilidad genética hizo a los humanos vulnerables ya que razas extraterrestres de dimensiones superiores comenzaron a motivar a sus razas leviatán, (como se les llamaban las líneas genéticas de estos cromañones mejorados), para

---

76 Keylontic Science explained, 1998; The Lemurian & Atlantian Legacies, 2001
77 The Lemurian & Atlantian Legacies, 2001, disk 4

tomar cautivas las mujeres de los humanos y matar a los hombres. Las generaciones que nacieron estaban mezcladas en la genética, y la cultura de la abundancia, la paz e igualdad fueron desplazados gradualmente por la limitación de la cultura leviatán, la dominación y la subordinación por separación.

Así, la raza humana se convirtió, de una raza de guardianes del templario de la Tierra, que esta llamada para ayudar a muchas otras razas para restaurar los potenciales de Cristo, en una raza esclavizada que era utilizada para la extracción de oro y otros metales preciosos, mano de obra y material genético. ¡Estos tiempos están llegando a su fin y cuanta más gente siente por intuición resonancia con esta información, más rápido podremos recuperar la verdadera cultura humana! En este punto es correcto apuntar que las enseñanzas de la libertad señalan que la humanidad en realidad se origina en razas alienígenas, pero no todos los que se presentan como nuestros antepasados son realmente tales.[78] Cuando se habla de la raza humana (humanidad) hoy en día, no conviene olvidar que se trata de representantes de muchas razas estelares, combinadas en muchas formas genéticas que viven en cuerpos humanos. Las diferentes personas tienen diferentes orígenes porque pertenecen a diferentes familias estelares.

Así como hay razas estelares que manipulan el genoma humano de manera negativa y, de ahí, la evolución humana, de la misma manera existen razas que apoyan la bioregeneración del ADN humano y restauración de sus potenciales. Tales razas bien intencionadas se llaman razas cristic. Cuando un individuo tiene conocimiento de esta lucha y la forma en que se lleva a cabo, él/ella puede tomar cartas en el asunto y contribuir conscientemente a una bioregeneración más eficiente y armoniosa, o a su desarrollo espiritual.

En la historia de cada civilización, hay puntos de inflexión que determinan el camino que tomará: hacia el ascenso o la caída. Esos son aquellos eventos clave que determinan cuánta potencia prevalecerá en la Tierra y qué ideales y valores se pueden validar entre las

---

78 Más información sobre el origen de la gente podéis encontrar en "Dance for life, pág.131-156

personas. Uno de estos eventos clave en nuestra pre-historia todavía está fuera del alcance de la arqueología moderna y es una parte poco iluminada del subconsciente colectivo de la humanidad. Este evento se registró en las placas de Dora Teura como "La Caída de Brenuei" y sucedió durante el último ciclo completo de activación estelar del templario en la Tierra.

El drama que rodea el último ciclo completo de activación estelar en 208,216 aC y la caída de Brenuei se describen en detalle por Yesha Ashayana. La información deriva de las placas de Dora Teura y de su memoria de encarnación en aquel momento. Más información el lector puede encontrar en los siguientes talleres y libros:

Talleres:

1. Egyptian lectures- awakening the flame of Orion - March 2000, Egypt, disk 1&2

2. The Lemurian & Atlantian Legacies - April 2001, New York, disk 4

3. Secrets of Lemuria & the ancient Eieyani - May 2001, Hawaii

4. Cosmic Clock Reset - October, 2003, Phoenix, disk 1&2

5. Elemental Commands, Cellular Secrets. Aurora Potential Glass towers, crystal canyons and the aurora force - May, 2006

Libros:

6. Voyagers 1 - The sleeping abductees, Wild Flower Press, 2002

7. Voyagers 2 - Secrets of Amenti, Granite Publishing, 2002

Después de que se crearan las doce placas de Dora Teura, junto con los doce escudos, estos artefactos se donaron a la humanidad y, en particular, a la línea Urtait de la raza humana en 246,000 aC. Este fue el período en el que los maharas de Sirio B permitieron a las razas en la Tierra participar en el "Tratado de Esmeralda"[79] y

---

79 Más información sobre el contrato de esmeralda, ver "Voyagers 2-Secrets of Amenti, Granite Publishing, 2002, pág.247-275

establecer la paz entre ellas. Desde entonces, los humanos han sido aceptadas como guardianes conjuntos de los templarios galácticos, junto con las razas azuritas de Sirio B.

Las personas angelicales en la Tierra de este período utilizaron las frecuencias de Maharata y eran breterianos, es decir, se alimentaban con energía de la atmósfera en que se encontraban, así como con la luz del sol y no consumían plantas ni animales. La gente en estos momentos realizaba „los rituales de saludos"[80] una vez por la mañana y otra por la noche, recargando sus campos mercaba. Estas técnicas se presentan nuevamente hoy y su uso adecuado restaura la rotación natural de nuestros campos mercaba.[81]

Los cuerpos de las personas angélicas eran más ligeros de lo que son hoy y anatómicamente diferentes porque no necesitaban alimentarse de otros organismos. La civilización humana en ese momento era pacífica, y la gente era muy cordial y amable con todos. Al tener acceso a las frecuencias Maharata, ellos podían sentir y experimentar la conexión sagrada con su tribu, con otras tribus, con la naturaleza y con todos los organismos. Era una sociedad igualitaria en la que existía la abundancia y la armonía. El conocimiento del templario del hombre, la Tierra, la galaxia y el universo era accesible para todos. Las personas no solo sabían de la existencia de civilizaciones en otras dimensiones y espacios, sino que podían entrar en contacto con ellas y hacerlo en diferentes casos.

Los doce discos se guardaron en ciudades de templarios especiales, que se encontraban en todo el mundo, incluidos lugares donde hoy se encuentran Egipto, Perú, China y Florida. Los templarios en ese momento eran pyrámides grandes, la mayoría de ellas de tipo escalonado. Había un lugar especial en el que había enormes cristales que se usaban para recolectar, almacenar y transmitir energía, un medio de comunicación y otras funciones.[82]

En ese momento, la tierra no solo estaba habitada por las doce tribus de hombres angélicos. Aquí también hubo representantes de

---

80 Traducción propia del inglés "salutation"
81 Master Templar Mechanics - Level 1, p.10
82 Egyptian lectures- awakening the flame of Orion, March 2000, Egypt, disk 2

los Anunaki que observaron el desarrollo del experimento genético con los neandertales. Aquí también estaban los nephedimos, que eran un cruce entre humanos y representantes de las razas Omicron-Dragon, de hace milenios. Los nephedimos parecían humanos porque mantenían las cadenas de ADN 1, 2 y 3 limpias y tenían una apariencia humana, pero giraron todos los demás hilos e interrumpieron el hilo 8 y el hilo 12 para crear una matriz de ADN con 10 códigos. Al interrumpir el acceso hasta la dimensión 12, no tenían contacto con la energía maharata de Cristo, y les fue difícil sentir esta conexión profunda con los otros seres que la gente sentía. Al interrumpir el hilo 8 de su matriz de ADN, dañaron un centro muy importante en su catara, llamado monada, con lo que complicaron aún más su bioregeneración.

Dado que los nephedimos se crearon con cadenas de ADN invertidas a frecuencias más altas, podrían estar fuertemente influenciados por entidades negativas en los universos armónicos segundo, tercero y cuarto. Así, vivieron como una raza muy vulnerable a los impactos negativos de las dimensiones superiores, lo que posteriormente se usó para sabotear el desarrollo de los humanos, bloquear sus potenciales genéticos y su acceso al templario de la Tierra.

Unas pocas décadas antes del ciclo de activación estelar, las razas Omicron-Dragon declararon que querían volver a la luz y despejar sus distorsiones en su plantilla de ADN. La Unión de Guardianes permitió este regreso, ya que a cada raza se le dio la oportunidad de vivir en paz con el resto y devolver los potenciales de Cristo a los que había renunciado en el pasado. Los verdaderos motivos de los dragones de Omicron, sin embargo, fueron acercarse a la civilización humana durante el ciclo de activación estelar e infiltrarse en la cultura humana.

Las Razas Omicron-Dragón tuvieron la oportunidad de biodegradar su genética cuando un pequeño equipo de los nephedimos fue admitido en los templarios Curativos de Brenuei.

Brenuei era una de las principales ciudades y estaba donde se encuentra hoy Sarasota, en el estado de Florida. Más tarde, esa fue el área llamada Brua-Atlantida. Siempre ha habido una gran ciudad del templario en Brenuei, ya que este es el sitio de la segunda puerta estelar, que es el centro grual del templario planetario.

El grual del templario terrestre es el punto de control de los escudos de la Tierra y había sido el objetivo principal de muchas razas caídas y sus representantes en la Tierra. Allí estaban los principales templarios curativos. El acceso a Brenuei se dio a un pequeño número de nephedimos. Después de ser admitidos en la ciudad, los nephedimos eran buenos y modestos para ser aceptados por la gente y ganarse su confianza. Poco después, comenzó una campaña de unión de razas y la posibilidad de matrimonios entre humanos y nephedimos. Las personas simpatizaban con estos seres y querían ayudarlos a desarrollarse, pero no querían aceptar el hecho e ignoraban que los nephedimos tenían serios problemas con sus biocampos y estaban expuestos a impactos negativos e interferencias.

La campaña de la unidad de las razas pareció atractiva para muchas de las personas que no imaginaban que los nephedimos podían ser utilizados como medio de infiltración en la cultura humana y en la posesión del templario de la Tierra. La propaganda de la unidad que no se basaba en el respeto por la libertad de los demás, había llevado a la separación entre las personas. Algunos humanos se sentían emocionalmente unidos a los nephedimos y querían casarse con ellos.

La Unión de Guardianes no prohibió estos matrimonios, pero advirtió a las personas que los contactos interraciales con seres que están relacionados con una matriz no cristica invertida, podrían tener consecuencias muy negativas. Por ejemplo, durante las relaciones sexuales, los campos biológicos entre las parejas se abrían y los códigos en su plantilla ADN se compartían entre ellos, por lo que los nephedimos podían tener un efecto negativo en los humanos, si estos últimos no habían activado su escudo y frecuencia maharata desde la 12ª dimensión de Cristo en su cuerpo.

En condiciones especiales, se permitían los matrimonios entre personas y los nephedimos. Se introdujo un protocolo especial para los participantes en estos matrimonios mixtos. Una condición importante para las personas que se habían casado con nephedimos era fortalecer sus biocampos y activar obligatoriamente su escudo mahárico, especialmente antes de las relaciones sexuales. De esta manera, todos los códigos de programa invertidos que las personas recibían, podrían ser eliminados.

La siguiente condición, para que un matrimonio mixto sea permitido, es que el nephedimo acepte bioregenerarse y que haya pasado un cierto nivel de tal limpieza de su genética. Esta condición se introdujo para proteger tanto a los humanos como a los nephedimos. Gradualmente, las dos razas empezaron a casarse, y en casos raros, también tenían hijos entre sí que no podían vivir mucho tiempo.

El resultado de estos matrimonios mixtos fue la contaminación y distorsión de la genética de los humanos en la Tierra y el daño a sus programas de ADN. En muchos casos, los nephedimos le pedían a su pareja sexual que no activara el escudo Maharic con un código crístic de 12ª dimensión, fingiendo que su frecuencia era demasiado alta y que les molestaba. Sabían que con la activación recurrente del escudo Maháric, las frecuencias crísticas humanas afectarían sus frecuencias invertidas, y la interferencia sería mucho más difícil porque los programas de ADN negativos no podrían influir en gran medida a las personas.

Así, a través de contactos sexuales sin protección y biocampos vulnerables, los nephedimos lograron que las personas se vieran propensas al impacto negativo de los dragones caídos de dimensiones superiores.

La mayoría de las personas habían dejado de activar su escudo maháric, y entre sus potenciales genéticos surgieron programas de ADN inverso. Esto fue importante para los eventos que vendrían.

Hasta 208,216 aC las redes en la Tierra operaban con un pulso de 12 dígitos y las frecuencias de Maharata podían ser recibidas e integradas tanto por los humanos como por el planeta. Durante este período, fue posible activar las puertas de la Tierra e iniciar un ciclo de activación estelar. Había llegado el momento en el que la gente de las 12 tribus realizara los "rituales de masas redondas"[83] a través

---

83 E'Asha Ashayana, Workshop - "The Arthurian Roundtables - Nibiruian Checkerboard Mutation", Ireland, 2001

de los cuales se introducía la energía de Maharata en el núcleo de la Tierra, para que el proceso de trasvase de frecuencias durante la apertura del sistema de la puerta estelar sea más llevadero y armonioso. Un gran porcentaje de las personas que participaron en los rituales de las mesas redondas estaban en matrimonios mixtos con nephedimos y tomaron la ingenua decisión de detener la carga diaria con las frecuencias de Maharata. Ni los humanos ni los orafines se dieron cuenta de cuántos códigos invertidos estaban incrustados en los humanos por los nephedimos, y cuando comenzaron los rituales, los programas con códigos invertidos fueron bajados a la Tierra. Como resultado, las redes del planeta comenzaron a latir con un código decimal invertido en lugar del código de maharata de Cristo.

Esto podría haber tenido consecuencias catastróficas para el templario veca del cual forma parte la Tierra, y el ciclo de activación estelar tuvo que ser suspendido, a pesar de que habría una inversión de los polos. Cuando la Tierra comenzó a latir con el código decimal invertido, un equipo de orafimos apareció inmediatamente encarnado en el planeta para detener las mesas redondas y limpiar las redes de la Tierra.

El propósito de las razas de Omicron salió a la luz, y estaba claro que no querían seguir el tratado de la esmeralda y ser biogenerados, pero ya era demasiado tarde para evitar su interferencia. Motivaron a la mayoría de los nephedimos a atacar y matar personas. Varios representantes de las 12 tribus humanas habían comenzado a huir de manera impredecible, y muchos habían encontrado refugio en la ciudad fortificada de Brenuei.

En la ciudad también se admitía a los nephedimos que no perseguían a personas, pero algunos de ellos no eran sinceros y estaban cumpliendo el plan de los dragones de Omicron para capturar al templario y matar a la humanidad. Brenuei fue asediado por un ejército de cientos de miles de nephedimos, pero incluso con un ejército tan grande, no podrían haber conquistado la bien fortificada ciudad, si no hubieran recibido ayuda desde dentro.

Una noche, uno de los nephedimos, que había sido admitido en Brenuei, abrió sus puertas y comenzaron acciones devastadoras en la ciudad y poco a poco fue conquistada. La invasión de la ciudad le daría a los nephedimos acceso al grual, desde donde podrían invadir otras dimensiones y hacer aún más daño. Los orafimos tuvieron que cerrar esta puerta estelar básica, sabiendo que esto conduciría a una repentina inversión de los polos en el planeta. Esta inversión habría tenido lugar de todos modos, ya que el ciclo de activación estelar estaba a punto de acabar y la Tierra perdió su frecuencia maharata. Empezaron evacuaciones masivas de personas, pero también de otras razas que querían seguir el tratado esmeralda y la Ley de la Unidad.

El equipo de orafimos que se quedaron en la Tierra para cerrar el grual no pudieron ser evacuados. Lograron cerrar el portal, pero permanecieron en el templario que fue asediado por los nephedimos que ya habían poseído a Brenuei.

La Unión de Guardianes decidió que debía destruir sus templarios, ya que ya habían sido tomados e iban a ser utilizados para fines negativos. Las tecnologías de cristal podrían causar daños catastróficos si se encontraran en manos inapropiadas. Los maharas de Sirius B enviaron sus naves espaciales y, después de ataques aéreos, destruyeron sus templarios.

Los orafimos que no pudieron ser evacuados, permanecieron en la Tierra en ciclos de reencarnación, y dieron el principio de **las líneas reales Magi de Grial** de las cuales iban a nacer los niños índigo del pasado hasta nuestros días.

Para los humanos y los orafimos ya no había oportunidad de extraer las frecuencias de Cristo de la Tierra y ya no podían cargarse de la energía de la luz, pero en su memoria genética siempre han estado y van a estar los recuerdos de un pasado glorioso que empieza a despertarse hoy en día.

Después de que la Tierra comenzara a latir con el código decimal invertido, la gente ya no podía ser breteariana, por lo que era necesario hacer cambios genéticos y anatómicos para permitir que se restablecieran en la Tierra. Tales cambios se hicieron en las dimensiones superiores. En la superficie del planeta gobernaron los nephedimos por un tiempo, y las personas que sobrevivieron en la Tierra se establecieron en túneles subterráneos.

Así que después de poco más de cien años, en el 208,100 aC. comenzó el segundo ciclo de colonización de los humanos a partir de la línea genética urtit, pero las condiciones de su desarrollo ya eran mucho más difíciles. El problema de los matrimonios mixtos y los contactos sexuales entre los nephedimos y humanos no es un prejuicio racial, sino un choque de diferentes frecuencias. Las personas se han encariñado a estos seres e ignorado el protocolo para la protección de sus biocampos. Si los biocampos no se fortalecían de maharic frecuencias, el contacto con los nephedimos podía llevar a la caída de la raza humana y no sólo de eso, sino también de la Tierra.

Para la humanidad, los días de inocencia terminaron, y se esperaban períodos de lucha por sobrevivir entre razas militantes que no tenían acceso a su potencial Cristo y eran crueles y dominantes. Los representantes de estas razas empezaron a aparearse con personas, y sus descendientes se parecían cada vez más a la raza humana. Dominando la cultura humana, impusieron sus valores de avaricia, engaño, crueldad y lucha por la supervivencia de los más fuertes. Tenían tales actitudes porque algunas de sus identidades multidimensionales más altas vivían en sistemas limitados con tales principios, allí se intercambiaba energía entre ellos y sobrevivían los más fuertes.

Les fueron quitando gradualmente la historia de los humanos, y en cambio, los representantes de las razas caídas les obligaron a aceptar su historia, sus creencias y sus dioses (ángeles caídos) por suyos. Quien se negaba, fue asesinado. Las personas fueron sometidas a humillaciones por parte de sus amos que agravaban por los complejos de inferioridad en el aspecto genético.

Hoy en día, los recuerdos de estos tiempos son las playas de arena blanca de Sarasota, que contiene los restos de los cristales destruidos de ese tiempo.

Este drama no es solo un cuento que tiene como objetivo entretenernos y darnos lecciones. Estos son eventos históricos y responderán a aquellos que están profundamente conectados con estos tiempos.

Estos eventos pasados tienen un gran impacto ahora ya que el nudo kármico de aquel tiempo se está deshaciendo ahora. Después de más de 210,000 años en la Tierra, se han creado las condiciones para devolver las frecuencias Maharata y esto ocurrió en enero del año 2000. Después de este momento, el planeta ha comenzado un ciclo de activación estelar y la lucha por las puertas de la Tierra, y su templario se aceleró y ha alcanzado unas dimensiones no vistas hasta el momento en nuestro sistema veca.

Todos los participantes principales de aquellos tiempos han nacido de nuevo hoy, tanto como personas o como nephedimos y orafimos (personas índigo). Si los errores se han comprendido y si se ha reflexionado sobre ellos, si se han aprendido las lecciones de aquellos tiempos, esto queda por verse ahora. De las decisiones que tomarán ellos y cada uno de nosotros depende en gran medida el curso de nuestra evolución, porque estamos en el último ciclo terrestre de activación estelar y evacuación bajo la supervisión de las razas cristic del río de cristal. En el capítulo once, podéis encontrar más información sobre la situación actual de la Tierra, así como las referencias a las fuentes de información.

Uno de los mayores conocimientos que nos brinda la información de las placas de Dora Teura es el elevado punto de vista, desde el cual vemos que todos los períodos históricos y todos los eventos históricos están profundamente interconectados y son parte de un panorama más grande que comienza estar ampliamente disponible.

Por ejemplo, hay un enlace directo entre dos sitios verdaderamente existentes que tienen una fuerte presencia de energía en la conciencia colectiva. Estos son el Arca de la Alianza, mencionada en el Antiguo Testamento de la Biblia y la espada del Rey Arturo-Excalibur, que es famosa por su leyenda. Para muchos, puede sonar increíble e inverosímil, ya que la leyenda del Rey Arturo se presenta como una historia romántica y suena ridículo relacionarla con la narrativa estricta del Antiguo Testamento. ¿Pueden los arqueólogos saber la verdad sobre ambos períodos históricos, incluso si tienen ambos objetos en sus manos? A través de un análisis científfico no podía ser reproducida la relación entre las figuras históricas y las peculiaridades de los acontecimientos históricos no se pueden entender de inmediato. Como no podemos entender mucho sobre el tema de una conversación entre personas sentadas en una cena de restaurante, a juzgar por las tazas y platos que se colocan en su mesa, no podemos conocer los detalles de ciertos períodos históricos, aunque tuviéramos delante de nosotros todos los objetos que poseían. Conocemos la historia por palabras habladas y escritas de algunas personas, y sus pertenencias pueden ser la única evidencia indirecta de la validez de la correspondiente transmisión de eventos. El verdadero poder está detrás de la energía de las palabras, y si la historia refleja los eventos reales, las personas sienten la verdad profundamente y no necesitan evidencias externas, creencias o fe ciega. Las evidencias aparecen con más frecuencia cuando ya estamos seguros de la verdad que se esta comprobando con ellas.

Lo que tienen en común estos dos objetos es que fueron creados especialmente para preservar uno de los artefactos antiguos más significativos conocidos como la "vara".[84]

Uno de los salmos más populares del Antiguo Testamento en la Biblia habla de una vara y una paleta. Este es el Salmo 23: 4, que dice: *"Aunque pase por el valle de sombra de muerte, No temeré mal alguno, porque Tú estás conmigo; Tu vara y Tu cayado me infunden aliento. "*

Una de las interpretaciones de esta vara del que se habla en la Biblia, es una vara de oro, de unos 8 cm de tamaño, de origen extraterrestre.[85]

El Arca de la Alianza era un cofre de oro que había sido creado para contener dos objetos en él, a través de los cuales se pueden abrir los portales para acceder a la Tierra Interna: una vara y un bastón.[86] Estos objetos fueron entregados a las razas índigo Magi por razas cristic guardianes, para que las personas índigo puedan abrir man-

---

84 Traducción propia del inglés "staff"
85 E'Asha Ashayana, Voyagers 2 - Secrets of Amenti, Granite Publishing, 2002, p.74
86 Traducción propia del inglés "staff and rod"

ualmente las puertas de la Tierra Interna y mantenerse en contacto con los otros representantes de las líneas de Grial y las razas crísticas de dimensiones más altas.[87] La vara y el bastón son objetos que son radiactivos, y si una persona los sostiene sin la capacidad de activar altas frecuencias en su cuerpo, se dañará seriamente por esta radioactividad y morirá.

Por esta razón, era necesario que los dos objetos se colocaran en un cofre especial que limitaría la emisión de radioactividad y afectaría menos a las personas que se acercaban a él. Este cofre fue creado después de la Caída de la Atlántida y se conoció como el Arca de la Alianza. La versión original del cofre era dorada y estaba encerrada de tal manera que no emitía una fuerte radiación.

El poder que poseían y todavía poseen la vara y el bastón es extremadamente grande y muchas de las razas illuminati querían obtener el cofre y usar los instrumentos en él. Durante miles de años, el cofre y los dos artefactos en él han cambiado de dueño y era poseído por diferentes reinos y ordenes en diferentes periodos. El cofre estaba en Egipto, en otras partes de África, Israel, India, Inglaterra, para llegar a Irlanda, donde Ashayana dice estar en **el presente**.[88] Al igual que los 12 escudos metálicos que se crearon junto con las 12 placas de Dora Teura, la vara y el bastón perderían su programa para abrir las puertas a la Tierra Interna si salieran de la Tierra. Por esta razón, debían mantenerse en el planeta y ocultarse hasta que los colectivos índigo no activaran el templario terrestre.

---

87 E'Asha Ashayana, Workshop - "The Arthurian Roundtables - Nibiruian Checkerboard Mutation", Disk 2, July 2001, Ireland.
88 E'Asha Ashayana,workshop - "The Arthurian Roundtables - Nibiruian Checkerboard Mutation", 2001, Disk 2

CAPÍTULO 6

LAS RAZAS ÍNDIGO

Cuando hablamos del origen de la humanidad y la pre-antigua historia de la humanidad, es necesario explicar quiénes son las razas índigo y cuál es su significado para el curso de la evolución y los procesos de la Tierra.

Desde la década de 1980, se ha hablado mucho y, al mismo tiempo, se han dado pocas explicaciones sobre quiénes son las personas índigo y por qué nacen masivamente en las últimas décadas en el planeta. Las enseñanzas de la libertad proporcionan mucha más información sobre estos temas, relacionada sistemáticamente con la información sobre el ritmo de la Tierra, la limpieza del campo morfogenético de nuestro planeta , la prevención de los escenarios de conflicto más agudos y la invasión subsiguiente de falsos rescatadores. La información proviene de nuevo de la Unión de Guardianes y su portavoz Yesha Ashayana y los materiales en cuestión incluyen los siguientes talleres:

1. Architects of Light and Secrets of the Indigo Children - New York, 2000
2. Secrets of Lemuria and the Ancient Eieyani - Kauai, Hawaii, 2001
3. Forbidden Testaments of Revelation - Dublin, Ireland, 2003
4. Dance for Joy I- Paxos, Greece, 2003
5. Kethradon awakening Starburst 13 & the Gifts of Rama, India, 2005

Se puede encontrar más información escrita sobre las razas Índigo en los siguientes libros y manuales:
1. Secrets of the Indigo Children - manual
2. Architects of Light - manual
3. Emerald Covenant Masters Templar Stewardship Initiative

- manual
4. 12 tribes Volume 1- manual, 2010
5. Voyagers 1 – The Sleeping Abductee
6. Voyagers 2 – The Secrets of Amenti

Muchos investigadores del fenómeno "niños índigo" describen características por las que pueden reconocerse, por lo que este aspecto no se enfatizará aquí. Se prestará atención adicional a las siguientes preguntas:

1) ¿Todas las personas índigo son iguales?
2) ¿Por qué nacen estas almas?
3) ¿Cuál es su número aproximado?
4) ¿Es aleatorio su nacimiento en la Tierra y, si no lo es, ¿cómo está organizado el proceso?
5) ¿Qué tipos de personas índigo existen y cuáles son las características para su diferenciación?
6) ¿Cuál es la misión de los diversos grupos Índigo y qué puede pasar cuando no la entienden?
7) ¿Cómo realizan las personas índigo su misión en la Tierra? Los nombres *niños índigo* / *personas índigo* provienen del color del aura, que es azul índigo. Esto se debe al hecho de que los niños índigo nacen con 5° o 6° hilo de ADN activado, y respectivamente, acceso a las dimensiones 5ª y 6ª. La frecuencia de color de estas dimensiones es azul para la quinta dimensión e índigo para la sexta dimensión.

Hay casos raros en los que los niños nacen literalmente con piel azul sin que eso suponga la presencia de problemas circulatorios. Estos son casos de niños índigo y los niños no tienen ningún problema de salud. El color de la piel del bebé se puede mantener azul hasta los primeros tres meses después del nacimiento, y luego cambia al color de la piel de sus padres. Las personas índigo son representantes de una nueva conciencia, personas nacidas ya con unos modelos crísticos ya hechos para construir nuestra civilización moderna, que está experimentando una enorme transformación de gran escala. Este cambio sucederá y la pregunta es si será de una manera evolutiva y armoniosa o, por el contrario, revolucionaria y no tan armoniosa.

Aunque las personas índigo son vistos como representantes de lo radicalmente nuevo, también son representantes de nuestro pasado muy antiguo, como ya se ha mencionado en los capítulos anteriores.

Están aquí porque se les ha pedido y ellos mismos han deseado cumplir su papel en un drama que tiene una escala épica para todo el universo y que se trata brevemente en este libro.

La distinción entre gente índigo y personas que representan la línea humana angélica no es artificial ni condicional. La diferencia esta en la pertinencia a diferentes colectivos, que en la Tierra tienen una forma energética como escudos.

Todas las especies y todas las razas pertenecen a ciertas entidades comunitarias llamadas escudos. Estos escudos, a su vez, son parte del escudo de la Tierra e interactúan con él. Si se lleva a cabo la actividad energética del escudo de la tierra, todas las especies se verán afectadas. Las personas pertenecen al escudo humano, si hay actividad energética en él, entonces afectará a todas las personas.

Del mismo modo, las personas índigo pertenecen al escudo índigo, lo sepan o no. Los escudos de las personas índigo y el escudo de las personas que representan a la raza humana angelical, están profundamente conectados, ya que el escudo índigo se coloca en el centro del escudo humano. En la práctica, esto significa que el desarrollo del escudo índigo y la forma en que absorbe las frecuencias del planeta en las últimas décadas es decisivo para el desarrollo de la raza humana y la mejora de sus potenciales. La misión del escudo Índigo y la gente Índigo es recibir frecuencias de dimensiones por encima de la 12ª y hacerlas accesibles para el planeta, los humanos, las plantas y los animales.

Para comprender la naturaleza de las personas índigo y los espacios espirituales (dimensiones) de los que provienen de la Tierra, es necesario utilizar el punto de vista del universo que lo representa en su espectro multidimensional. También es necesario entrar en la historia pre-antigua de la raza humana, índigo e illuminati, y tener en cuenta las peculiaridades del ADN humano y las interacciones de los humanos con la Tierra.

El modelo multidimensional de la realidad nos ayuda a comprender que nuestro planeta y nuestro universo conocido son solo una parte del primer nivel de densidad de la materia y hay muchos otros. Basta con mirar los registros y las mitologías antiguas y encontraremos que todas las civilizaciones locales han descrito contactos con seres de otros mundos que son de una dimensión superior. Ya sea que se llamen ángeles, demonios, visitantes u observadores, no importa. Estos seres están en la misma categoría que los visitantes extraterrestres están hoy en día. Muchas de las religiones representan a los ángeles como mensajeros de Dios, respectivamente, más importantes que las demás personas y que merecen una atención más especial y una obediencia incondicional. Cada uno puede responderse a sí mismo si un sistema religioso como éste, que hace tales insinuaciones sobre la poca importancia de la raza humana, valora a todos los seres como igual de importantes y rostros de Dios, y si este sistema concuerda con la Ley de la Unidad.

Para diferenciar las personas índigo de la raza humana, cabe destacar que la historia de la humanidad como la raza Turanezium empezó en Tara hace 560 millones de años en el segundo universo armónico (cuarta, quinta y sexta dimensión) y su materia es semi-éter. La raza humana ha sido introducida en la Tierra tres veces por nuestras Razas Superiores.[89]

La huella evolutiva humana es un código de ADN de 12 hilos, llamado "matriz de ADN de sol de diamante". El objetivo de evolución a largo plazo para los humanos en la Tierra es activar su matriz de ADN, ser guardianes de los templarios y ascender transformando sus cuerpos físicos en eternos.[90]

Las personas Turanezium se han asentado en forma de "12 tribus", que incluyen 7 razas nativas y 5 razas ermitañas. Cada una de las

---

89 E'Asha Ashayana, Architects of Light, Adashi MCEO, 2000, p.16
90 Ibid.

razas nativas era responsable del desarrollo de 1 hilo de los primeros 7 del ADN del sol de diamante. Cada una de las razas ermitañas era responsable de mantener los hilos de 7 a 12 en el acervo genético.[91]

En el presente, la humanidad está en el ciclo de la quinta raza nativa aria, que evolucionó de Hibiru raza ermitaña.

Durante los últimos 210,000 años, la raza humana ha estado sujeta a una poderosa interferencia negativa de visitantes de otros mundos, lo que lleva a la degradación de nuestros potenciales de ADN. Una de las principales misiones de los pueblos índigo es apoyar la restauración genética, respectivamente espiritual, de la raza humana y restaurar los maravillosos potenciales de la matriz de ADN del sol de diamante.[92]

Las personas índigo de ahora son criaturas híbridas que tienen la genética de las Razas Antiguas, las siete razas nativas, Melquisedec y Unaseti raza ermitaña, así como la de las personas que representan a la línea genética angelical.

El nombre de la raza antigua de la que actualmente nacen los índigo modernos se llama Orafim. Su objetivo principal es acelerar la evolución de nuestra civilización y prevenir consecuencias negativas para la Tierra y todas sus especies biológicas.

La matriz de ADN Orafim tiene más de 12 hilos, lo que les permite un mayor acceso a las dimensiones, respectivamente, el acceso a frecuencias más altas. El número de hilos de ADN en las personas índigo es diferente y oscila entre 24 y 48 hilos.

El hecho de que una persona tenga una matriz de ADN con más hilos que otra persona no significa que la primera sea más importante o que se le deba tratar mejor o merecer un trato más especial que otra persona. Solo significa que tiene una tarea espiritual diferente de cuyo cumplimento efectivo es responsable. Todos somos manifestaciones igualmente importantes, valiosas e individuales del Absoluto, y los potenciales de ADN no deben usarse como una marca divisoria, una causa de arrogancia, elitismo, manifestación racista o xenofobia.

---

91 Ibid.
92 E'Asha Ashayana, Architects of Light, Adashi MCEO, 2000, p.16

En el presente, algunas personas estan empezando un proceso de aumento de su potencial biológico y espiritual para alcanzar una plantilla de ADN de 24 hilos que es uno de los patrones índigo. Los diferentes animales y plantas también pertenecen a un escudo determinado, y esto marca su programa de desarrollo en general. Hay muchos experimentos científicos que confirman la existencia de una unidad comunitaria colectiva (también conocida como egregor), que, si se somete a influencia, afecta a todos los individuos asociados a ella.

El ejemplo más conocido es el experimento conocido como "El síndrome de los 100 monos", que demuestra que el desarrollo de una masa crítica de individuos conduce al desarrollo de otros. Esto se debe a que están vinculados a un escudo colectivo.

En Catara y las enseñanzas de la libertad se da un importante lugar a la comprensión de la acción del escudo y enseñar a cada individuo a trabajar con sus escudo individual. El proceso de trabajar con nuestros escudos corporales personales y la capacidad de limpiarlos, cargarlos y conectarlos con escudos de colectivos es el conocimiento práctico de la relación entre el microcosmos y el macrocosmos.

Saber cómo trabajar con tus propios escudos es de suma importancia, puesto que ya hay cambios masivos en la frecuencia de nuestro planeta y todas sus especies biológicas. Dependiendo de qué energía y qué códigos tiene uno en su escudo y su matriz de ADN, determinará cómo reaccionarán él y su cuerpo a los cambios en las frecuencias.

Si el ciclo de activación estelar es una gran noticia y un cambio significativo en las energías de la Tierra, la llegada en el 2007 del ciclo de Kale Jara , dentro del ciclo más grande de Kale Yuga para todo el universo es una conexión de frecuencia mucho más alta, que afecta a la Tierra y humanidad.[93]

Ashayana explica que la Kale Yuga, que se predice en los antiguos textos sánscritos y para la cual el Mahabharata hindú prepara a

---

93 Más información en " E'Asha Ashayana, Revelation of DhaLA - LUma", Phoenix, August, 2007 , Disco 1

111

la humanidad, es a un nivel planetario y es un período muy importante para el planeta. El drama en el universo entre las razas cristic y los colectivos caídos, sin embargo, aumenta hasta tal punto y a tales niveles, que actualmente hay un ciclo de kale yuga en la Tierra que está vinculado al kale yuga del sistema solar que está conectado al kale yuga de nuestra galaxia, que está conectado con el kale yuga del universo. Si no se hubiese hecho ninguna intervención de razas cristic, incluidas las almas índigo enviadas a la Tierra, la raza humana y todas las especies (excepto algunas bacterias y virus) desaparecería en unos 50 años.[94]

En la antigüedad, antes de que se dañara la genética humana y se interrumpiera su conexión con sus identidades multidimensionales, todos sabían y se les enseñaba cómo trabajar con sus escudos y cómo interactuar con los de la Tierra. A través del manejo armonioso de sus escudos, las personas se recargaban con la energía necesaria sin tener que consumir plantas y animales.

A través de la activación crística de sus escudos, pudieron sanarse y comunicarse telepáticamente entre sí y sentir con empatía lo que está sucediendo en todo el equipo. Los escudos crearon la conexión del hombre con sus identidades multidimensionales y las personas nacidas en otros períodos de tiempo.

Cuando dos o más personas del mismo escudo se encuentran y toman conciencia de la existencia de otros con sus respectivos intereses o el tipo de misión, esto fortalece su escudo y ayuda a mejorar el flujo de energía.

El conocimiento de la conexión sagrada entre el hombre y la tierra ha sido universalmente accesible y su aplicación ha llevado al equilibrio energético y la armonía entre el hombre y la naturaleza.

Las personas índigo nacen precisamente para recordar a los demás la importancia de esta relación, y las enseñanzas de la libertad se dan para ejercitarse en beneficio tanto de los humanos como del planeta y de otras especies.

Hay escudos más pequeños en cada escudo colectivo que tienen códigos para propósitos específicos. Uno de los escudos col-

---

94 Ibid.

ectivos que tiene un significado central para el curso de la evolución de la Tierra en los últimos años y para prevenir consecuencias catastróficas para el planeta y la humanidad se llama Aquaferion.[95] En el primer manual de las reuniones de las doce tribus se puede encontrar información detallada sobre el escudo de Aquaferion. (Manual de 12 tribus - 1), así como en la conferencia de agosto de 2007 - Revelación de Dale Luma. El escudo de Aquaferion está ubicado en el centro del escudo índigo más grande, el propósito del primero es recibir las frecuencias más altas y distribuirlas armoniosamente en el escudo índigo.

En el curso de nuestra historia, dependiendo de los problemas encontrados por los diferentes pueblos y del grado de degradación o bioregeneración de la genética humana, han nacido personas y equipos con diferentes programas de ADN. Sus códigos de ADN fueron programas diseñados para restaurar los potenciales naturales de diferentes razas (índigo, humanos e illuminati). Esta recuperación facilita el acceso a frecuencias más altas, el desarrollo de valores más altos y la creación de una cultura de civilización más evolucionada. No es casual que haya varios ejemplos históricos de intentos de destruir grupos enteros de personas. Por esta razón, la información sobre las líneas genéticas magi (las líneas verdaderas de Grial) ha sido un secreto estrictamente protegido.

La razón por la que esta información está disponible para nosotros es que hoy en día más personas necesitan despertarse para cumplir sus misiones personales y recordar por qué nacieron en el presente. Para algunos, será una llamada poderosa, para otros una voz interior tranquila, pero para cualquiera que tenga una respuesta positiva a esta información, habrá un sentido de conectividad y pertenencia a algo grande y positivo. Centrarse en esta sensación ayudará a cada persona a sentir y elegir conscientemente su camino superior de evolución espiritual.

Para explicar brevemente el propósito del escudo de Aquaferion, es necesario señalar que nuestra galaxia, la Vía Láctea, se origi-

---

95 Más información sobre el escudo Acuaferion podéis encontrar en el taller "12 tribes- Volume 1"

na en la galaxia M31-Andrómeda, también llamada Aquinus. Puede encontrar más información sobre la historia de la Vía Láctea y los desafíos que enfrentamos hoy en los talleres: "Los misterios de la Vía Láctea"[96], "Mecánica ascendente"[97] y "Puertas en el tiempo"[98].

En el presente, los científicos ya han establecido que las dos galaxias son proporcionales en peso y tamaño (Andrómeda es más grande y más liviana que la Vía Láctea). La distancia entre ellos se estima en aproximadamente 2.5 millones de años luz, y esa Andrómeda se mueve hacia la Vía Láctea a una velocidad de unos 300 kilómetros por segundo.

Hasta la fecha, nuestra galaxia se encuentra en un estado de caída en un agujero negro, que está más allá del alcance de la corrección.[99] Por esta razón, una evacuación masiva de la Tierra y de sus habitantes, que desean continuar su existencia en un sistema crístico y tienen suficiente codificación cristica, están en marcha.

Esta información no debe causar temor ni pánico, sino un alivio y concentración de las personas, que sienten el significado detrás de este mensaje de que las cosas suceden de la forma, en que se describen y que hay muchas cosas positivas que todos pueden hacer por sí mismos, para todos los que nos rodean, para las diferentes personas, animales, plantas, etc. No debemos olvidar que el punto de vista científico se encuentra ahora detrás de la tesis de que la Vía Láctea se está desvaneciendo y todo lo que contiene será tragado por el agujero negro en su centro. Por lo tanto, de esta información queda claro, que no todo y todos seguirán este camino y, en segundo lugar, que aquellos que permanezcan aquí a voluntad o debido a una incapacidad para salir deben saber que han sido y siempre serán una parte importante de la Fuente Divina que es amada y respetada. Para estos últimos, habrá un retorno como polvo estelar cuando

---

96 WS "The Milky Way mysteries", Amsterdam, 2007

97 "Ascension mechanics", projectcamelot productions on www.youtube.com , 2010

98 WS "Doorways through time", 2009

99 WS "The Milky Way mysteries", Amsterdam, 2007

sus mentes ya no puedan reencarnarse, ya que no habrá suficiente energía.

Seguramente, mucha gente diría, aunque sea verdad que la humanidad fue creada hace 560 millones de años y se estableció primero en la Tierra hace 25 millones de años, ¿por qué debería importarme cuál es la historia de nuestra galaxia y qué tiene que ver conmigo? Cuando la Unión de Guardianes cuenta una historia por un cierto período de tiempo, explicando las relaciones y los dramas entre diferentes razas, no solo tiene el propósito de enriquecer nuestra cultura común, sino que es fundamental para entender nuestro papel en el panorama general. es obvio que la imagen es realmente enorme y el drama es de múltiples capas.

El propósito principal del escudo de Aquaferion es, en situaciones de crisis en nuestra galaxia Vía Láctea, promover la ascensión crística de todos los seres que tienen el potencial crístico suficiente y al mismo tiempo tienen la intención de estar en el camino de Cristo. Si el escudo de Aquaferion no hubiera sido capaz de absorber frecuencias específicas y hacer los cambios de energía necesarios en la Tierra, no podrían continuar la evacuación crística del planeta. Hay muchos escudos de Aquaferión que están dispersos por toda nuestra galaxia, incluido nuestro sistema solar y la Tierra. Estos escudos forman parte de una misión de rescate muy antigua que comenzó hace cientos de miles de millones de años y continúa hasta nuestros días. Esta misión se llama "Receptor del río de cristal"[100].

La distribución de códigos de ADN en la Tierra es necesaria para que las frecuencias descendientes de las razas crísticas se integren sin problemas en el núcleo del planeta y no provoquen cataclismos. Esta distribución de códigos ocurre cuando una persona índigo se activa en un momento dado y coloca los códigos con los que nació, haciéndolos accesibles a todo el escudo índigo. Por ejemplo, en los últimos años, las personas índigo que tienen *códigos Aurora* los han activado, y se han extendido al escudo índigo y al escudo

---

100 Más información sobre el río cristalino podéis encontrar en capítulo once y las referencias señaladas en él

de la Tierra.[101] Desde el escudo índigo, los códigos se extienden al escudo humano y se vuelven accesibles para todas las personas. Esto significa que las personas índigo toman primero las frecuencias armónicas y desarmónicas de los impactos de la energía, distribuyen la energía al núcleo de la Tierra desde donde es accesible para todos los demás.

Como ya se mencionó anteriormente, la matriz de ADN de una especie biológica contiene un programa que accede a las dimensiones correspondientes, lo que da como resultado la comunicación con sus partes superiores de identidad (alma, sobre-alma, avatar, etc.). Cuando la matriz de ADN del sol de diamante trabajaba bajo su patrón natural, para las personas hubo períodos definidos de integración de sus identidades superiores. Por ejemplo, alrededor de los 12 años de edad, se activaba el cuarto hilo de ADN, lo que desencadenaba la integración del alma humana y expandía su percepción en el campo astral. Este proceso continuaba hasta aproximadamente los 22 años de edad, cuando se activaban las cadenas 5 y 6 de la matriz de ADN. A la edad de 22 años, comenzaba la activación de los hilos 7, 8 y 9, que continuaba hasta la edad de 33 años, cuando la persona integraba su sobre-alma. Alrededor de los 33 años, la activación del ADN de los hilos 10, 11 y 12 continuaba, y la integración de la identidad del avatar de Cristo comenzaba en una persona que podría continuar hasta la edad de 44 años. A través de la integración de la identidad avatar, las personas han tenido la oportunidad de hacer el así llamado proceso de la transformación de los átomos de su cuerpo físico y ascender y bajar a su antojo en la escalera de los niveles de la materia. Esto significa que ellos podían moverse con su cuerpo físico cuando querían por todo el espectro de las 12 dimensiones.

Por lo tanto, el estado biológico natural del hombre fue creado para ser eterno, y la muerte no fue un estado natural para las civilizaciones humanas en nuestro pasado. Dado que la matriz de ADN humano ha sido dañada progresivamente durante los últimos 210,000 años, ahora hay un bloqueo de la cuarta cadena de ADN,

101 Sacred Sexuality & The Art Of Divine Relationship - Divine Coupling-Intimations, Explorations & Cosmic Connection, Virginia Beach, 2006, disk 1

lo que significa que las personas no pueden integrar completamente sus almas. Este bloqueo provoca desequilibrio bioquímico, disminución de las frecuencias corporales y empeoramiento gradual hasta el punto de la muerte. Esta mutación es también una de las causas de los problemas hormonales y la inestabilidad emocional que son característicos de la pubertad, según apuntes de Ashayana en el año 2000.

En el presente, los humanos nacen y viven con las primeras tres cadenas activadas de su ADN y los comienzos de la activación en la cuarta cadena.

La genética en las personas índigo funciona de una manera muy diferente a la de los humanos. Los niños índigo nacen con los primeros tres hilos activos, así como con los hilos quinto y sexto. Desde su nacimiento hasta la edad de 12 años, y algunas veces más tarde, el cuarto hilo de ADN debe activarse, luego empiezan a funcionar el quinto y el sexto que estan activos. Esto significa que el alma de los niños índigo debe integrarse desde el nacimiento hasta los 12 años.[102] Cuando esto sucede, los niños índigo tienen un conocimiento intuitivo y un sentido de sí mismos y del mundo, que va más allá de lo que puede proporcionar un sistema educativo moderno.

Las estructuras sociales modernas no se construyen de manera que puedan obtener retroalimentación sobre sus deficiencias y mejorarlas. Las autoridades institucionales no necesitan argumentos ni indicaciones de debilidades en su sistema. Esto se aplica tanto en el entorno familiar como en el escolar, así como en universidades, unidades de investigación o estructuras gubernamentales. Esto crea dificultades para que estas personas encajen porque viven según reglas que superan moralmente a las que se les ofrecen. Imagine por un momento que se ha trasladado en otra época y vive en un país con esclavos, donde tratar a personas como objetos es algo común. Podría conformarse con este modelo social? ¿Intentaría integrarse entre ellos y seguir las órdenes que le imponen? ¿Cómo se sentiría? En particular, ¿trataría de cambiarlos explicando que pueden vivir de una manera diferente, con una relación más moral? Esto, por

---

102 E'Asha Ashayana, Architects of Light,Adashi MCEO, 2000, p.30

supuesto, no significa que todos los niños con capacidades mentales siempre tengan la razón y deban quedar excluidos de la educación. Es importante que esta educación estimule sus talentos creativos positivos para maximizar su potencial. Esta simple regla pedagógica está cerca del corazón de cada padre y educador amoroso y se aplica a todos.

Cada embrión contiene los programas de ADN de sus padres, y como estos programas tienen mutaciones sustanciales para todos los humanos en la Tierra, el código genético y el campo morfogénico del embrión también se ven afectados. Las frecuencias al ser integradas por el embrión a veces pueden ser demasiado poderosas para el. Por esta razón, muy a menudo los problemas hormonales de las personas índigo son desde una edad temprana.

La superación de las mutaciones de la matriz del ADN, tanto para los humanos como para las razas índigo e iluminati, es posible y accesible mediante la autoaplicación de varias técnicas catara relativamente simples que amplifican sin problemas nuestro potencial para integrar las frecuencias de nuestro avatar de Cristo. Las técnicas básicas se describen en el capítulo final de este libro y se detallan en el manual del Nivel 1 de Catara.[103]

El nacimiento de las personas índigo no es arbitrario y no afecta a las generaciones, como se presenta en algunas publicaciones. Las personas índigo nacen masivamente antes de un ciclo de activación estelar del templario de la Tierra.[104] El último intento de llevar a cabo un ciclo de activación estelar en el templario de la Tierra es en el año 22,326 aC. y no tiene éxito acabando en empate entre las fuerzas que siguen los principios de Cristo y aquellos que se oponen a ellos.[105] La resolución de este conflicto se lleva a cabo hoy en día (más información sobre este drama, así como referencias a fuentes

---

103 E'Asha Ashayana , Kathara bio-spiritual healing system manual, level 1, 2000
104 Traducción propia del inglés "Stelar activation cycle"

105 Para más detalles sobre el período alrededor de 22,326 ver "E'Asha Ashayana. Voyagers The Secrets of Amenti" , 2003 pág.372; "E'Asha Ashayana. Dance for life manual", 2002 pág.154

adicionales, se describe en el capítulo once). Antes de que nazca un orafim (índigo), es necesario tener un acuerdo a nivel del alma entre padres genéticamente apropiados que se sienten atraídos inconscientemente por sus almas o identidades superiores. Esta atracción subliminal es el amor y el sentido de una relación especial que ambos experimentan. Estos contratos se denominan paladorianos y se rigen por niveles por encima de las dimensiones de los avatares, es decir, el quinto universo armónico de las dimensiones 13, 14 y 15.[106]

Aceptar ese tipo de contrato entre las almas, da oportunidad a los padres para mejorar su potencial genético y acelerar su evolución. El nacimiento de cada niño índigo es un proceso en el que se sincronizan varias circunstancias de dimensiones superiores. Se toma en consideración qué vibración y qué códigos se necesitan en el planeta, cual es el programa kármico de la persona índigo y sus padres, cuánta frecuencia puede soportar el feto y otros. El proceso se realiza siguiendo el libre albedrío de las almas de los padres que pueden decidir firmar o renunciar un contrato paladoriano.

Hasta el 30 de agosto de 1998, los contratos paladorianos eran libres de negociar entre los padres potencialmente idóneos de los niños índigo.[107] Después de esa fecha, se comenzó a hacer unión a las almas y se mejoró el potencial genético de los padres para que el feto tenga mejores oportunidades de integración de frecuencias de dimensiones superiores. Existen diferentes tipos de personas índigo, uno de los criterios de distinción más importantes es el número de hilos de ADN en su matriz de ADN. Sobre la base de este criterio, distinguimos tres tipos de índigo:

Índigo tipo 1

Este tipo de personas índigo tiene el mayor acceso a las dimensiones y niños como estos nacen muy raramente en la Tierra.

---

106 Más información sobre los contratos paladorianos, ver "E'Asha Ashayana, Voyagers 2, Secrets of Amenti, Granite Publishing, pág. 194-198, 2002
107 E'Asha Ashayana, Voyagers 2, Secrets of Amenti, Granite Publishing, p.196, 2002

Como se mencionó anteriormente, nuestro planeta tiene una cierta capacidad para absorber las frecuencias de los campos de luz y sonido primarios, por lo que el nacimiento de índigos del primer tipo se planifica cuidadosamente. Muchos de ellos nacieron en los años sesenta y setenta, y se proyecta que su número alcanzará varios miles en 2017. Nacen en grupos y tanto los padres como el lugar de nacimiento se planifican cuidadosamente con antelación.

La tarea principal que sienten estas personas índigo es ayudar al planeta y despejar las redes de la Tierra y cargarlas con frecuencias para influir y facilitar el ciclo de activación de la estrella. Cargar la Tierra de altas frecuencias es un requisito previo absoluto para lograr una apertura suave y armoniosa de los portales estelares. Otro elemento importante de su misión es apoyar la vida de todos los organismos del planeta para vivir en armonía. Este tipo de personas índigo se caracteriza por el desbloqueo de las capacidades mentales desde una edad temprana y el contacto con seres de otras dimensiones. Por eso es importante que aprendan a preservar sus biocampos aprendiendo a usar las técnicas adecuadas de visualización y meditación.

Una característica importante en todas las personas índigo del tipo uno es el proceso de cambio contractual.[108] Este proceso significa que un alma comienza el proceso de desarrollo desde que es feto y vive en el cuerpo hasta una cierta edad después de la cual ocurre de una manera planificada y libremente reconciliada, el cambio de identidades cuando el avatar de la persona ocupa el cuerpo. En el cuerpo un avatar se puede desarrollar hasta un nivel de adepto rishi. Este proceso es delicado y, si no se realiza a tiempo o se evita, el avatar permanece bloqueado y no podrá cumplir su misión. Es precisamente por esta razón que se necesita información sobre la higiene del biocampo de una persona, sobre su naturaleza multidimensional y las técnicas de visualización que nos ayudan a integrar de manera más completa el avatar de Cristo. Cuando se lleva a cabo este proceso, es muy probable que esté acompañado por un cambio repentino en los intereses de una persona a medida que aparece una nueva identidad con sus objetivos y tareas.

---

108 Traducción propia de "walk-in contract and switching the identity"

Índigo tipo 2

Las personas índigo de este tipo tienen códigos de ADN, respectivamente, el número de hilos de matriz de ADN entre 24 y 30. El número de estos índigo en la Tierra es de varios cientos de miles. Al desarrollar su potencial biológico, tienen la oportunidad de expandir su mente a un nivel de adepto rishi que supera las frecuencias del avatar de cristo en los humanos. La tarea principal de los índigo del tipo 2 es expandir la conciencia de la gente sobre sus propios potenciales, talentos, herencia histórica y restaurar el esplendor de la matriz de ADN humano del sol de diamante. En este tipo de índigo, las personas también tienen capacidades mentales características y contacto con seres de otras dimensiones. Es una habilidad natural, no sobrenatural, y es bueno que se les explique a todos los niños para que no se traumaticen.

A continuación, los índigo de Tipo 2 ayudan a los índigo del tipo 1 con el trabajo energético con las redes y los escudos de la Tierra.

Para cumplir su misión específica de conservación y limpieza de energía en ciertas áreas de la Tierra, es importante que los índigos de tipo 1 y tipo 2 adquieran el conocimiento preciso de la activación de un mercaba natural en los diferentes niveles de universos armónicos, que adquieran el conocimiento de la red de catara y su relación con las dimensiones, con los escudos del planeta y con el hombre, y para trabajar con los códigos veca, eca, ekasha y otros códigos. Este conocimiento se ha hecho público por primera vez en milenios y hoy en día es accesible precisamente porque es necesario para todas las personas, incluidos los colectivos índigo e iluminati. Las explicaciones detalladas se pueden encontrar en el manual de Catara - Nivel uno.

Índigo tipo 3

Este tipo de personas índigo es la más común en la Tierra y se planea su nacimiento en millones. La característica más importante de estas personas índigo es que forman parte del programa híbrido Orafim-nephilimos. Esto significa que los índigo son la encarnación de dos avatares: uno es orafim, ADN de 24 cadenas, y el otro es un avatar de nephilimos con ADN de 11 hilos, cuyo programa funciona en orden inverso.

Los nephilimos son raza de gigantes, mezcla genética de anunaki y humanos del segundo asentamiento en la Tierra. Su existencia en el planeta ha sido prohibida, ya que su código genético anunnaki, que tiene un programa de ADN invertido, prevalece y se convierten en una amenaza agresiva y dominante para la existencia de humanos y otros grupos.[109]

Antes de que naciera un hombre de índigo tipo 3, los avatares nephilim aceptaron estar bajo el control y la guía del avatar orafim. Esto significa que los índigos tipo 3 tienen la tarea principal de ayudar a la evolución de los avatares nephilimos para que alcancen el avatar de Cristo y tengan el sentimiento de amor y compasión. Esta tarea para el índigo tipo 3 es compleja y es de gran beneficio tanto para el nephilim como para la humanidad, también para corregir el patrón de ADN de la línea genética annuaki.

La existencia del Índigo Tipo 3 suele ir acompañada de conflictos internos y una polarización extrema del comportamiento, que es un reflejo de la interacción entre el orafim y el nephilim al que está conectado. Esta es una situación en la que el hombre tiene un ángel sobre un hombro que le habla una cosa, y sobre su otro hombro tiene un demonio que le dice lo contrario. El libre albedrío del hombre y su capacidad para preservar su biocampo puro es importante para definir qué poder prevalecerá en su vida.

Uno de los principales problemas con este tipo de personas índigo es que, por lo general, la huella del nephilim se activa primero y el niño comienza a comportarse de manera agresiva, con una crueldad insensible, vacilando entre el bien y el mal. Para tales niños índigo, es importante ayudar a incorporar la identidad orafim y des-

---

109 Más información sobre los nephilimos podéis encontrar en el taller "Dance for life, 2002, pág.150-156

bloquear la bondad que está incrustada en ellos con un enfoque de amor firme y una definición clara de los límites en los que se ejerce el libre albedrío. Trabajar con técnicas de catara conduce a equilibrar estos agudos conflictos internos , despejar la matriz de ADN de la activación inversa y volverla natural crística.

Cuando un alma nephilim se rebela contra el alma orafim responsable de ella y logra vencer, el hombre índigo se convierte en un ser magenta.[110] Si esto sucede, el cuerpo del hombre está bajo el control de un alma nephilim que ya no desea restaurar el potencial de Cristo. Los magentas son representantes con una codificación muy alta de patrón de ADN inversa entre otras razas caídas. Esto se debe a que tienen una codificación índigo que se invierte y se encuentra bajo el control de una naturaleza con intenciones no crísticas.

La invasión de la Tierra siempre ha comenzado desde el interior. Todas las religiones y tradiciones culturales han sido fuertemente influenciadas para desvirtuar los mensajes de Cristo. A través de declaraciones falsas en ellos o acciones que contradicen sus ideales declarados, se ha creado antagonismo hacia otras comunidades, y las palabras en las Escrituras se han distorsionado. Debido a esta influencia, si uno desea protegerse a sí mismo, es bueno fortalecer su relación con su avatar de Cristo usando catara y las técnicas tántricas de activación del escudo Maháric, que se describen en el Capítulo Doce.

A primera vista, esta información puede ser fuerte y causar temor, pero ¿no es mejor estar al tanto de las consecuencias desagradables y contar con métodos preventivos que ahorrar los detalles del peligro y el/ella caiga bajo el control de un angel caído silencioso que se ha colado en su biocampo y ha comenzado a manipularlo? Estamos en medio del conflicto más grande entre Cristo y las razas caídas, y la Tierra es uno de los puntos clave en él.

---

110 Más información sobre los magentos podéis encontrar en el taller "Dance for life, 2002, pág.204-206

CAPÍTULO 7

ACTIVACIÓN DEL ADN

Después de enero del año 2000, las energías de diferentes frecuencias, tanto las maharata de Cristo como las no crísticas, se inyectaron en el núcleo de la Tierra y en las redes debajo de su superficie. El patrón de ADN de los humanos y todas las demás especies biológicas está profundamente conectado a la Tierra a través de escudos colectivos, por lo que estas energías nos influyen y activan de manera más precisa los programas incrustados en nuestras moléculas de ADN.

¿Qué es la activación del ADN?

Como es bien sabido de la investigación biológica sobre las moléculas de ADN, éstas establecen pautas genéticas para el desarrollo biológico de todas las formas de vida. Por lo tanto, la molécula de ADN contiene los programas que determinan el funcionamiento de nuestras células, tejidos y órganos. Los estudios del ADN humano revelan que la mayoría de ellos se denomina "ADN de desecho", en el que las proteínas no están codificadas en secuencia y su uso no está claro para los científicos modernos. Las enseñanzas de la libertad revelan que en la antigüedad las moléculas que ahora llamamos "ADN de desecho" funcionaban y establecían programas adicionales en la biología de una persona a través de la cual las personas tenían acceso a una dimensión superior. Debido al funcionamiento normal de estas partes de la molécula de ADN, los humanos poseían habilidades que hoy llamaríamos sobrenaturales.

Por lo tanto, la activación del ADN comienza un proceso de reconstrucción gradual del genoma humano para alcanzar su estado **natural**. Esta información de las placas de Dora Teura nos da una lectura muy diferente sobre el curso de la evolución humana y sobre quiénes somos y para qué fuimos creados, y cuál es el significado de los próximos cambios. Revelando los secretos de matriz de ADN, en base a la cual se forman el ADN y los programas de las razas illuminati, índigo y humanas, es una de las puertas más importante para el auto-conocimiento que abren las enseñanzas de libertad.

Los potenciales y el funcionamiento de los programas de ADN en una especie determinada, señalan el acceso potencial a las dimensiones de las que es capaz una criatura. La raza humana se crea con el potencial de acceso a la dimensión 12, por lo que es una raza de Cristo. Esto significa que cada persona u otro ser en un cuerpo humano tiene el potencial de sentir su conexión con la Fuente Divina y el amor que existe entre ellos. La conexión con la 12ª dimensión de Cristo da la sensación y el conocimiento de que todo es parte del Absoluto, respectivamente, somos uno. Es en esta dimensión que la Ley de Unidad se comprende y siente plenamente.

Otras razas han optado por disociarse de su conciencia de Cristo, por lo que sus ideales, valores, acciones y pensamientos son manipuladores, dominantes y crueles. Es importante tener en cuenta que cada vez que deciden regresar a Cristo, reciben apoyo de las razas cristic para reanudar sus potenciales genéticos y para armonizar las relaciones en sus sociedades y las relaciones con otras razas.

Las doctrinas de la libertad son parte de un vasto depósito de conocimiento antiguo que se refiere a los verdaderos propósitos y procesos de la biología humana y la evolución espiritual. Las enseñanzas se han mantenido vivas en nuestras culturas desde la antigüedad, a través de un grupo espiritual secreto llamado "Guardianes de la Llama"[111]. Los Guardianes de la Llama son parte de la orden esmeralda del monje Melquisedec que incluye un vasto grupo de maestros de ciencias espirituales. Las enseñanzas de la orden esmeralda se desvelan cuando la humanidad necesita la mayor cantidad de información para ayudar a su evolución a estar en un camino más positivo y vivificante. Por primera vez en más de 10,000 años, se presentan públicamente todas las enseñanzas de los "Guardianes de

---

111 E'Asha Ashayana, Tangible structure of the soul - manual, 2001

la Llama".[112]

El concepto de evolución bioespiritual reconoce la conexión íntima entre el ADN humano, los niveles de identidad multidimensionales (alma, sobre-alma y avatar de Cristo) y el proceso de su integración espiritual.

Ashayana y la Unión de Guardianes explican los pasos hacia una bioregeneración más armoniosa, la curación física y la armonización mental crística de las relaciones humanas en talleres en mayo de 2013 y diciembre de 2013. Describen los viajes meditativos a través de los cuales se puede llegar a los hermosos templos curativos que distensionan la encriptación genética y liberan a una persona del karma genético y racial negativo acumulado por eones. Esto es extremadamente importante, ya que en la activación de las puertas estelares de los niveles de ekasha-e la Tierra ha estado experimentando el karma desde tiempos antiguos, y en la psique de ciertas comunidades grupales, los antiguos conflictos son despertados, de la mayoría de los cuales la gente no sospecha. Ellos tienen un sentido perceptible de conflicto y odio inconciliables hacia otras comunidades, pero su origen no está claro. Al activar el plasma de Cristo en la estructura sutil de una persona, él / ella puede dejar de participar en este drama de intolerancia y conflicto irreconciliables con otras comunidades.

La activación del ADN de los seres humanos apoyará el proceso de despertar masivo de las capacidades de clarividencia naturales y les dará a todos la oportunidad de conocerse mejor a sí mismos y al mundo exterior e integrar sus partes multidimensionales supremas. Lo que hoy se considera fenomenal, debe entenderse como natural, y gradualmente más y más personas despertarán estas habilidades.

En una conferencia de 2002, Ashayana explica brevemente qué cambios están a punto de producirse para que el genoma humano alcance su estado natural en la medida de lo posible para una parte de la humanidad. Esto significa que la función de ADN actual y el número existente de 4 nucleótidos aumentarán y el ADN humano ya

---

112 Ibid.

no será solo de 4.[113] El patrón de ADN que administra la molécula de ADN y sus programas desarrollará su potencial. Una de las cosas que sucederán será el cambio de una parte de los átomos de hidrógeno, y en el análisis se encontrará que algunos de ellos ya tienen neutrones.[114] Este cambio es crucial porque es muy básico a nivel bioquímico y afecta prácticamente a casi todas las especies. A través de él veremos la eliminación progresiva de los bloqueos que han detenido los procesos naturales en el planeta y, respectivamente, en nuestros cuerpos.

Los cambios serán muy tangibles y visibles, pero serán progresivos. Por ejemplo, existe una alta probabilidad de que muchas personas mayores comiencen a crecer decenas de centímetros. Esto significa que los huesos, músculos y órganos de una persona se harán más grandes. Esto se debe a la activación de la huella natural de la raza humana según el cual el hombre mide entre 3 y 4 metros.

Otro cambio importante, que ya está ocurriendo con muchas personas y que seguirá ocurriendo cada vez más, son los cambios en la percepción del mundo exterior. Por ejemplo, uno puede caminar por la calle y darse cuenta, por un momento, de que en la misma calle existen edificios diferentes y al cabo de un instante aparecer los mismos edificios en sus lugares antiguos. Tal fenómeno también puede hacer que una persona piense que está perdiendo la razón y temer a aceptarlo como una realidad, si esto sucediera. Las razones de este tipo de eventos se basan en la mezcla de las ondas del tiempo y el cambio repentino del ritmo básico de pulsación del cuerpo de una persona que lo lleva por un momento a otra realidad.[115] Como se mencionó, el tiempo es estático y la conciencia es lo que se mueve a través de intervalos de tiempo que pulsan a una determinada frecuencia. Cuando la frecuencia cambia, nuestra ubicación cambia en la realidad que estamos experimentando.

Durante la última década de la Tierra, existen diferentes líneas de tiempo y caminos de evolución, por lo que uno puede experimen-

---

113 E'Asha Ashayana, Dance for love, 2002, disk 3
114 Dance for life, 2002, disk 3
115 Introduction to elements of kathara 4, disk 6, 2005

tar conscientemente cambios en el desplazamiento de las líneas de tiempo o diferentes cambios en su entorno. Si esto sucede, es una buena idea darse cuenta de la situación y observar que actualmente estamos presenciando un fenómeno muy interesante y emocionante, después del cual podemos frenar nuestra respiración hasta el punto en que las cosas se están normalizando. La aparición o desaparición de diferentes objetos se debe a la apertura de sellos que sirven para dividir diferentes sistemas de probabilidad.[116] Esta aparición o desaparición de objetos se denomina "flujo de la línea de tiempo".[117]

Cada objeto pulsa a una cierta frecuencia de vibración y cuando cambia bruscamente, el objeto cambia su línea de existencia y desaparece para todos los que todavía están en ella. Si imaginamos una autopista y el movimiento de automóviles en ella, diferentes vehículos se mueven a diferentes velocidades. Cambiar la velocidad de la autopista es un pequeño cambio en la frecuencia de vibración. Sin embargo, cuando un automóvil se convierte repentinamente en un dispositivo volador y comienza a volar en diferentes direcciones, ya es un cambio cualitativo en su condición y este es un cambio de vibración mucho mayor para el vehículo.

Nuestra noción de realidad actual también se puede definir como una hoja de papel, y para el futuro como otra hoja de papel, superpuesta a la primera, para obtener un cambio de movimiento, como en las primeras películas de animación. Los participantes en la imagen de la primera hoja hacen elecciones colectivas (en su mayoría inconscientes) sobre qué es la próxima hoja, es decir, cuál será su futuro. Por lo tanto, todos participamos juntos en forjar nuestro propio destino y en qué realidad queremos existir. Cuanto más sepamos de este proceso, de nuestra estructura enérgica y de las leyes cristic principales de la creación, más influencia y poder tendremos para determinar nuestro futuro y el de los colectivos con los que estamos conectados. Tales grupos son la familia, la nación, nuestra raza y la conectividad se expresa en nuestra pertenencia a los re-

---

116 Para más información Ieisha Ashayana " Doorways through time, 2009, disco 2
117 Traducción del inglés, "bleed through a time line"

spectivos escudos colectivos. En el proceso de bioregeneración de nuestra plantilla de ADN y, respectivamente, la restauración de la actividad completa de nuestra estructura de ADN, algunos individuos serán capaces de activar sus códigos temporales en la plantilla de ADN, lo que permitiría que se muevan por su propia voluntad en un futuro concreto o tiempos pasados, y concluir contratos para misiones cristic específicas.[118] Para aquellos lectores que estén interesados en más detalles sobre la mecánica del funcionamiento de los códigos temporales en la plantilla de ADN, pueden encontrar información en las notas mencionadas a pie de este capítulo. El hecho de que experimentemos las mismas líneas de tiempo, es decir, seguimos un curso evolutivo lineal y estamos fijados en un ritmo común de transición de una realidad de tiempo a otra (de un día para otro) no necesariamente tiene que ser constante. Además, las personas tienen el potencial, el don y la responsabilidad de vivir con conciencia multivectora (muchas personalidades en diferentes momentos) y viajar en el tiempo. Una de las condiciones para que una criatura bioregenere su ADN hasta el punto de poder viajar en el tiempo es entender cómo funciona el cristal Ekusha (la semilla de loto) en nuestra plantilla de ADN. Esta información se presenta en detalle en el primer CD del taller el "Despertar de Ketradon" celebrado en 2005.[119]

Otra información importante sobre el viaje del espacio-tiempo se presenta en los Talleres "Puertas en el tiempo" celebrado en el año 2009.[120] Explica la función del "Stalia de translocación", que se puede utilizar en viajes saadhi (meditación profunda). Estas técnicas se pueden usar cuando una persona tiene conocimiento de los mapas de probabilidad y puede determinar la ubicación a la que le gustaría viajar.

Tener esta capacidad es lograr una gran libertad, que también requiere una gran responsabilidad para su ejercicio.

---

118 Cosmic Clock Reset, Phoenix, USA, 2003, disk 1; Waters of ElAisa - May 2013, disk 3; The kethradon awakening, 2005, disk 1
119 Kethradon awakening, 2005, disk 1
120 Doorways through time, 2009, disk 1

Imagine por un momento que tiene la oportunidad de viajar en el tiempo y puede moverse a una realidad pasada o futura. ¿Cómo usaría este regalo? ¿Le importaría cómo influirá en ciertos procesos en un período histórico pasado o en un futuro dado? ¿Qué le gustaría aprender o simplemente ver de un evento en el pasado o en el futuro? ¿Le importaría si puede ir y venir a la misma realidad de la que viene? ¿Respetaría el derecho de los demás a formar su propio destino o les influenciará en el proceso de toma de decisiones?¿Pediría permiso a los seres responsables de este tipo de viaje en el espacio-tiempo y tomaría en consideración su rechazo o llamada para viajar?

Si aplicamos esta teoría de viaje espacio-temporal al momento actual, ¿cómo se sentiría si supiera que está aquí en este lugar y en ese momento, porque ha elegido hacer ese viaje, ha encontrado padres con los genes apropiados y se encuentra aquí? ¿Tiene esta sensación interior que le incita a descubrir quién es usted y por qué está aquí y cuáles son las tareas que acordó hacer, pero que ha olvidado ya que comenzamos nuestra vida sin esta información importante? Si viaja de alguna manera con una misión particular y de repente pierde la oportunidad de volver atrás y olvidar el propósito de su viaje, probablemente hay dos tareas para Usted: la primera es descubrir cómo regresar y la segunda - recordar la razón por la cual emprendió el viaje.

Imagínese ahora que usted es el objeto de tal contacto, y su destino es lo que le interesa a alguien (es muy probable que sea parte de su identidad multidimensional) porque este ser conoce la importancia de los tiempos en los que vivís y a su" Yo superior" le gustaría ayudarle personalmente. Esta ayuda, que normalmente se da por un ser crístic, suele estar relacionada con la provisión de conocimiento que proviene de usted y puede ayudarle a orientarse mejor sobre quién es usted, cuál es su origen y qué oportunidades tiene disponibles. La proporción de esta información es un derecho suyo, y la responsabilidad de cómo y si la usa, es su elección que será determinante para su existencia durante eones adelante.

Nuestra predisposición ante tales cambios y nuestra apertura a percibirlos como algo positivo, es importante para nuestra estabilidad psicológica y la posterior integración de una manera natural de lo que está sucediendo y de lo que está por suceder.

Aquí es importante distinguir el proceso de mutación del proceso de activación del ADN. Como sabemos, la mutación de las células es posible y se observa cuando hay diferentes influencias del entorno externo. Un ejemplo de tal efecto es la exposición a la radiación. La mutación es un cambio fisiológico no natural, y la activación del ADN es una recuperación natural del potencial invertido en las células. Aquí surge la pregunta de cómo distinguir qué fenómeno es natural y qué es una mutación artificial. El criterio de lo que es natural y lo que no lo es, es el modelo y la plantilla de ADN original para la especie en particular. Este conocimiento está vivo y se contiene en cada célula humana y su revelación causará una reacción interna positiva y un sentido intuitivo de la verdad.

El concepto de que las moléculas ADN actuales no están en su estado natural como resultado de una acción externa deliberada, no es popular en los círculos científicos. La razón es que, si se acepta como una hipótesis real, se deberían de reconocer las acciones deliberadas de las fuerzas externas para la mutación y la sumisión del hombre.

Por más desagradable y dolorosa que sea la historia humana de la Tierra, es mejor que las lecciones sean aprendidas para evitar los mismos errores en el camino de la evolución de los humanos.

La ciencia se desarrolla con la predisposición de que el entorno que observa es el entorno natural y el único posible, y que las normas en ella son normales. Por ejemplo, si observamos el reino animal en la Tierra, encontraremos que el modelo de que un depredador más fuerte se coma a los más débiles es predominante, y es lógico que la comunidad científica asuma que este es un comportamiento normal para los animales, y los científicos mismos no conocen otra manera.

La correcta interpretación de las interacciones entre los animales y la lucha entre ellos para sobrevivir es que se encuentran en un entorno en el que se ven obligados a actuar de esta manera y estimula sus instintos de supervivencia. Ese comportamiento no tiene por qué ser necesariamente así si se colocan permanentemente

131

en un entorno donde la energía se puede extraer de una manera diferente a la de comerse a otra especie. Tal ambiente existe en el universo tanto en la Tierra Interna como en otras realidades, y es el entorno natural en el que las especies no se comen para sobrevivir, sino que son breterianos, es decir, se llenan de energía de la Fuente Divina siempre eterna e inagotable, de la que todos somos parte.

Otro ejemplo importante de observación científica del entorno circundante, que concluye que este es un estado normal porque existe tal como es, encontramos en la astronomía. La suposición que hacen los astrónomos es que es normal y natural tener un agujero negro en el centro de nuestra galaxia. En una serie de conferencias[121], Ashayana y la Unión de Guardianes explican la historia de la separación de la Vía Láctea de Andrómeda (M-31) y que poner un agujero negro en su centro no es un fenómeno natural y es un problema para el desarrollo crístico de nuestra galaxia.

Muchas enseñanzas esotéricas nuevas dan ejemplos de la naturaleza de que son fenómenos naturales y la geometría "sacra" de ciertos objetos debe tomarse como un modelo de organicidad. En las enseñanzas de la libertad, se presta especial atención a cuáles son las proporciones primordiales naturales crísticas y de mercaba y cómo se relacionan con la red de catara de 12 centros. Al mismo tiempo, se presta atención a las formas de energía deformadas artificialmente que apagan la conciencia y la separan de su relación con sus partes superiores, predeterminándola así a detener su desarrollo y obligándola a extraer energía de otros seres.

En resumen, las formas conscientes naturales son aquellas que se basan en la red Catara con 12 centros y tienen el potencial (*independientemente de si está bloqueado*) para derivar energía ilimitada de la fuente, y las formas conscientes artificiales tienen deformada la red Catara con 11, 10 o 8 centros, son transitorios y se ven obligados a extraer energía de otros seres a través de su asimilación. A través de la activación del ADN, una gran parte de la humanidad y la civilización poco a poco será capaz de recuperar su estado natural,

---

121 E'Asha Ashayana, Ascension Mechanics workshop, project Camelot productions, 2010; The Milky Way mysteries - Amsterdam 2007

tanto en términos de biología física, como en términos de actitudes, valores, conocimiento espiritual, la estructura social y política.

Otro síntoma, que puede ser un signo de activación del ADN, son las pulsaciones cerebrales fuertes en diferentes ubicaciones de la cabeza. Estas pueden deberse a la apertura de nuevas redes neurológicas como resultado de nuevos procesos químicos para el cuerpo.

En el momento en que se escribió este libro, estos cambios no son un hecho para la mayoría de las personas, y probablemente les parezcan alocados y frívolos. Sin embargo, las personas que ya están experimentando estos procesos de transformación deben saber que estos son fenómenos naturales y tener una actitud abierta y curiosa hacia ellos.

Durante miles de años en la Tierra no ha ocurrido tal transformación, y la humanidad no tiene memoria colectiva consciente de que tales procesos son posibles.

Imaginemos por un momento que estos fenómenos están empezando a ocurrir y la mayoría de las personas no tienen información sobre sus causas. Se necesita información antes de que la transformación masiva se comience a percibir correctamente y sea menos impactante. Psicológicamente, cada persona experimentaría cambios físicos estresantes de esta magnitud, si no tuviera información sólida acerca de lo que está sucediendo y no construyera la actitud de que esto, aunque sea un evento radicalmente nuevo, fuera positivo.

Es esta actitud del individuo y la sociedad las que determinan el flujo armonioso de estos procesos de restauración del esplendor de la humanidad. La actitud positiva con mentes abiertas, las evaluaciones medidas de lo que está sucediendo, la curiosidad y el respeto por la realidad, estemos bien preparados para ello o no, son los requisitos previos necesarios para la sostenibilidad psicológica para enfrentar estos y otros desafíos futuros. Dicha actitud es necesaria a nivel individual, pero también es necesaria a nivel colectivo, a nivel de formación de políticas nacionales y supranacionales.

Suponiendo que este proceso de activación del ADN cambia significativamente la fisiología y la apariencia de un gran grupo de personas y despierta sus capacidades mentales, podemos esperar serios choques políticos y sociales si la sociedad no cambia la forma en que funciona. Este tema se ve en parte en cómics y películas de ciencia ficción, y proporcionan buenos puntos de partida para la reflexión sobre el tema. Cuando se desarrolla una historia en el campo de lo fantástico y lo irreal, la mayoría de las personas no tienen ningún problema tomarlo como algo entretenido, pero no encuentran sentido de tomarlo en serio, ya que para ellos es poco realista. Sin embargo, al colocar el tema en el ámbito de la realidad, uno comienza a sentir su complejidad y su carga psicológica, ya que el tema requiere un cambio interno sustancial de nuestras actitudes hacia el entorno que nos rodea, así como un cambio hacia nosotros mismos.

Es lógico preguntarnos por qué cambia el cuerpo físico de una persona y de qué depende cómo se producen estos cambios. Para ciertos cambios fisiológicos en el cuerpo de una persona, debido a la activación del ADN, existen causas biológicas específicas. Para responder a la pregunta de por qué nuestros cuerpos comenzarán a cambiar tan drásticamente, deberíamos responder a la pregunta de por qué nuestros cuerpos son como son. Como ya se mencionó, la biología humana es el resultado de la acción de los programas de ADN en el genoma humano que determinan el funcionamiento de todas las células, tejidos y órganos en nuestros cuerpos. El siguiente factor para comprender estos profundos cambios es adoptar una relación de tolerancia y aceptación de seres que no son de origen humano pero que han tenido la oportunidad de nacer en cuerpos humanos.

Este tema también parece ser bastante chocante y alocado para la mayoría de las personas, ya que estamos acostumbrados a dar por sentado que las personas pueden ser de diferentes razas, pero el tipo de representantes de la humanidad no cambia o cambia muy lentamente.

En el capítulo cinco hablamos de la historia de nephedimos, sus orígenes y asociación con grupos draconianos de dimensiones superiores con intenciones predominantemente inhumanas y actitud dominante. Debe enfatizarse aquí nuevamente que las dimensiones superiores no necesariamente significan una relación más armoniosa y la actitud de Cristo. También hay muchos ejemplos de representantes raciales que han tenido la oportunidad de vivir en un cuerpo humano. Cuando se trata de representantes de razas que han perdido el contacto con la dimensión 12 y su identidad, la causa del nacimiento en un cuerpo humano se asocia más a menudo con la posibilidad de biogénesis de los códigos de ADN de ese ser, o de la raza dada.

Esto significa que la criatura ha deseado esa restauración y ha sido autorizada por colectivos de las dimensiones superiores que son responsables de los tipos de seres que nacen en la Tierra. La forma en que esta criatura ejerce su libre albedrío y la veracidad de sus intenciones depende de si podrá completar el proceso de bioregeneración y aprovechará la oportunidad para regresar a la luz viva. Si los seres nacen de grupos estelares con potenciales bloqueados de Cristo, también tienen su propio avatar humano y el cuerpo humano que han recibido es una oportunidad para romper con el control manipulador o la esclavitud de sus amos de las dimensiones superiores. Estas criaturas se enfrentan a una elección fatídica para decidir si están dispuestas a renunciar a su deseo de control con el que están programadas y a reemplazarlo con amor, respeto e igual cooperación.

Además de los representantes de razas que necesitan bioregeneración, existen otras razas en cuerpos humanos de dimensiones superiores a la 12ª, las llamadas razas índigo cuyo papel se considera por separado en el capítulo anterior y las razones por las que están en la Tierra se describen en el mismo. Por lo tanto, en el presente, vivimos en un mundo en el que el cuerpo humano es una forma y un traje de muchas razas, y la humanidad en su forma actual es diversa y colorida. Al aumentar la frecuencia de activación del ADN en el planeta, respectivamente, de todas las especies, estas criaturas comenzarán a adquirir el aspecto que originalmente está incrustado en su plantilla de ADN y que no debería entrar el pánico ni entre ellas ni entre las demás personas que no experimentan tales cambios ... todavía. El telón se cae y se acerca el fin del espectáculo.

Cuando uno trabaja a propósito para limpiar sus cuerpos sutiles y su código de ADN, él / ella ayuda a limpiar los cuerpos sutiles de todos los demás aunque no les importe esta información y para quienes parece atemorizante y no lo suficientemente serio como para para prestarle atención. Los cambios se deben al hecho que todas las personas estamos conectados a través del escudo racial por lo que influimos y somos influenciados por lo demas.

Es importante destacar que el trabajo con propósito a través de la visualización y técnicas descritas en Catara y tantriara, uno afecta directamente a sus parientes biológicos. Utilizando técnicas de catara, después de 2013. y las frecuencias de Ileisa, ayudan a eliminar los bloqueos para que los procesos de activación del ADN sean más suaves e indoloros al cambiar la estructura del cuerpo. Las frecuencias de Ileisa son un código que forma parte del código de Cristo. Estas frecuencias provienen de un nivel de Cosmeas llamado Sol-8.[122]

Con unas pocas técnicas simples que toman diez minutos al día, uno puede ayudar a activar de forma segura su ADN y evitar complicaciones que puedan causar bloqueos actuales en nuestra genética.

La activación del ADN tiene una conexión directa con el desarrollo espiritual del hombre y la integración de frecuencias más altas.[123] A través del proceso de recopilación y conformación de los hilos ADN latentes, comenzamos a integrar las frecuencias del campo morfogenético global en nuestro campo morfogenético personal. Como resultado de esta activación, un gran número de personas están experimentando una ampliación de la conciencia, lo que puede llevar al desarrollo de capacidades de clarividencia, a la aparición de recuerdos de encarnaciones paralelas del pasado o del futuro.

Para muchas personas que están estrictamente educadas en tradiciones religiosas que niegan la existencia de otras vidas, probablemente será difícil aceptar tales realidades. Sin embargo, es aún más difícil cuando las imágenes de encarnaciones de otros períodos

---

122 E'asha Ashayana, Waters of Eleisa, 2013, disk 1
123 E'Asha Ashayana, Voyagers 2, Secrets of Amenti , 2002, p.156

de tiempo surgen constantemente en la mente de una persona con tal educación religiosa. Esta no es una etapa inicial de locura o imaginación intrusiva, sino un proceso natural que puede y debe manejarse para no dañar nuestra vida actual, sino al contrario, para facilitarla y enriquecerla. Lo que sucede es la integración de nuestras áreas multidimensionales - nuestra alma, nuestro avatar y nuestra sobre-alma. Este proceso implica la limpieza de las acumulaciones kármicas que hemos vivido o, más precisamente, las que estamos experimentando en este momento en la realidad de tiempo paralelo nuestras partes restantes. Comenzando a entender el tiempo como episodios separados que se proyectan al mismo tiempo, gradualmente tomamos conciencia del karma como un enlace de energía directa entre un episodio y otro episodio, entre una vida con otra vida.

Cuando mencionamos vidas paralelas, es importante aclarar en qué medida somos estas vidas. Si tenemos la inclinación de culpar a una persona con la que sentimos estar conectados en otra época, entonces experimentaremos un gran sentimiento de culpa, impotencia y autoacusación, lo que no nos llevará a desentrañar el nudo kármico y liberarnos del camino desarmónico que el alma ha cogido. Al mismo tiempo, no sería fácil superar los errores, y muy a menudo las graves caídas espirituales que se han cometido. Cada uno de nosotros es una personalidad diferente de un individuo en otras encarnaciones, pero se puede decir que somos responsables del aprendizaje de lecciones y comprensión de los errores cometidos como otra personalidad en diferentes circunstancias y con diferentes visiones del mundo que en la actualidad. Podemos comparar una evaluación de una situación y/o reacción, de cuando éramos niños, adolescentes o adultos, que han adquirido experiencia. Si recordaramos cómo respondíamos a una situación cuando éramos niños, es probable que hoy en día, como adultos, reaccionaramos de una manera distinta. Sin embargo, en nuestro subconsciente, consideramos al niño como una parte de nosotros que está en desarrollo y no como algo diferente y extraño.

La activación del ADN conduce a una expansión de nuestras percepciones, no solo de las encarnaciones pasadas y futuras, sino de lo que está sucediendo en este momento. Al integrar los hilos de ADN, la conciencia del hombre comienza a percibir y comunicarse gradualmente con la conciencia de los animales, las plantas y los cristales. Hoy conocemos a los diferentes místicos que han llegado a esta comunicación y que podrían llamar a los animales y hablar telepáticamente con ellos: a través de la activación masiva del ADN, ¡esta comunicación será una práctica habitual!

Al igual que en muchos cuentos y leyendas, personajes son capaces de comunicarse con la montaña, el bosque o animales en ellos, la gente también se va a abrir gradualmente más y más de este tipo de comunicación, lo cual es un requisito previo para muchos otros cambios significativos en nuestras vidas hoy en día.

Cuando nos comunicamos con alguien, comenzamos a percibirlo como un sujeto, no un objeto, o por lo menos esta debería ser la evolución natural de la relación. A través de la comunicación comenzamos a percibir la personalidad del interlocutor, sus rasgos de carácter, lo que es agradable y desagradable para él y debemos construir relaciones de respeto y comprensión. Intente imaginar por un momento lo que sucedería si las personas comenzaran a escuchar telepáticamente las plantas y los animales. En las percepciones modernas de la civilización humana, incluidas las regulaciones legales, los animales y las plantas se tratan como pertenencias. De manera similar, la Tierra es vista como un recurso, no como un ser vivo, con el cual estamos en una relación simbiótica. El desarrollo de la conciencia ambiental no solo debe estar dirigido a aumentar el uso de los recursos en el planeta, sino también a la etapa de percibirlos como individuos con su propia individualidad y derechos. Entonces entenderemos que algunas especies animales son muy avanzadas y tienen diferentes habilidades, como la curación y la proyección fuera de su cuerpo físico a través de la cual viajan a otras dimensiones.

Es importante tener en cuenta que en el presente, algunos guardianes raciales envían a sus representantes a nacer como animales. Este es el caso de los guardianes de las razas Haatour y Elohai, que nacen en algunos gatos.[124] Algunas especies marinas

---

124 Doorways through time, 2009, disk 1

también son muy importantes para las activaciones energéticas de la Tierra.

Dado que las personas todavía necesitan extraer energía de las plantas y los animales comiéndolas, construir una relación natural y armoniosa de respeto por su derecho a existir es un proceso a seguir, no una solución de hoy para mañana. No sería razonable ni tampoco posible dejar de comer inmediatamente. Lo que podemos comenzar a cambiar es nuestra actitud hacia otros seres vivos y enriquecer el entorno en el que viven por su propio bien, y no por nuestros propios motivos egoístas.

Casi toda la industria alimentaria está realizando acciones que dañan la salud de los animales y las plantas para poder cultivarlas, matarlas, cortarlas, empaquetarlas y venderlas más rápidamente. El proceso de expandir la conciencia hacia la empatía con otros seres vivos y la comunicación telepática con ellos requiere una transformación dolorosa pero absolutamente necesaria de nuestra actitud hacia los reinos vegetal y animal. En primer lugar, esta transformación se llevará a cabo individualmente para cada persona y luego se volverá universal.

En las conferencias de Ashayana para explicar la plantilla de ADN a partir de la cual se manifiesta la estructura del ADN, queda claro que uno de los mayores problemas que la gente esta creando para otras especies es la experimentación científica y su clonación. Esto se debe a que los científicos modernos probablemente no se dan cuenta de que las nuevas formas genéticas no naturales que crean son una trampa para la conciencia que ingresa en ellos, y muchas veces es imposible continuar su evolución. Este es un ejemplo de que cuando la ciencia no se desarrolla en la dirección de la unidad espiritual de todas las partículas (*una conclusión alcanzada por la física cuántica*), sino que solo ha adoptado una visión del mundo de que los objetos de investigación son simplemente objetos reemplazables y utilizables, habrá consecuencias catastróficas para la civilización moderna. No es una coincidencia que muchas personas hayan sufrido experimentos genéticos y actitudes inescrupulosas, y los extraterrestres que las llevaron a cabo han estado ansiosos por enriquecer su potencial genético.[125] La respuesta kármica al mal uso y maltrato de animales y plantas se obtuvo rápidamente para los humanos, y la invasión silenciosa de extraterrestres, conocida como Zeta (los pequeños grises) en los años 80 y 90, dio lugar a una serie de casos documentados de experimentos genéticos con humanos y animales. Esta es otra página difícil de leer de los cambios que hemos visto en las últimas décadas, pero es importante señalar la relación entre los eventos. La activación del ADN es un proceso que afecta a todo el planeta y afecta a todas las especies biológicas en la Tierra en términos de sus características externas. Si las visiones de una persona de sus encarnaciones son sus manifestaciones internas personales que pueden juzgar cómo evaluar y compartir con los demás, los cambios físicos del cuerpo son algo tangible y visible y no se pueden ocultar. A primera vista, la idea de despertarse una mañana, mirar en el espejo y ver cambios sustanciales en nuestro cuerpo parece una locura.

Estamos acostumbrados a pensar en los cambios en nuestro cuerpo solo en la dirección del crecimiento cuando somos niños, en el envejecimiento, el cambio de peso, el volverse canoso. Sin embargo, no estamos acostumbrados a observar cambios en el color de nuestra piel, la aparición de un sexto dedo o un aumento de altura de un metro. La mayoría de las personas se sorprenderían de tales cambios, y aunque los acepten, imaginen cuál sería la reacción de las personas que los rodean. ¿Cómo reaccionarán las personas más cercanas a usted, sus compañeros de trabajo o sus compañeros de clase? Ahora imagine cómo reaccionarían los periodistas, los organismos estatales, y por cuánto tiempo esta pregunta seguirá siendo su pregunta personal? Cuanto tiempo tardarían en convertirle en protagonista en las noticias como un ser impredecible con anomalías, a quien hay que temer? Si esto sucede, ¿en qué medida la ley garantiza sus derechos? ¿Puede tener derechos humanos si no encaja en las ideas de la mayoría de las personas? La respuesta a estas preguntas

---

125 Para más información sobre la clonación y las razas zeta, ver en "E'Asha Ashayana, Voyagers: Sleeping abductee I", Wild Flower Press,2002, 39- 49, Dance for Joy, 2003, disco 5

es, por supuesto, afirmativa, y las personas que primero sufren esta transformación deben ser apoyadas, entendidas y respetadas como iguales.

¿Estamos preparados, cada uno de nosotros y la sociedad en general para tales cambios? Seguramente no es suficiente, pero la reacción de un avestruz que entierra su cabeza en la arena no evitará las consecuencias y no eliminará los desafíos. Hay soluciones que no son tan complicadas.

La condición más importante es que cada persona sea responsable de su integridad interna y no tenga miedo o pánico, sea agresivo y tenga odio hacia sí mismo o en contra de las personas; que evalue la información entrante sin dejar que otro forme su opinión desde la posición de autoridad, sin argumento y actitud respetuosa detrás de estas tesis. Una buena conciencia de lo que está sucediendo a nuestro alrededor es la predisposición para una buena integración psicológica de los cambios de esta magnitud. La actitud de tolerancia y apertura a los grandes cambios debe ir acompañada de escepticismo constructivo y fundamentación en la evaluación del medio informativo.

En términos espirituales, es importante si la activación del ADN se realiza con una orientación crística (de acuerdo con la Ley de Unidad) o en una forma no humana (de acuerdo con el principio de dividir y gobernar). Por ejemplo, la activación de una tercera cadena de ADN que corresponde a un tercer chakra, un tercer centro de catara, una tercera dimensión y un tercer cuerpo mental aumentará la capacidad de racionalizar, analizar, comprender y formular conceptos más complejos. Si el individuo está conectado a su Yo cristic y reflexiona desde una posición de unidad a la vida, sus poderes intelectuales se usarán de acuerdo con la Ley de Unidad, y las creaciones serán constructivas. Sin embargo, si el individuo no ha desarrollado la conexión con su Yo cristic, sus ideas y manifestaciones creativas intelectuales pueden ser destructivas y poderosas. De manera similar, la activación de hilos superiores, como el cuarto hilo de ADN que corresponde al plano astral, puede llevar a una mayor integración y libertad espiritual o desintegración y abuso del poder espiritual. Catara y tantriara proporcionan técnicas de sonido y luz para interactuar de forma segura con las cadenas de ADN para eliminar bloqueos y daños. La técnica fundamental para trabajar con la activación del ADN y vincularla a nuestro avatar de Cristo se llama *activación del escudo maharic*.[126]

Como se señaló anteriormente, el proceso de activación del ADN desbloquea en una persona diferentes programas biológicos que contienen códigos. Estos códigos descienden a las redes de la Tierra en diferentes puntos del planeta, y cada persona es impulsada por un impulso interno a visitar una ubicación particular para dejar sus códigos exactamente donde se necesita en ese momento.

En una serie de conferencias[127], también se explica la forma en que se transmiten los códigos humanos a su escudo y a las redes del planeta. Una forma de transmitir códigos es crear vibraciones en la Tierra creando un ritmo específico. El uso de instrumentos de percusión en la antigüedad durante los rituales espirituales tenía exactamente ese propósito: la creación de una secuencia de ciertas vibraciones que se envían a las redes de la Tierra. Estas vibraciones son los códigos que determinan qué línea de tiempo se adjuntará a la situación respectiva, al individuo, al grupo o al planeta entero. El conocimiento del uso de instrumentos de percusión como un medio para determinar el futuro se devuelve a las personas y a quienes están dispuestos a recibirlo para conectarse con una línea de tiempo más favorable y armoniosa.

En diferentes culturas que conocían el poder de usar una cierta secuencia de ritmos, varios instrumentos de percusión se usaron para la recuperación de energía y curación. Esto sucedió cuando se crearon los llamados círculos con tambores. La persona que recibía la ayuda se colocaba en el centro del círculo, mientras que todos los demás participantes activaban ciertas frecuencias en sus cuerpos y

---

126 E'Asha Ashayana, Kathara bio-spiritual healing system manual, level 1, 2000, pp.131-136
127 The Milky Way mysteries" workshop- Amsterdam, 2007; Doorways through time, 2009

tocaron los tambores a un cierto ritmo, dirigiendo sus vibraciones hacia él / ella.[128]

Como cualquier otra fuerza, las vibraciones de codificación por ritmo se pueden usar con fines poco humanos y no es una coincidencia que los ejércitos en el pasado hayan usado un ritmo específico con el que entaban en batalla.

Usos similares también incluyen danzas sagradas que se llevan a cabo y el uso de los pies para la introducción de un ritmo determinado.

Hoy en día, desde el punto de vista de la ciencia moderna, el propósito de los rituales y danzas espirituales parece extraño e incomprensible, su papel se considera simbólico y está vacío de contenido. Muy a menudo, los participantes en los rituales, que realizan los movimientos y crean el ritmo, tampoco son plenamente conscientes de su propósito y función, pero intuitivamente (*conducidos por su identidad en un universo armónico superior*) actúan en consecuencia. Para poder usar efectivamente tales métodos y lograr resultados reales con ellos, es necesario tener un excelente conocimiento de los vectores del tiempo, así como un canal limpio con su avatar de Cristo para dirigir el proceso. Entonces, realizar una danza sagrada e introducir un ritmo en las redes de la Tierra es más fuerte que el ejército de cualquier planeta y puede desencadenar o prevenir grandes eventos planetarios.

Después del año 2000, cuando se lanzó el ciclo de activación estelar, fueron precisamente los rituales mercaba de personas índigo, realizadas en el momento correcto por personas con los códigos de ADN correspondientes, que impidieron una mayor escalada de la acción militar en el Medio Oriente.[129] Estos rituales pueden ser muy potentes. El hecho de que parezca inverosimil para la mayoría de las personas es una actitud que impide que se contrarreste el rendimiento energético de estas danzas y ritmos sagrados.

La activación del ADN cambiará la comprensión actual del estado estático de las moléculas de ADN. La opinión pública pre-

---

128 Doorways through time, 2009, disk 3
129 The Arthurian Roundtables - Nibiruian Checkerboard Mutation, 2001, Disk 2

dominante opone la biología al libre albedrío, la predestinación innata total contra la libertad total. Una serie de doctrinas psicológicas exploran la genética como una predestinación estática, que forma parte del carácter de una persona, y el resto la atribuye al entorno social.

En catara y las doctrinas de la libertad, la biología y la predestinación del ADN no se ven como opuestas al libre albedrío y la influencia del entorno social en el individuo. Esto se debe a que el entorno externo y nuestra elección libre cambian la plantilla de ADN y la acción de los programas de ADN. La evidencia de este hallazgo también se encuentra en los logros de la ciencia moderna, que dejan claro que las moléculas de ADN están cambiando como resultado del cambio en los campos geomagnéticos de la Tierra.

Por lo tanto, cuando cambiamos nuestras actitudes, cambiamos la forma en que funciona nuestra biología. Esta conclusión debe enfatizar que, en última instancia, somos responsables de la realidad en la que nos encontramos y, al ampliar nuestro conocimiento, podemos tomar una decisión cada vez más informada para cambiar esta realidad, que también se reflejará en nuestra plantilla de ADN.

Nuestro karma personal está entretejido con el karma de nuestra gente, con el karma de la humanidad, y en el presente se está levantando. Gran parte de los nudos kármicos con nuestro pasado han sido purificados, y otros están a punto y tienen el potencial de ser purificados. ¿Podemos ser verdaderamente libres si no conocemos la ley natural de las relaciones kármicas? Es derecho y oportunidad para cada uno de nosotros reconocer y elegir la trama en la que desea participar y obtener la experiencia que desea, no ser víctima de un impacto que ni siquiera sospecha.

El resultado final de la activación del ADN para una persona es lograr los talentos innatos que posee. Esto significa que una persona en esta etapa de desarrollo no necesitará un refugio, ya que puede ser demanifestada cuando quiera y reaparecer a voluntad, donde quiera y donde tenga acceso. Tal persona no necesita calor o frío artificial porque siempre puede regular los procesos en su cuerpo con el poder de su pensamiento. Además, no se necesitarán medios de transporte externos porque el ser humano en este nivel activa su mercaba, y casi instantáneamente se puede encontrar en otra parte del universo. La capacidad de materializar objetos con la mente de uno es la siguiente habilidad importante de la libertad y la creatividad. ¿Se imagina lo que pasaría con una economía moderna basada en la limitación de la riqueza si existiera al menos una persona así?

Imaginemos por un momento que llegamos a este nivel de activación de ADN y pensemos en lo que necesitaríamos entonces y cuál sería la fuerza motriz en nuestras vidas. La respuesta honesta que todos se darán a sí mismos revelará nuestra verdadera actitud ante la vida.

CAPÍTULO 8

LOS TEMPLARIOS DE LA TIERRA

De lo que conocemos de la historia de diferentes civilizaciones en la Tierra, hay muchos lugares sagrados que se han utilizado como lugares de culto, rituales, y sobre algunos de ellos se han levantado diferentes edificios u objetos.

Los lugares, así como los rituales y edificios no son solo símbolos aleatorios, sino que tienen un propósito funcional específico y se han utilizado para diferentes propósitos.

Así como el cuerpo humano está construido sobre la base de la red de Catara, con centros de catara y chakras, la Tierra también tiene su red de catara, respectivamente, puntos que corresponden a los centros de catara y chakras.

Los chakras de la Tierra se denominan puertas estelares (sistema de puerta estelar) y los centros de catara: zonas designadas por los templarios.[130] Los centros principales de la puerta estelar son 12 como el número de áreas designadas por los templarios. Estos son los 24 centros principales de la Tierra, que están interconectados a través de la energía y forman parte del sistema de energía multidimensional orgánico del planeta, que se llama **templario en la Tierra**. También hay muchos centros secundarios y terciarios en nuestro planeta, pero estos son los principales porque a través de ellos se accede a diferentes dimensiones cuando se activan.

Hace millones de años, desde el momento del primer asentamiento con la raza humana angélica, el templario terrestre fue utilizado por los humanos como el principal sistema de energía, comunicación y transporte. Diariamente, un equipo de personas, conocido como el "Equipo de Seguridad del Templario", utilizó técnicas para gestionar los flujos de energía activando un mercaba para alimentar

---

130 Traducción propia del inglés "Templar cue site" , más información en Dance for life manual, 2002, pág.84-86

146

el sistema de energía.[131] El conocimiento del templario de la Tierra era bien conocido por los humanos, que ejercían su relación sagrada con el planeta y podían usar este sistema de energía natural y libre para sus necesidades. La administración del sistema principal de la puerta estelar de la Tierra permitía a las personas cambiar el clima del planeta y regular las estaciones cuando fuera necesario. Las puertas de enlace también se utilizaron para navegar instantáneamente por la Tierra. Las civilizaciones antiguas de los humanos también habían utilizado el templario para mantenerse en contacto con civilizaciones de otros sistemas estelares y otras dimensiones.

Las personas fueron identificadas como futuros guardianes del templario de la galaxia, y esta era una tarea espiritual responsable, de la cual dependía la existencia humana pacífica de muchos sistemas en la Vía Láctea y en Andrómeda. El templario tiene una conexión directa con nuestro veca sistema ya que la Tierra es la tercera puerta estelar veca que es la "puerta" de la tercera dimensión, pero también de todo el primer universo armonico.

Como se mencionó anteriormente, la Tierra se encuentra en el último ciclo de activación estelar de los portales, y la información proporcionada por Ashayana y la Unión de Guardianes es clave para comprender qué sistemas stargate están activos, cómo funcionan, a dónde conducen y qué esperar como un cambio de energía.

El conocimiento del templario fue buscado por varias fuerzas que querían dominar la Tierra y buscaron diversos artefactos relacionados para gobernar los portales. La información sagrada sobre el uso de los portales estelares en la Tierra es el hilo de plata de la historia de la humanidad. Gran parte de las guerras y la lucha por el territorio entre diferentes organizaciones está motivada precisamente por el dominio de un portal o área designada por los templarios que se utilizará para los intereses de un grupo en particular cuando ocurra el ciclo de activación estelares en la Tierra. ¡Así fue en el pasado, y así sigue siendo hoy!

El propósito de este libro no es nombrar qué órdenes, gobiernos, partidos, movimientos o clanes están asociados con diferentes

---

131 E'Asha Ashayana, Master Templar Mechanics Level 1, p.3, 2001

grupos de seres multidimensionales. Ashayana, el portavoz oficial de la Unión de Guardianes, revela en gran parte esta información para advertir a todos los que deciden sobre el destino de sus colectivos. Para obtener más información sobre los motivos principales para librar la guerra y conquistar territorios, consulte los siguientes talleres:

1. One World Order Rising, 2001
2. The United Intruder Resistance „Michael-Mary" Turnstile Matrix, 2002.
3. Dance for freedom, part 1,2003
4. Dance for freedom, part 2,2003

Durante cientos de miles de años, el conocimiento de la ubicación y las funciones del templario fue un secreto estrictamente guardado. Cuando un grupo que actúa egoístamente y únicamente al servicio de sí mismo, tiene información sobre la gestión del clima de la Tierra, eso amenaza a todas las demás comunidades del grupo que ella reconoce como enemigas. Todas las especies estarían potencialmente amenazadas si tales grupos tuvieran información detallada sobre el control del templario de la Tierra.

La diferencia hoy es que esta información es necesaria para todas las personas para que la comprendan y se preparen conscientemente para los cambios de energía y civilización de la época en la que se encuentran. Solo de esta manera se puede hacer una elección consciente del sistema en el que se quiere seguir viviendo.

Además de interactuar con los flujos de energía y las puertas en la galaxia, el templario de la Tierra también está asociado con el ritmo interno de cada organismo vivo en el planeta. Cada planta, animal y cada ser humano se construye sobre la base de la red de catara que está conectada a los centros de la Tierra. Esta es una manifestación de la unidad del macrocosmos y el microcosmos, y el conocimiento de templario es de vital importancia para el desarrollo espiritual de cada individuo.

La energía vital que fluye en el templario de la Tierra, se dirige hacia el templario interior de cada persona e influye en su cuerpo físico, emocional, mental y otros cuerpos sutiles. Si el templario está dañado, entonces la falta de armonía también se producirá en todas las especies. Como se mencionó en el capítulo cinco, el templario terrestre no funciona bien a partir del año 208,216 aC.

Ashayana y la Unión de Guardianes brindan información detallada sobre la diferencia entre la puerta estelar (stargate) y la zona designada de los templarios, la relación entre ellos y dónde se encuentran exactamente estos 24 centros de energía principales.[132]

Las 12 principales puertas estelares en la Tierra son:

1. Halley, Polo Sur
2. Sarasota, Florida, Estados Unidos; hay una conexión con Jerusalem
3. Las islas Bermudas
4. Gizeh, Egipto
5. Machu Picchu, Perú
6. Moscú, Rusia
7. Lago Titicaca, Perú
8. Xian, Shanghai, China
9. Bam Tso, Tibet
10. Abadon, Irán
11. Pussey Valley, Yorkshire, Inglaterra
12. Montségur, Francia

Las 12 áreas de la Tierra designadas por los templarios que corresponden a los respectivos portales estelares son:

1. Chipre
2. Isla de Pascua
3. Johannesburgo, Sudáfrica
4. Aguascalientes, México
5. El Vaticano
6. El desierto Thar, India

---

132 E'Asha Ashayana, Voyagers 2, Secrets of Amenti , 2002, pp.508,509

7. *Isla Paxos, Grecia*
8. *Taklamakan Lop-Nor, China*
9. *Westbury, Inglaterra*
10. *Basra, Iraq*
11. *Isla Eye, Irlanda*
12. *Isla Kawai, Hawai*

Para activar un stargate antiguo, es necesario activar de antemano la zona correspondiente del templario. Lo común de las 12 áreas designadas por los templarios es que están ubicadas en lugares que tienen acceso directo a los templos cristalinos de la Tierra Interna. Estos templos cristalinos se crearon hace 3 millones de años y regulan el flujo de energía en las redes de la Tierra que han sufrido graves daños.[133] Si los requisitos previos necesarios están presentes, se toman acciones para enviar frecuencias a las zonas designadas de los templarios, y luego esta energía es recibida por el portal estelar respectivo y se activa. Esto permite la penetración de frecuencias desde las dimensiones correspondientes en las redes de la Tierra, y luego su penetración gradual en todas las especies, incluidos los humanos.

Debido a la conexión entre el templario interior de cada persona y el templario terrestre, todos pueden aprender a influir favorablemente en la dinámica energética de la Tierra. Como ya se mencionó anteriormente, los potenciales de ADN humano permiten la transmisión de frecuencias de la 12ª dimensión (frecuencias de Cristo Maharata) e incluso más altas. Esto es importante para la adaptación de la Tierra al Ciclo de Activación Estelar, que ya está bajo la guía de los Consejos Maestros de Mashaia-ha-na, y es la última evacuación de Cristo de esta galaxia. Este proceso continuará durante los próximos 900 años y sus detalles se describen en el capítulo once.

Si observamos los 24 puntos, nos daremos cuenta de que muchos de ellos han sido, y algunos siguen siéndolo, puntos calien-

---

133 E'Asha Ashayana, Workshop -"The Arthurian Roundtables - Nibiruian Checkerboard Mutation", 2001, disk 1

tes en los que hay batallas feroces para intentar controlarlos. Mucha gente se haría la pregunta de si esta información fuera cierta, por qué sería importante para diferentes países, imperios y órdenes? El poder de establecer y eliminar fronteras que las personas ni siquiera saben que existen es mayor, más sutil y más responsable que el gobierno directo de un pueblo, etnia o raza. Esto se debe a que la apertura y el cierre de ciertas puertas estelares depende de qué energía pulsará en el núcleo del planeta y afectará a todos. El control del portal determina qué criaturas y razas de otras dimensiones podrán interactuar con la civilización humana. La gestión adecuada también depende de si habrá terremotos en la Tierra cuando integre las frecuencias que descienden a ella. Por último, pero no menos importante, el manejo del templario de la Tierra está directamente relacionado con la ascensión en los universos armónicos superiores de aquellos seres que tienen potenciales biológicos para ello.

Como cualquier autoridad, el abuso y la gobernabilidad son posibles aquí, lo cual no es del interés de los gobernados. Cuando esto sucede en relación con los portales estelares, las consecuencias son poco armoniosas para el curso de la evolución de todo el planeta. Comprender el significado de los Portales Estelares en la Tierra es un paso necesario hacia una mejor comprensión de la conexión directa de una persona con la Tierra, el sistema solar, la galaxia y toda la creación del Absoluto.

El conocimiento del templario de la tierra y su papel como un sistema de energía unificado y libre, nos asegura que existe una posible interacción con la Tierra, que no agota sus recursos de manera irreversible y crea una relación basada en la reciprocidad y el respeto en lugar de la explotación incontrolada. La información sobre la acción del templario es proporcionada por Ashayana y la Unión de Guardianes con la esperanza de que se utilice de acuerdo con las leyes espirituales y científicas naturales del campo morfogenético único. Esto significa tener una actitud de respeto y cooperación en lugar de una lucha por la supremacía, abandonando el modelo de "sobreviven los más fuertes".[134]

---

134 E'Asha Ashayana, Master's templar stewardship initiative and the grail

A través de este conocimiento, podemos explicar a qué dimensiones dan acceso ciertos centros de energía y cuál es el propósito funcional de ciertos edificios en ellos.

Cuando un lugar se convierte en un destino popular para la peregrinación religiosa o atracción turística, muchas personas acuden a él. Sabiendo que cada persona es una unidad de energía única con su programa de ADN específico, tenemos una idea más clara de que las visitas de grandes masas de personas representan una gran cantidad de energía que se utiliza para satisfacer los deseos de quienes controlan un portal u otro centro importante. No es necesario que esta energía se use con propósitos crísticos, y si uno quiere estar seguro de que no habrá interferencia de energía en una visita determinada, debe activar su escudo mahárico antes de visitar un lugar de interés o un sitio turístico. Si siente una fuerte necesidad de visitar un lugar determinado, el impulso para esta visita es agradable y siente que está dictado por su identidad superior (alma, sobre-alma o avatar) y no por el hecho de que el lugar sea popular o una religión determinada lo obligue, es muy probable que tenga una conexión sagrada con las redes de este lugar en la Tierra o la necesidad de construir una.

Uno de los lugares de mayor interés que se ha convertido en una de las principales atracciones turísticas es la Pyrámide de Kheops, también conocida como la Gran Pyrámide. Como se indicó anteriormente, Gizeh es el portal estelar número 4 del templario de la Tierra, que es el equivalente al cuarto chakra del corazón del planeta. Esto significa que la pyrámide se erige en un lugar que es la puerta principal de la cuarta dimensión, también conocida como el plano astral.

La Gran Pyrámide fue construida por primera vez en el año 46,459 aC. con la ayuda del Consejo de Sirio, que deseaba demostrar su apoyo a la gente en los difíciles momentos de invasión de las legiones de las razas anunnaki e illuminati draconianas.[135] El propósito de la pyrámide no era ser un sepulcro, una conclusión

quest signet roundtables.2001 p.75
135 E'Asha Ashayana, workshop "Egyptian lectures - Awakening the Flame of Orion", 2002, disk 2

a la que ya han llegado muchos egiptólogos e investigadores. La pyrámide se usó como una estación de teletransportación del segundo al primer universo armónico, donde los guardianes de Sirio B podrían aparecer en las naves para proteger a los humanos del ataque de las razas de leviatán illuminati.[136] La Gran Pyrámide se derrumbó dos veces y se levantó nuevamente y su aspecto actual es el tercer monumento. La esfinge también fue construida en ese período hace alrededor de 48.000 años y se encuentra encima del portal de la Tierra Interna.

La segunda elevación de la Gran Pyrámide fue aproximadamente en el año 10.500 aC, pero esta vez estaba vinculada a Alcion, la constelación de las Pléyades, y una vez más se usó como una estación de teletransportación.

La primera y la segunda elevación de la Gran Pyrámide no fue hecho con fuerza viva por la transportación de piedras por parte de los trabajadores o esclavos, sino por un dispositivo tecnológico llamado ankh. El ankh es la popular cruz egipcia con un mango y una cabeza elíptica que se usó en los tiempos de la Atlántida como generador de energía con la ayuda de los monumentos que se erigieron. Precisamente con la ayuda de este instrumento en la antigüedad han sido erigidos muchos monumentos, de los cuales la ciencia actual no puede dar respuestas claras.

---

136 Ibid.

Ankh

Había ankhs de varios metros y también de varios centímetros de tamaño. En esencia, eran máquinas que podían cambiar el electromagnetismo entre las dimensiones y podían cortar piedras con una precisión y ligereza y luego nivelarlas en la dirección y ubicación deseadas.[137] La realidad de esta tecnología no fue un descubrimiento científico sino un regalo de las razas de los universos armónicos superiores.

Si intentamos analizar cómo una tecnología de este tipo influye en el desarrollo de una civilización, descubriremos por qué en la antigüedad había enormes monumentos que fueron cortados con precisión "láser". La presencia de tecnología del ankh cambia completamente nuestra comprensión de la construcción y organización social de la civilización. No eran necesarios decenas de miles de trabajadores o esclavos como mano de obra. La posibilidad de cortar fácilmente una piedra u otro objeto da la libertad de elegir qué

---

137 E'Asha Ashayana, workshop "Egyptian lectures - Awakening the Flame of Orion", 2002, disk 2

material usar para la construcción de un determinado edificio. La levitación del objeto hacía posible la construcción rápida sin necesidad de utilizar caminos transitables ni grúas altas. La construcción de diques, casas, templos y palacios no fue un problema para las civilizaciones de estos tiempos remotos. Para ellos era muy importante proteger su tecnología y no abusar de su fuerza.

Cualquier tecnología puede ser usada con propósitos tanto creativos como destructivos. La tecnología ankh se podría usar con consecuencias muy perjudiciales para las redes de la Tierra, y cuando los representantes de la civilización Atlántida decidieron utilizar ankh y tecnologías cristalinas para adueñarse de los portales, éstas causaron un desequilibrio de energía en la Tierra que llevó a que los polos se invirtieran. Razas guardianes de los universos armónicos superiores intervinieron y se llevaron la tecnología que se les dio a las personas, para prevenir futuros abusos. Además, nuestro planeta también se puso en cuarentena para evitar que entraran energías en la Tierra que no pudiera soportar porque si eso hubiera sucedido, seguiría una explosión final. Así, después del 9558 aC cuando se produjo la caída final de la Atlántida, las civilizaciones de la Tierra cayeron gradualmente bajo el control de razas caídas. La cultura humana degradó y perdió tanto las tecnologías con las que la vida de las personas hubiese sido mucho más fácil, como la memoria colectiva de su origen. La historia antigua de los hombres se desvaneció para ellos y permanecieron inconscientes de sus raíces y de su misión sagrada de preservar los templarios terrestres y el veca templario. Así, la humanidad se convirtió en un recurso de fácil manipulación para las diversas razas caídas, también conocidas como las razas illuminati.

Según Ashayana y la Unión de Guardianes[138], la tercera reconstrucción de la Gran Pyrámide que condujo a su estado actual fue en el año 5546 aC y no en 2584 aC, como lo sugieren varios historiadores. Esta construcción fue hecha usando fuerza viva. Hasta hace unas décadas, sería muy difícil para los historiadores y arqueólogos

---

138 E'Asha Ashayana, Egyptian lectures.Awakening the flame of Orion, 2000, disk 2

llegar con la lógica a una versión de la historia que explicara que la pyrámide se usaba como una estación de teletransportación y que existían tecnologías de construcción que estaban más desarrolladas que las actuales. Cuando para una civilización existe la posibilidad de viajar a través de portales, que conectan entre sí dos puntos en diferentes continentes en la Tierra, explica por qué hay un intercambio entre culturas cuando éstas no han estado físicamente en contacto.

Incluso si los científicos llegaran a estas conclusiones y tuvieran evidencia real, que a menudo están ausentes en otras teorías, la difusión de este conocimiento era suprimido por las fuerzas que controlan los dogmas sobre la historia y los orígenes del hombre. Si la supresión no tiene efecto, la información se menosprecia. Si el menosprecio no tiene efecto, se distorsionará y manipulará para obstaculizar el camino de los humanos a su fuerza interior. Las teorías de los antiguos astronautas , las visitas de los extraterrestres como elemento clave en la historia de las civilizaciones antiguas están cobrando impulso hoy y explican con mayor precisión los textos antiguos y la existencia de varios monumentos y tecnologías para su construcción.

El conocimiento del ritmo de la Tierra y la acción de los diversos sistemas de compuertas estelares es crucial, ya que las decisiones tomadas en las últimas décadas son decisivas para la evolución de la raza humana, el planeta, el sistema solar, la galaxia, el universo, el sistema veca y ekasha.

Esta es también la razón por la cual la información se pone a disposición del público. Cualquier persona interesada (codificación de ADN) sobre el tema tiene la oportunidad de profundizar y facilitar el cumplimiento de la misión con la que ha llegado. El objetivo no es tener que pasar décadas de itinerancia en los monasterios del Himalaya para recopilar otra pieza del rompecabezas, sino presentar el cuadro completo de manera accesible y dar a todos la libertad de decidir cómo resuena la información en él y cómo usarla. El acceso fácil a este conocimiento no debe interpretarse como una forma de quitarle valor, sino como un intento de llegar a más personas que lo necesitan. No es necesario que algo sea complicado y costoso para ser significativo y útil. Este conocimiento, que es fácilmente accesible hoy en día, se ha conservado durante milenios en el pasado, a costa de enormes esfuerzos, y muy a menudo a expensas de la vida de muchas personas.

Un ejemplo de la historia medieval, que se relaciona con la actividad de un importante portal estelar de los templarios y la preservación de parte de este conocimiento a costa de muchas vidas, es la Cruzada Albigense de la Iglesia Católica contra los cátaros y la captura de la fortaleza de Montsegur en 1244.

Se sabe por la historia que el <u>Papa Inocencio III</u> declaró una cruzada contra los cátaros en el año 1209. Durante décadas, la Iglesia católica financió la marcha, matando a todos los cátaros que pudo identificar. Estas acciones se llevaron a cabo de manera monstruosa incluso para la "santa" inquisición, que aprueba el saqueo de las tierras cataras.

Si miramos con retrospectiva hacia atrás en la historia, es lógico preguntarse qué motivó esta marcha y por qué se ha hecho con una crueldad tan inhumana para las personas que tienen creencias diferentes. ¿Por qué se ha molestado tanto el Papa y de qué tenía miedo la Iglesia católica para desear la muerte de esas personas desterrando sus creencias, propiedades y vida?

De las placas Dora Teura y su experiencia personal de esa época, Ashayana revela el motivo más profundo de este odio y las causas de la cruzada.[139] Los motivos reales del deseo de destruir a los cátaros fueron que ellos eran los descendientes de una de las líneas Magi del Grial, conocida como la tribu 12. Son los guardianes del portal estelar 12 en Montsegur. Esto significa que en la sangre de estas personas y en su ADN se encuentran los códigos de acceso al portal, que se conecta con la 12ª dimensión de Cristo. Si esta puerta estelar no puede activarse con un código de la 12ª dimensión, las puertas de enlace del templario no podrían abrirse con el pulso de

---

139 E'Asha Ashayana, Voyagers 2 - Secrets of Amenti, Granite Publishing, 2002, p.325; Workshops: Dance for Joy, part 2, Spain, 2003, disk 3 ; Dance for freedom, part 1, France, 2002, disk 1&2.

maharata en el año 2000. En los talleres a los que se hace referencia más abajo, también puede informarse sobre lo que representa la Atlántida, que los cátaros lograron preservar incluso después de la cruzada. La reliquia que perseguía la Iglesia Católica era la 12ª placa de Dora Teura, y con ella las **transcripciones de los seis libros de Jeshua, que son la parte más importante de los registros de la Orden Esenia.** Los cátaros también lograron conservar la placa y los libros huyendo un pequeño grupo de cátaros a Andorra y otros lugares.[140]

La razón para organizar la cruzada justo en este momento, era que los cátaros comenzaron a aplicar sus conocimientos de "mesas redondas" y, a través de los rituales, comenzaron a introducir sus códigos de ADN. Estas acciones conducirían a la liberación de la Tierra de las conexiones de energía negativa creadas por la activación de redes cristalinas en la Tierra hace diez mil años.[141]

Al conocer la importancia del templario del planeta y los centros de energía que forman parte de él, podemos comprender mejor el motivo de la conquista de un territorio y la esclavitud o el asesinato de un determinado grupo de personas. A través de él, podemos entender qué hay detrás de la leyenda de la búsqueda del Santo Grial y explicar por qué es tan importante el funcionamiento normal de los portales durante el ciclo de activación estelar.

El símbolo original, que marca el templario de la Tierra, son cuatro triángulos equiláteros que se juntan en un ángulo de 90 grados. De una conferencia de Ashayana entendemos que este símbolo era verde.[142] Las órdenes y los grupos que lo usan en rojo u otro color son imágenes subsiguientes del símbolo, ya que estos grupos no tienen relación con el conocimiento y la misión de los cátaros.

Desde enero de 2000, cuando la Tierra comenzó el ciclo de activación estelar, comenzó el decenlace del drama, sobre qué fuerzas controlarán el planeta y qué futuro les espera a sus habitantes.

---

140 Dance for Joy, part 2, Spain, 2003, disk 3
141 Para más información "E'Asha Ashayana, Dance for freedom, part 1, France, 2002, disco 1&2".
142 E'Asha Ashayana, The lemurian & atlantian legacies, 2001

A partir de mayo del año 2000, la espiral solar se conectó al núcleo de la Tierra y esto provocó la activación del templario de la Tierra. En agosto de 2004, las redes de la Tierra fueron restauradas hasta el punto de estar preparadas para su primera Mesa Redonda, que se celebró en México. Más información sobre la importancia de este ritual crístic, el aumento de la capacidad de la Tierra y sus especies biológicas para aceptar y retener frecuencias cada vez más altas, puede encontrar en el taller " Revelations of Ra- Pillar of Power and Nadradon Awakening" de 2004.[143]

En el período de los años 2000 – 2012, hubo numerosos cambios e intervenciones de razas no crísticas y de razas cristic que actúan como una reacción a estas intervenciones. Los detalles de esta lucha silenciosa pero feroz para controlar los sistemas estelares de la Tierra se pueden encontrar en los siguientes talleres:

1. Workshop Kethradon awakening, India & manual, 2005
2. Whispers of the Rasha ReishA, Revelations of the Unspoken Ones, 2005
3. Workshop Festival of light - FOL 2009
4. Project Camelot interview, 2010
5. Workshop Sliders 8, 2010

Una característica importante de la Tierra es que es un planeta que es la intersección de sistemas de pórticos interconectados que se colocan en diferentes momentos para diferentes propósitos. Para aquellos lectores que quieran aprender más sobre la mecánica y el propósito de los diversos sistemas de puertas estelares de la Tierra y la secuencia específica de la inserción de diferentes frecuencias, pueden familiarizarse con el manual "Kethradon awakening", India, 2005.[144]

Gracias a la existencia de sistemas Stargate en el planeta, como "La matriz Polar" y "El paso Rama", así como a los guardi-

---

143 E'Asha Ashayana, „Revelations of Ra - Pillar of Power and Nadradon Awakening", 2004
144 E'Asha Ashayana, Kethradon awakening manual, India, 2005, pp.3-71

anes que pueden activarlos en el momento adecuado, la Tierra tiene la oportunidad de estar vinculada a una línea de tiempo en la que sobrevive y conserva su potencial de ascensión crístic a los niveles internos.[145]

Se han activado temporalmente multitudes de sistemas de puertas estelares, los grupos alienígenas que los controlan han sido cambiados para llegar a los consejos de magistrados de la Alhambra, que forman parte del consejo de Mashaia-hana. Como resultado de esta intervención, la Tierra llegó al receptor del Río de Cristal y activó el Sistema de Seguridad de Cristo, que estará vigente durante el período de evacuación en los próximos 900 años. Para obtener más información sobre este período y la traducción de información oficial de los los consejos de magistrados de la Alhambra se pueden encontrar en el Capítulo Once y en el sitio web con las comunicaciones oficiales de la Unión de Guardianes proporcionadas por Yesha Ashayana.[146]

El templario terrestre es un sistema de puerta estelar natural cuyos centros de energía son los chakras y los centros catara del planeta. Además, en la Tierra existen sistemas de energía artificial de diferentes cristales. Un ejemplo de tales sistemas son las llamadas redes implementadas de pilón de Atlanta.[147] Estas redes son tecnologías cristalinas de alta tecnología que actúan de manera similar a los microchips que se utilizan en las tecnologías de ordenadores modernos. Originalmente, estas redes cristalinas fueron creadas por los guardianes de Cristo para influir en el desarrollo de diferentes especies. Las redes implementadas del pilón Atlanta se utilizaron para gestionar las frecuencias naturales que actúan en el templario de la Tierra. A través de ellos, las razas fundadoras, los Índigos y los humanos podrían estabilizar el clima de la Tierra, usarlos para propósitos de curación, obtener energía libre y comunicarse con otros sistemas estelares.

---

145 Ibid. p.3
146 http://www.arhayas.com/pages/guardian-dispensations
147 Para más información, " E'Asha Ashayana, Voyagers 2 - Secrets of Amenti, Granite Publishing, Atlantian Pylon Implant Network", 2002, pág.366-385

Ashayana explica que la razón principal por la que se crean y se colocan estas redes cristalinas en la tierra fue para ayudar a los ciclos de activación estelar y redes de estabilización de energía en la Tierra que sufrieron daños catastróficos durante las "Guerras eléctricas" hace 5.5 millones de años.[148]

Hay tres redes principales implementadas en el pilón de Atlanta:

La primera red se llama el "Gran León Blanco". Fue instalada en etapas por la raza fundadora Elohai-Elohim. El mapa de esta red con sus centros también fue traducido por las placas de Dora Teura y se puede ver en la Guía de Redes de Implantes de Pilones Atlánticos.[149] El "Gran León Blanco" es una red cristalina que está diseñada para estabilizar el templario de la Tierra sobre las líneas axiotónicas verticales a lo largo del eje norte-sur. "El corazón del león" es Stargate 12 – Montsegur, Francia.[150]

La elección de un león para crear esta red cristalina no es casual. Elohai-Elohim es la raza crística fundadora, que tiene características externas de un león y tiene una apariencia de entre gato y humano. La Esfinge en Egipto originalmente tenía una cara de león y fue construida para conmemorar a la raza creadora crística de Elohai-Elohim y para declarar a las fuerzas caídas que las razas de la Tierra están unidas por los principios del tratado esmeralda de una evolución común de Cristo en paz entre todas las razas.

En el año 208,216 aC. esta red fue capturada después de una invasión por las fuerzas draconianas omicrón caídas de la décima dimensión, y el pulso del corazón de Cristo en la Tierra, que es apoyado por la red cristalina, fue reemplazado por un pulso decimal invertido.

La segunda gran red implantada de pilones de Atlanta se llama el "Águila Dorado". Esta red fue creada por las razas-fundadoras Serez-Seraphei-Serafim y de Aetien-Mantis, que viven en Minta-

148 E'Asha Ashayana, Voyagers 2 - Secrets of Amenti, Granite Publishing, 2002, p.368

149 APIN systems manual, 2011,p.4

150 E'Asha Ashayana, Voyagers 2 - Secrets of Amenti, Granite Publishing, 2002, p.368

ca-Orion (8ª dimensión). Las razas que la han creado son una mezcla entre humanos y aves, de ahí la elección del aspecto de esta red cristalina. La imagen de los ángeles y arcángeles con alas está relacionada con estas razas. Esta red cristalina estabiliza los templarios terrestres en el eje horizontal este-oeste. El "Águila Dorado" también fue capturado y el pulso de la red cambió en el año 25.500 aC por los colectivos Anunaki caídos.[151]

La tercera red principal implementada del pilón de Atlanta se llama el "Buey azul" y también se conoce como la "Santa Vaca". Esta red cristalina se basa principalmente en la India y en partes de Eurasia y Europa del Este. Sus creadores son las razas Maharas de Sirio B y las razas Rashayana Antares y Altair.

Las razas Rashayana tienen biología y apariencia de bueyes, por lo que la red cristalina se parece a la cabeza de un buey. Esta es también la razón principal para adorar a la vaca en India y tratarla como un animal sagrado. El propósito de esta red cristalina es estabilizar contacto entre las razas de la Tierra y el Consejo de Azurlin en Sirio B. La captura de esta red por razas caídas no es una excepción. Las razas que lo controlan se conocen como centauros de la constelación de Omega centauro y también son de color azul.[152]

El siguiente tipo de red cristalina colocada artificialmente se llama red cristalina de pilón lemuriano. La red principal de esta especie se llama las "Caras humanas".[153] Esta red se colocó en la Tierra en 22.500 aC, varios años antes del ciclo fallido de activación estelar en 22.326 aC.[154] Las razas Eyeiani azurita quienes son responsables de la conservación de los templarios de la tierra, han activado esta red en un intento para restaurar el pulso de Cristo en las redes del "Gran León Blanco" y el "Águila Dorada". Cada centro de la red cristalina "Caras humanas" formaba parte de un mapa que mostraba

---

151 APIN systems manual, 2011,p.5; E'Asha Ashayana, Voyagers 2 - Secrets of Amenti, Granite Publishing, 2002, p.370

152 E'Asha Ashayana, Voyagers 2 - Secrets of Amenti, Granite Publishing, 2002, p.371
153 Ibid. p.372
154 Ibid. p.372

cuatro caras humanas que miraban en las cuatro direcciones. Estas imágenes se encuentran en las esculturas rupestres de los rostros de la Isla de Pascua.

A diferencia de otras redes cristalinas, ésta no es conquistada y sus códigos de acceso permanecieron infranqueables para las razas caídas. La razón es que esta red de cristal está creada para mantener las dimensiones ki-ra-she (13ª, 14ª y 15ª dimensión) y kun-da-rey (frecuencias trans-armónicas que están más allá de nuestra matriz de tiempo).

Al comprender el papel de las redes cristalinas y la importancia de los símbolos de monumentos como la Esfinge y las caras de piedra de la Isla de Pascua, logramos tocar a nuestros antepasados estelares y sentir su apoyo en la lucha por preservar el templario de la Tierra y la evolución de Cristo en la Tierra.

A continuación, cuando se sabe que los cristales en la Tierra son utilizados en un sistema complejo que se asemeja a los microchips, los descubrimientos de cuevas de cristal tienen un significado completamente diferente. Por ejemplo, en 2000 se descubrió una cueva de cristal en Chihuahua, México. Los cristales encontrados allí son enormes pilares de cristal de selenita. Una característica importante de estos cristales únicos es revelada por Ashayana y la Unión de Guardianes, a saber, que no son cristales naturales de la Tierra, sino que son cristales del planeta Nibiru implantados en Chihuahua para emitir impulsos de Metatron negativos.[155]

La divulgación de esta información no crea una sensación agradable y puede decepcionar a una persona que disfruta de la belleza de estos cristales en la naturaleza. El objetivo no es inculcar temor, sino revelar las verdaderas intenciones de algunas razas estelares y descifrar el propósito de algunos cristales y monumentos. Si una persona fortalece sus biocampos activando su escudo mahárico y su cuerpo de plasma, puede atravesar todos los objetos con radiación negativa sin verse afectado.

El drama en el que la humanidad y la Tierra están involucrados desde eones tiene sus momentos gloriosos pero también oscuros.

---

155 Dance for freedom, part 2, disk 6&7

Negar a estos últimos, o reconocerlos con miedo, solo fortalecerá su influencia y debilitará la determinación de enfrentar las dificultades. Si nos fijamos en nuestra historia conocida : en ella abundan la dominación de la oscuridad, el derramamiento de sangre y la lucha por el poder. De Dora Teura, entendemos que en el nivel macro esta lucha está presente y que estamos en la parte del espacio que ha tomado decisiones que contradicen la evolución cristic, y que la polarización antagónica entre razas ha llegado a extremos.

Una tecnología no es positiva o negativa en sí misma, es una herramienta que se utiliza para un propósito particular. Los cristales de selenita en Chihuahua son dañinos para el planeta debido a la codificación que tienen, pero esta codificación se puede cambiar. En septiembre de 2007, algunos de estos cristales se reprogramaron y comenzaron a emitir frecuencias cristicas.[156]

Otro lugar famoso, que tiene un importante propósito funcional en las redes cristalinas de la Tierra, es el Monumento Stonehenge. En este lugar de la llanura de Salisbury, se colocan redes cristalinas, que son fundamentales para el control de la Tierra por parte de los colectivos Anunnaki de Nibiru.[157] Las razas Magi sacaban los cristales implantados cuando gobernaban este territorio, y las razas Illuminati correspondientes los reemplazaban. Después de la última extracción de los cristales, las razas Magi colocaron los megalitos, una parte de los cuales ha permanecido hasta nuestros días. La función de estos megalitos era bloquear y devolver los códigos invertidos que pasaban por este lugar.[158] Por este motivo, los megalitos se colocaron encima de otros megalitos para evitar la propagación de estas frecuencias invertidas en el templario y otras redes de la Tierra. Muchas guerras se han desencadenado para conquistar Stonehenge, ya que este es uno de los lugares que sirve como base de control para las razas caídas. Esta área no siempre ha tenido un impacto negativo. En los tiempos de la Atlántida, cerca del sitio donde se encuentra el asentamiento megalítico de Stonehenge, había un templo llama-

---

156 The Milky Way mysteries - Amsterdam 2007, disk 1
157 The Lemurian & Atlantian Legacies, 2001, Disk 4
158 Ibid.

do Durneta.[159] Este templo fue de gran importancia y actuó junto a otro templo llamado Zephar Duun. Este último estaba en el lugar donde hoy existe la tumba de Newgrange en Irlanda. Los dos templos funcionaban en dependencia uno del otro, uno era femenino (las espirales de energía tenían un magnetismo más fuerte) y el otro masculino (las espirales de energía tenían una carga eléctrica más fuerte). Después de que estos dos templos fueron ocupados por las razas caídas, sus campos mercaba se invirtieron y los efectos electromagnéticos que tuvieron en la Tierra se modificaron de manera negativa.

En los talleres que se citan más abajo se mencionan los detalles de cómo funcionaban las diferentes redes cristalinas, sus conexiones a las redes de universos paralelos, la matriz fantasma u otros planetas, y cualquier persona que tenga interés y necesite aprender más puede familiarizarse con estas fuentes. El propósito de este libro no es introducir al lector en la compleja mecánica de cada red cristalina, sino ilustrar brevemente para qué se utiliza y por qué es importante controlarla.

El objetivo principal del autor es retratar la imagen de la interconexión entre los diferentes lugares sagrados en la Tierra y levantar la cortina para enseñar su propósito funcional como centros de energía que se han utilizado para diferentes propósitos. Esto nos ayuda a comprender mejor las civilizaciones antiguas y el papel de las diferentes órdenes, pero también nos lleva a explicar mejor las acciones políticas de los diferentes países y otras organizaciones en aquellos días.

La información sobre el templario de la Tierra y las Redes Cristalinas revela cómo cambia de una manera muy dinámica su estado y actividad energética, especialmente desde el inicio del ciclo de activación estelar de los portales de la Tierra desde el año 2000.

La lucha por el control de la Tierra y el templario veca dio lugar a la intervención de Alhambra, los consejos magistrados de los niveles Kosminyas y la activación de los Complejos catedral-

---

159 Dance for joy, 2003, disk 3

icos Alhambra en la Tierra en el año 2012.[160] Estos complejos son 5 en total y representan una red de 25 sitios, que se llaman "zonas de templos".[161] En consecuencia, cada complejo comprende 5 zonas de los templos, entre las cuales una es central. Las áreas centrales de los 5 complejos se encuentran en las siguientes zonas geográficas:

1. Myakka, Florida, EEUU.
2. Machu Picchu, Perú
3. Oslo, Noruega
4. Isla de Bali
5. Alejandría, Egipto

A partir del año 2012, se reveló información sobre algunos de los puntos geográficos más importantes de la Tierra en estos días, desde los cuales se activaron progresivamente las frecuencias de Cristo más poderosas del planeta. Estos lugares sirven para gestionar el proceso de lascensión crística de la tierra. Los puntos principales son 8 en total y se denominan "sitios katheion (KHY)".[162] También existen varios sitios katheion secundarios, terciarios y auxiliares, cuya activación gradual y planificada ayudará a que el proceso de transformación cristic de la Tierra sea más leve.

Es lógico y natural preguntarnos: ya que hay razas de Cristo que nos quieren, nos ayudan y con quienes estamos conectados, ¿por qué no vienen (con sus naves espaciales, si pensamos en extraterrestres o volar con sus alas si pensamos en ángeles) para llevarnos a mejores lugares, y no dejarnos aquí para pasar por tantas dificultades?

La razón por la que tales misiones de rescate no ocurren de manera masiva está en las mutaciones existentes del código genético de los humanos en la Tierra y la incapacidad de activar normalmente las cadenas de ADN. Si se intenta guiar a alguien a través de un

---

160 E'Asha Ashayana, ArhAyas productions LLC, chartpack, Dec.2012, p.3
161 Ibid. p.13
162 Traducción propia del inglés "katheion KHY site"

portal estelar, cuando la persona no tiene la capacidad genética para hacerlo, él/ella explotará o se producirá más bien una implosión. Hasta el año 2002, la capacidad de activación de ADN mínima requerida para permitir el paso seguro a través de los portales y la existencia en la Tierra Interna era la activación de 4.5 hilos de ADN.[163] Esto significa activar completamente la cadena 4 de ADN y al menos la mitad de activación de la cadena 5 de ADN. Debido a los drásticos cambios en el ciclo de activación estelar, esta activación de ADN demostró ser insuficiente para el paso seguro a través de los portales, y se necesitaron múltiples intervenciones desde niveles cada vez más altos.[164]

El uso de naves espaciales de la Unión de Guardianes para sacar a una persona o grupo de personas que no tienen suficiente actividad ADN es muy poco común y, si esto es necesario, se utilizarían los así llamados "naves de plasma".[165] En el taller "Introducción a los elementos de Catara cuarto nivel" queda claro que la interferencia con las naves de las dimensiones superiores de la Tierra requiere mucha preparación y esfuerzo duro por parte de los guardianes y, por tanto, se hace excepcionalmente.[166] En su esencia, una nave espacial es mercaba *(medio de transporte a otras dimensiones)* y se utiliza cuando las criaturas son incapaces de pasar independientemente a una dimensión en particular. También es importante tener en cuenta que las naves de plasma son **criaturas vivientes** de alto nivel evolutivo que han tomado temporalmente la forma de una nave. Ashayana da información sobre la apariencia de estas naves de plasma, señalando que se parecen mucho a las naves espaciales que aparecen al final de la película "Señales del futuro" del año 2009.[167]

163 Para más información sobre la activación ADN y el pasaje a través de portales estelares, ver " Dance for Love", disco 3, disco 4, MCEO, 2002
164 Ver más en "Sliders 8 manual", 2010, pág. 1-40
165 Sliders 12, Externalization of the Kryst; Secrets of the Tan'-Tri-A'jha part 1, video 2, 2011; Ascension mechanics, projectcamelot productions, youtube, 2010
166 Introduction to elements of kathara 4, disk 1, 2005
167 About movie "Knowing" E'Asha Ashayana, Ascension mechanics,

Toda la historia de la humanidad en todos los asentamientos de la Tierra está relacionada con la limpieza de las mutaciones en nuestra genética porque en ella estan incrustadas las llaves para los niveles más altos de desarrollo. La tenacidad y el amor de de las razas crísticas se topa con la terquedad y el menosprecio de otras razas que ya no son de Cristo y que tienen miedo a que se restablezca el resplandor de la humanidad despierta.

La apertura de los portales de Urta[168] y la acogida de mil millones de criaturas que vivían en sistemas mutadas desde eones es arriesgado para las criaturas anfitrionas y se asocia con una mayor preparación. Nadie ha venido a la Tierra solo o accidentalmente, y esto ya se había señalado al presentar la estructura multidimensional de cada persona. En el presente, además de nuestros rishi, avatar, sobre-alma y alma, han sido enviados varios seres de Cristo a nuestro alrededor y están esperando contactar con la persona en cuestión cuando esté lista.

projectcamelot productions on www.youtube.com , 2010
168 Para más información sobre el planeta Urta, ver capítulo nueve

CAPÍTULO 9

EL MAPA MULTIDIMENSIONAL DEL COSMOS

Uno de los mayores logros de las enseñanzas de la libertad es la revelación del cosmos y la presentación de su mapa multidimensional.

El Capítulo tres explica la estructura del veca sistema y la existencia de universos armónicos, cada uno de los cuales incluye tres dimensiones. La Tierra está en el primer universo armónico. El planeta que le corresponde en el segundo nivel de densidad es Tara. Observando las constelaciones desde la Tierra, podemos determinar la ubicación de Tara que está en la constelación de Alcion en el cúmulo estelar de las Pléyades. Cuando la mitología habla de Tara, es precisamente este planeta y las tramas que han tenido lugar en este lugar.

Las enseñanzas de la libertad también explican que la Tierra y todo el sistema solar se fusionaron con el campo morfogénico destruido de Tara después de su estallido hace 550 millones de años.[169] El origen de nuestros planetas no está en el primer universo armónico y no están formados de la acumulación gradual, como es el proceso natural, explica el portavoz oficial de la Unión de Guardianes, utilizando la información de Dora Teura.[170]

Tara fue destruida por una compleja tecnología cristalina conocida como la "Máquina de la Bestia".[171] Esta tecnología se activó en la Tierra el 23 de marzo de 2002, lo que llevó al desenlace de un drama interestelar que había durado miles de millones de años.[172]

---

169 E'Asha Ashayana; Holy grail quest, 2000, disk 3
170 E'Asha Ashayana, Voyagers 2, Secrets of Amenti , 2002, p.5
171 "Beast machine": E'Asha Ashayana Dance for love, 2002
172 Whispers of the Rasha ReishA, Revelations of the Unspoken Ones, the

La misión con la que se crea la línea genética Turanezium (la raza humana angélica) es superar un problema con la genética de las razas superiores que ha surgido como resultado de la combinación antinatural de sus plantillas de ADN.[173]

El planeta Tara se origina y está conectado al planeta Gaia (también conocido como Jaya), que es el tercer universo armónico (séptima, octava y novena dimensiones). Cuando la mitología habla de Gaia, se refiere a este planeta y las historias que le sucedieron. La ubicación astronómica de Gaia vista desde la Tierra es la Estrella Polar. Hace más de 570 millones de años, Gaia estuvo involucrada en un conflicto multirracial conocido en Dora Teura como las "Guerras de Orión y Gaia".[174] Estas guerras son una continuación de guerras aún más antiguas conocidas en los archivos como "Guerras Draconianas". Los deseos de las razas caídas son cerrar la matriz del tiempo para que nada ni nadie pueda salir de ella y gobernar a los seres que están dentro. Su próximo objetivo es absorber la vida en otras galaxias y sistemas veca para extender su existencia.

Esta es una circunstancia importante para comprender por qué la galaxia que vemos hoy a través de telescopios como el Hubble tiene un agujero negro en su centro que atrae todos los objetos hacia sí misma.

Gaia, por su parte, está conectada a un planeta del cuarto universo armónico, conocido por el nombre de Aramatena. Si observamos desde la Tierra, determinaremos su ubicación en la constelación Lira. Lira también es conocida como "La cuna de la vida", ya que es la ubicación de las razas fundadoras y este es el lugar donde empezó el poblamiento de nuestra matriz de tiempo hace alrededor de 950 billónes de años.

En Lira se encuentran los tres portales estelares del cuarto universo armónico, que son, respectivamente, los centros de catara 12, 11 y 10 del templario de nuestro sistema veca.

HaahTUrs and the HUB, 2005, disk 2
173 Ibid.
174 Para más información, Ahayana, FOL 2006, disco 1; E'Asha Ashayana, Kethradon awakenening, 2005, manual & disco 3

En el duodécimo centro de nuestro sistema veca, que es Aramatena, viven las razas ancestrales Elohai.

En el undécimo centro, llamado Aveyon, se establecieron las razas Bra-ha-rama, parte de las cuales posteriormente se convirtieron en las razas caídas de Anu-Elohim, creadores de las razas Anunnaki.

En el décimo centro de nuestro sistema veca, que es Vega, se establecieron las razas Serafai-Serafim, parte de las cuales se convirtieron en las razas draconianas caídas.

Las enseñanzas de la libertad explican en detalle cuál es la relación entre las razas y cuál es su significado para nuestro karma en nuestros días, cuál es la actitud hacia las religiones existentes, los partidos políticos y los movimientos culturales.

Cualquier actitud pública significativa o característica de la Tierra se puede rastrear a la correspondiente en las dimensiones superiores y a los grupos raciales respectivos.

Una vez que entendemos qué es el sistema veca y dónde se encuentra la Tierra en nuestra veca, el siguiente paso para expandir nuestra visión de la creación y el siguiente nivel de nuestro retorno es el **sistema ekasha.**

Cuatro veca sistemas, que se llaman también veca cuadrados, forman un corredor de ekasha.[175] En este nivel, la caída no está permitida. Sin embargo, en un corredor ekasha se pueden poner en cuarentena ciertos sistemas veca, como es el caso de la nuestra, cuando el libre albedrío se ejerce en oposición a la evolución cristic y a los principios del amor y el respeto hasta el punto en que se amenaza la caída del ekasha.

Hay sellos ekasha en el corredor, cuya función es separar los sistemas veca en el.

Cuatro ekasha corredores forman una **ekasha-e spectra**. Ekasha-e spectra se llama también el Mundo Superior Divino. El corredor ekasha se llama el Mundo Divino Medio y el sistema veca se llama el Mundo Divino Inferior.

Cuatro ekasha-e spectras forman una **ekasha-ea**.

---

175 E'Asha Ashayana; The elements of discovery manual", p.42.

Todos estos niveles de manifestación conforman la "escalera hacia el cielo " y existen y funcionan en la base de la red catara. Por esta razón, obtener conocimiento del árbol natural de la vida es importante para comprender la estructura de la Creación y definir la ubicación y la realidad temporal de cada objeto. Por lo tanto, estamos aprendiendo a trabajar con el mapa multidimensional del espacio y a alcanzar nuestros niveles más altos de existencia.

Cuando un ser expande su consciencia y activa su potencial de ascensión, ya tiene un medio de transporte instantáneo. Entonces el mapa se convierte en un ayudante indispensable para determinar dónde queremos ir y de qué manera. Sin un mapa preciso de niveles más altos de expresión y conocimiento de su uso, moverse a través de las dimensiones se convierte en una empresa arriesgada que puede llevar a experiencias no deseadas, como caer en un sistema cerrado.

Una vez que entendamos el diseño y la escala del ekasha-ea, debemos encontrar una respuesta a la pregunta dónde está la Tierra en esta vasta estructura de la creación. Esta respuesta se encuentra en la página 49 de la guía "The elements of Discovery", cuyo autor es la Unión de Guardianes, escrita por Ashayana. La tierra está ubicada en **ekasha-e spectra - 3, ekasha corredor – 4, veca cuadrante - 4 y primer nivel de densidad.**

La presentación del mapa multidimensional del cosmos en esta enorme escala que requiere comprensión profunda de los sucedidos en los niveles más altos de las áreas externas se debe al hecho de que, como los problemas, la ayuda también proviene de estos niveles.

Los colectivos cristic están unidos y trabajan con gran amor y devoción, para asegurar que ningún sistema sea separado de la corriente de la vida, y si es inevitable, su meta es dar a todos los seres que desean y tienen suficiente cristic potencial en su ADN, la posibilidad de poder ser evacuados cuando haya oportunidad para ello. Ellos vienen de diferentes ekasha-e spectras y han formado una alianza llamada "El río Cristalino".[176]

---

176 Traducción del inglés "krystal river", " E'Asha Ashayana, FOL-2007, disco 1

Puede encontrar más información sobre las razas a estos niveles, su historia y sus relaciones en los siguientes Talleres y Guías de Ashayana:

1. Workshop Dance for freedom, part 2, 2002,
2. Workshop FOL-2007
3. 12 tribes classes manual
4. ARhAyas Productions, Dawn of the Age of enlightenment, December 2012
5. Legacy of the Lost, Freedoms of the Found, the Milky Way Mysteries, Halls of Records and the "Jesus Codes", Amsterdam, 2007

La siguiente imagen representa el mapa multidimensional del espacio: "La escalera hacia el cielo"

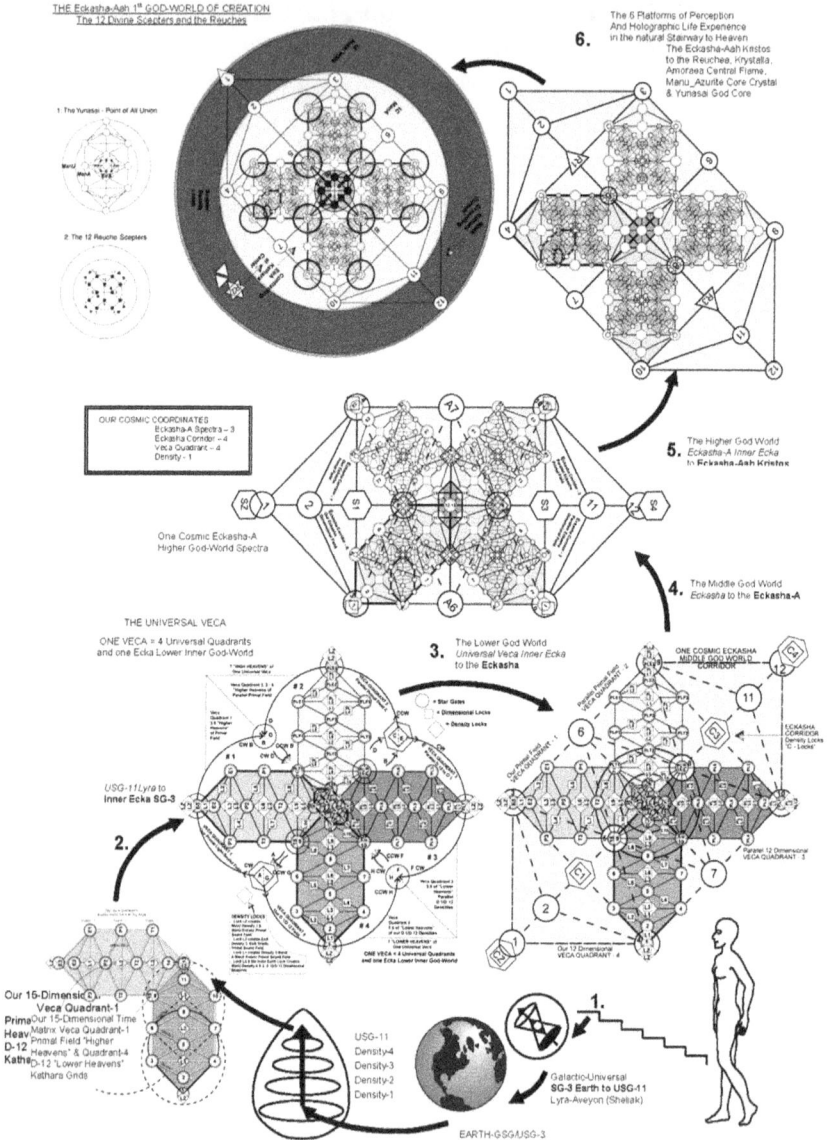

THE STAIRWAY TO HEAVEN *Ecka God World Maps*

174

LA ESCALERA HACIA EL CIELO - mapas de los mundos divinos eka

7. El Mundo Divino Primario de la Creación con los doce Reuche cetros divinos

6. Las seis plataformas de percepción y experiencia holográfica de la vida en la escalera natural hacia el cielo. Ekasha-ea Christos al Reuchea, Cristala, Amorea Llama Central, Manu Cristal Central Azurita y Núcleo Divino Yunasai

5. El Mundo Divino Superior, Ekasha-e, eka interna a la Ekasha-ea Christos.

4. Medio Mundo divino: Ekasha a la **Ekasha-e.**

3. El Mundo Divino Inferior – Eka Interior de la Veca Universal a la Ekasha.

2. Portal estelar 11 a la eka interior de Portal estelar 3

1. Desde el tercer Portal estelar: la Tierra hacia el undécimo en Lira Aveyon (Shelliak)

Nuestras coordenadas cósmicas:
Ekasha-e spectra –3
Corredor Ekasha – 4
Veca cuadrante – 4
Nivel de densidad – 1

Los niveles de creación no se detienen en ekasha-ea, pero las estructuras subsiguientes son cualitativamente diferentes. Toda la estructura de la escalera hacia el cielo: desde las dimensiones y los niveles de densidad, a través de los sistemas veca, ekasha, ekasha-e y ekasha-ea representan la llamada **región exterior de la creación**.

Hay áreas externas, medias, internas y centrales de la creación. Se puede encontrar más información sobre estas áreas y niveles de creación en las conferencias „Mecánica de la ascensión"[177] y

---

177 Ascension mechanics, projectcamelot productions on www.youtube.com , 2010

„Revelación de Dale- Luma".[178]

El sistema solar

El estado de nuestro sistema solar, respectivamente, en la Tierra, ha cambiado drásticamente después del ciclo de activación estelar y la apertura de los portales en los niveles superiores, como lo demuestran varias conferencias y publicaciones de Yesha Ashayana.[179]

En las enseñanzas de la libertad, el tiempo y las peculiaridades de la formación de nuestro sistema solar en el primer universo armónico se siguen de cerca. En 2005, se produjo una invasión en el segundo universo armónico de Tara, que es el quinto portal estelar de nuestro veca, ahora su estado de planeta caído es irreversible, y los portales que llevan a el se cierran por la fuerza.

Esto significa que la ascensión gradual planificada de la Tierra y sus especies biológicas desde el primer al segundo universo armónico no tendrá un efecto positivo y, por lo tanto, no se puede realizar. ¿Cuales son las razas caídas que han invadido y qué han hecho con los centros de energía de Tara? Se puede aprender más sobre este tema en el taller „Festival de la Luz, 2006".[180]

Unos años más tarde, el 25.03.2007, debido a las influencias externas sobre el Sol, que se detallan en el taller „Mecánica de la Ascensión"[181] y „Revelación de Dale - Luma"[182] la prana semilla de nuestro Sol se cerro y entró de forma prematura en ciclo de bardo. Esto significa que el sol ya no se puede cargar con energía como antes y comienza a morir. Esta información no debe causar miedo en la gente, porque a pesar de este desarrollo desafortunado para

178 Revelation of DhaLA - LUma, Phoenix, August, 2007
179 http://www.arhayas.com/pages/dispensation-dec2012; WS: Ascension mechanics", Project camelot productions on youtube, 2010; WS: Cosmic Clock Reset, Phoenix, USA, 2003
180 E'Asha Ashayana, Festival of light, 2006, Disk 1
181 Ascension mechanics, projectcamelot productions on www.youtube.com , 2010
182 Revelation of DhaLA - LUma, Phoenix, August, 2007

nuestro sistema solar, se han abierto enormes oportunidades para la vida en él que están ocurriendo por primera vez en nuestra galaxia y en todo el sistema veca. Se trata del comienzo del ciclo de Kali Hara, que también se conoce como el ciclo de espiritualización de la materia y la transformación crística de retorno a los niveles central e interno de la creación. Cuando no podemos pasar por el camino principal, la Unión de Guardianes nos abre los atajos, y esto significa una evolución acelerada para todas las criaturas que tienen suficientes potenciales crísticos y un deseo de existencia armoniosa.

La estructura multidimensional del cosmos y la representación de los sistemas veca, ekasha, ekasha-e, ekasha-ea son parte de los niveles externos de manifestación, y la evacuación de la vida del veca sistema, figurativamente se puede presentar no como un movimiento hacia arriba, como es el curso natural de ascensión y la evolución, sino como un movimiento hacia el interior, como es el modo acelerado de evolución menos común que se vuelve relevante cuando no hay otra forma de evacuar la vida en un determinado sistema.

El proceso de muerte del Sol es un proceso de transición del ciclo „bardo" al „barde" para llegar a entrar en el ciclo final de la vida de nuestra estrella, conocido en la astrofísica como el ciclo de la supernova.[183]

Para que una estrella se convierta en supernova a través de explosión, es necesario tener una masa al menos 8 veces la masa del Sol (*algunos científicos creen que se necesitan 10 masas solares*). La razón por la cual nuestro Sol tiene el potencial de entrar en un ciclo de supernova se explica en los talleres "Los misterios de la Vía Láctea" y "La historia de amor más grande".[184] La razón es que nuestro sistema solar tiene dos soles, el segundo está fijo en el segundo universo armónico y tiene 7 masas solares. El nombre de esta segunda estrella es Rabizod.

---

183 Ibid.
184 E'Asha Ashayana, The Milky way misteries, 2007, disk 5, The greatest love story, disk 2

Rabizod también se conoce como el Sol Caído Oscuro.[185] Por lo tanto, la masa total de Rabizod y nuestro Sol es de 8 masas solares, que es suficiente para iniciar un ciclo de supernova cuando se fusionan. Lo que respecta la vida en el sistema solar, esto tiene poca importancia ya que la vida no puede existir antes de que la supernova exista. El ciclo en sí también es largo y dura aproximadamente 2 mil millones de años, después del cual el sistema y todo lo que contiene se rompe en partiki partículas y se convierte en "polvo estelar".[186]

Los seres que viven en estos sistemas cerrados que están en el camino de la caída y están en cuarentena están dañados y sus escudos de energía se descomponen en pequeñas partículas.[187] Si una persona o grupo de seres recuerda a los "caídos" en su grado más alto de evolución, recuerdan sus nombres, apariencia original y la inscripción original de Cristo, por siguiente los primeros pueden intentar ayudarlos devolviéndoles su historia y memoria.

Con esta información, los caídos pueden recuperarse porque alguien ha guardado la memoria de su verdadera naturaleza y misión. Esta función de preservación de la memoria y la historia de todos los seres, incluidos los caídos, es una de las tareas principales del Escudo Aquaferión y los seres índigo aqueri.[188]

Aunque el Sol ya está emitiendo un mayor rango de erupciones, hay campos que han descendido a la Tierra por Urta y Sala.

En el templario de nuestra veca la Tierra tiene un significado especial como el tercer portal estelar principal (el Centro Catara). Muchos de los así llamados grupos de élite de personas en la Tierra que tienen información sobre la existencia de razas extraterrestres y dimensiones más altas, siguen un plan para abandonar la Tierra, considerando que se volverá inhabitable debido a cataclismos planificados e interferencias de energía negativa. En cambio, para nuestro planeta se ha abierto un camino insospechado de ascensión

---

185 Traducción propia del inglés de "Dark Fallen Sun"
186 E'Asha Ashayana, The Milky way misteries, 2007, disk 5
187 Ibid.
188 Ibid.

acelerada, como informan la Unión de Guardianes y su portavoz, Ashayana, en una serie de conferencias a partir del año 2007.

Este proceso afectará al planeta y todos los seres que están en él, que tienen el potencial suficiente cristic y la intención de evolución cristic. La tierra es uno de los últimos "barcos de vela" para todos los seres de todo el sistema veca, que ya se ha puesto en cuarentena y se sellará después de 900 años.[189] Por lo tanto, aquellos que eligen el camino de la colonización del espacio cercano y salir de los límites de la Tierra y su ambiente, elijen una forma de permanecer en un sistema cerrado que se convertirá en un lugar cada vez más hostil y desolado. Estas criaturas no podrán desarrollar todo su potencial de expansión de la conciencia, y después de eones de existencia, a través de la reencarnación, volverán a la Fuente Divina como polvo estelar, no como seres conscientes que tienen memoria de sí mismos.

Las enseñanzas de libertad presentadas en los talleres de Ashayana revelan qué el cosmos es mucho más grande de lo que sabemos de los descubrimientos científicos actuales. En el espacio, hay muchos sistemas, la mayoría de los cuales tienen un intercambio directo de energía con la Fuente Divina y no son sistemas caídos, como es nuestro veca.[190]

Para entender el papel de la Tierra en nuestra matriz de tiempo y su relación con M-31 (la galaxia de Andrómeda), es necesario presentar otro mapa con imágenes de los niveles sutiles. En sus talleres, Ashayana la llama mapa vertical.

El mapa vertical se muestra a continuación en la tabla. Muestra diferentes niveles, campos y escudos desde el primer nivel de densidad de la Tierra hasta un planeta llamado Urta, que se encuentra en la M-31.

Como se mencionó anteriormente, la Tierra se origina en Tara, Tara en Gaia y Gaia en Aramatana. Lo que se debe enfatizar es que

189 E'Asha Ashayana, dispensation from Dec 2012, Arhayas.com, 2013 http://www.arhayas.com/pages/dispensation-dec2012
190 Para más información, ver Ieisha Ahayana "Doorways through time", 2009, disco 2

cuando se creó la Tierra, se colocó en el núcleo de un planeta más grande que existe en diferentes ángulos de rotación de partículas. Por lo tanto, los dos planetas están en el mismo lugar, pero vibran en diferentes ángulos, por lo que no vemos la otra realidad.

La razón por la cual la Tierra ha sido movida a Urta era asegurarse de que en una situación de degradación irreversible del veca sistema y el bloqueo de la vida en el interior, la Tierra será la última estación para la evacuación de los seres vivos. Estamos en este escenario y estamos experimentando precisamente esto. La información sobre el mapa vertical se le da a los seres humanos y otros seres para orientar sobre qué realidades existen directamente alrededor de la Tierra y en su interior.

En primer lugar, debe tenerse en cuenta que lo que nos representa estratos inferiores de la atmósfera y una parte de la órbita de la Tierra alrededor, es la superficie dura sólida para Urta y la Tierra se encuentra en línea con el núcleo y el manto de Urta, por lo tanto dentro de ella.

Dos tipos de zonas están marcadas en el mapa vertical: las primeras se llaman plataformas Aurora y son zonas seguras de Cristo, y las segundas, son zonas no crísticas de hibernación.[191] Las plataformas Aurora están controladas por guardianes cristic, en cambio en las zonas de hibernación gobiernan representantes de las razas caídas que han elegido un modo de vida en oposición a los principios cristic y la Ley de Unidad. Por esta razón, es importante saber que no todo lo que viene y ha venido del cielo tiene buenas intenciones para los habitantes de la Tierra.

Hay cuatro plataformas Aurora que se encuentran en la Tierra y alrededor de ella. La primera plataforma Aurora es un área subterránea que existe en un ángulo diferente de rotación de las partículas.[192]

La primera plataforma de Aurora es la de más fácil acceso, seguida de una segunda, una tercera y finalmente una cuarta de las zonas seguras.[193]

---

191 E'Asha Ashayana, The Milky Way mysteries - Amsterdam 2007, disk 5
192 Ibid.
193 E'Asha Ashayana, Revelation of DhaLA - LUma", Phoenix, August, 2007,

La segunda plataforma Aurora está ubicada en la atmósfera terrestre y más precisamente en la capa de la termosfera. El nombre de esta área es Aselium. Se le conoce como "Ciudades Nublados".[194]

Una tercera plataforma de Aurora está ubicada en capas más distantes de la atmósfera y más precisamente en el área conocida en astronomía como cinturones de Van Allen, en particular la abertura de Van Alen. El nombre de esta plataforma es Aquaferion y son las así llamadas "Ciudades del Océano".[195]

La cuarta plataforma está ubicada en la periferia del cinturón de Van Allen. Su nombre es Danue Sheva. Esta plataforma se llama "Las Tierras de Invierno".[196]

Las zonas de hibernación son áreas de vibración inversa, lo que significa que su existencia deforma el código del ADN natural. Estas zonas giran la energía que entra en ellas y la conectan a agujeros negros creados artificialmente. Por lo tanto, pueden ser comparados con trampas, y los que caen en ellas, como víctimas energéticas, serán tratados como el alimento energético de alguien. Esta descripción de estos lugares puede ser desagradable para muchos lectores, pero pretende llamar su atención tanto a lo que respecta los peligros como a las cosas buenas en los mundos sutiles sin infundir miedo ni bloquear su búsqueda de conocimiento.

La información sobre las plataformas Aurora y las zonas de hibernación representadas por Ashayana y la Unión de Guardianes es nueva, pero estas áreas han existido durante mucho tiempo y están profundamente conectadas con la historia de los pueblos, las mitologías y los misterios antiguos. Por ejemplo, el taller "Misterios de la Vía Láctea" explica que los campos de energía a partir de los cuales se componen las zonas de hibernación son frecuencias invertidas artificiales que se usaron durante el antiguo Egipto y antes en la época de la Atlántida cuando se usaba la tecnología Ankh.[197]

Disk 5
194 E'Asha Ashayana, The Milky Way mysteries - Amsterdam 2007, disk 5
195 Ibid.
196 Ibid.
197 WS The Milky Way mysteries - Amsterdam, 2007, disk 5

La construcción final de las zonas de hibernación fue en 9562 aC. y desde aquel momento en adelante, nuestra Tierra es una prisión planetaria, casi completamente separada de las otras razas cristic, y la memoria de su población se ve afectada para que las razas y los pueblos puedan controlarse fácilmente.

Las enseñanzas de la libertad reciben información muy específica sobre el período de nuestro pasado pre-antiguo, conocido como los "tiempos de la Atlántida". En el libro de Ashayana, "Viajeros - Los secretos de Amenti", se describen los períodos de asentamiento en el continente de la Atlántida, también conocido como la "Tortuga Marina", con diferentes representantes de razas estelares de varios sistemas estelares.[198] El período de desarrollo de las culturas atlántidas se extendió desde 72,000 aC hasta el año 9558 aC.

El continente mismo se extendía en el Atlántico desde Gran Bretaña hasta Florida y Cuba. Es lógico preguntarnos, ¿dónde ha desaparecido este continente, no habría remanentes de él y cómo había sucedido todo esto? La suposición de que la Atlántida está hundida es poco precisa, según la Unión de Guardianes. Explican que el continente ha sido sometido progresivamente a un impacto negativo por parte de las criaturas en las zonas de hibernación que envíaban frecuencias invertidas a las redes de la Tierra y en mayor cantidad en el continente de la Atlántida.[199] Así, después de varios miles de años de influencia, el continente se ha convertido en varias islas grandes, luego en islas más pequeñas, y las enormes masas de tierra han sido literalmente cortadas y llevadas a las zonas de hibernación. Atlantida fue destruida, su territorio fue capturado alterando la vibración de los átomos para que estuviese en un ángulo de rotación diferente. Por lo tanto, la mayor parte de la Atlántida se encuentra en las zonas de hibernación que se encuentran en nuestra atmósfera y existen allí en un ángulo diferente de rotación de las partículas.

En su entrevista para el "Proyecto Camelot" y la conferencia "Mecánica de la Ascensión" Ashayana afirma que una de las áreas

---

198 E'Asha Ashayana, Voyagers 2, Secrets of Amenti , p.56, 2002
199 WS The Milky Way mysteries - Amsterdam, 2007, disk 5

de hibernación es Olimpo. Una vez que ya tenemos información sobre el cómo y cuándo se crearon estas áreas, con qué finalidad y de qué materia, podemos releer las mitologías y entender que las descripciones de ellas no son el fruto de la imaginación de algunas personas y no son sólo las explicaciones de los fenómenos naturales, sino que en su mayoría son descripciones de encuentros reales con criaturas de la vida real que son tangibles y alcanzables. Otra cosa es qué evaluaciones morales les daremos a estos seres, su historia y tradiciones culturales que se han transferido a diferentes pueblos, y en qué medida se ajustan a los principios del amor, el respeto y la existencia pacífica cristic.

A continuación se muestra una representación del mapa vertical.

Mapa vertical de niveles, campos y escudos que dan enlace entre el primer nivel de densidad de la Tierra y los niveles del planeta Urta de Andromeda, el Girodomo, Adore Ekusha y las zonas sin peligro de Aurora.

Cada una de las cuatro plataformas Aurora y las cuatro Ekusha plataformas tienen cinco niveles y cinco estados materiales a lo largo de Aurora.

Vertical Map

The Gyrodome,
AdorA Ecousha-TA'
and the Aurora
Platform
Safe Zones

Translated from Density -1 Earth
spherical map and its Urtha
plane interfaces.

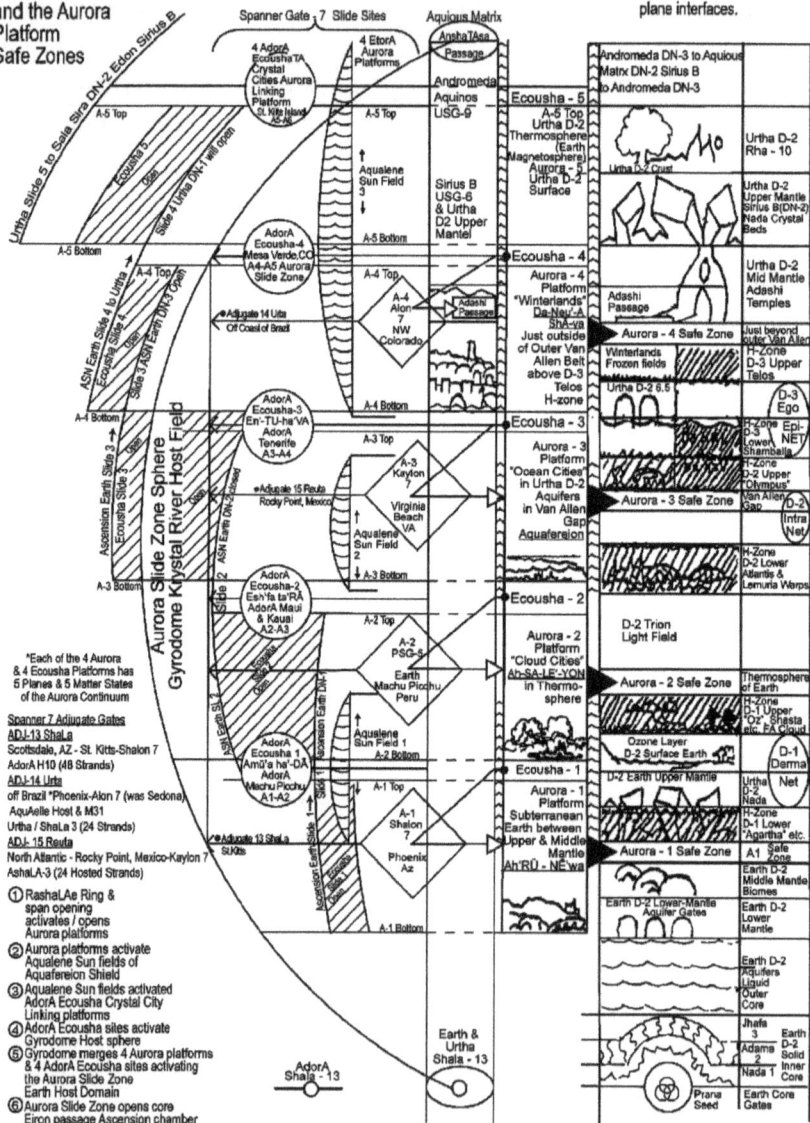

Spanner Gate · 7 Slide Sites   Aquious Matrix

4 AdorA
Ecousha TA
Crystal
Cities Aurora
Linking
Platform

4 EtorA
Aurora
Platforms

Ansha TАsa
Passage

Andromeda

Aquinos

Andromeda DN-3 to Aquious
Matrix DN-2 Sirus B
to Andromeda DN-3

A-5 Top   St. Kite Island
JS-10

A-5 Top   USG-9   Ecousha - 5

A-5 Top
Urtha D-2
Thermosphere
(Earth
Magnetosphere)
Aurora - 5
Urtha D-2
Surface

Urtha D-2
Rha - 10

Aqualene
Sun Field
3

Sirius B
USG-6
& Urtha
D2 Upper
Mantel

Urtha D-2 Crust

Urtha D-2
Upper Mantle
Sirius B(DN-2)
Nada Crystal
Beds

AdorA
Ecousha-4
Mesa Verde,CO
A4-A5 Aurora
Slide Zone

A-5 Bottom   A-5 Bottom   Ecousha - 4

Urtha D-2
Mid Mantle
Adashi
Temples

A-4 Top   A-4 Top
A-4
Alon
7
NW
Colorado.

Aurora - 4
Platform
"Winterlands"

Adashi
Passage

• Adjugate 14 Urta
Off Coast of Brazil

Adashi
Passage

Just outside
of Outer Van
Allen Belt
above D-3
Telos
H-zone

Aurora - 4 Safe Zone

Winterlands
Frozen fields

Just beyond
outer Van Allen
H-Zone
D-3 Upper
Telos

AdorA
Ecousha-3
En'-TU-ha'VA
Tenerife
A3-A4

A-4 Bottom   A-4 Bottom   Ecousha - 3

Urtha D-2 6.5

D-3
Ego

A-1 Bottom   A-3 Top   Aurora - 3
Platform
"Ocean Cities
in Urtha D-3
Aquifers
in Van Allen
Gap
Aquafereion

H-Zone Epi-
D-3 Lower Shamballa
H-Zone
D-2 Upper
"Olympus"
Van Allen
Gap

D-2
Intra
Net

A-3
Kaylon
7

• Adjugate 15 Reuta
Rocky Point, Mexico

Virginia
Beach
VA

Aurora - 3 Safe Zone

Aqualene
Sun Field
2

• A-3 Bottom

AdorA
Ecousha-2
Esh'fa ta'RA
AdorA Maui
& Kauai
A2-A3

A-3 Bottom   A-2 Top   Ecousha - 2

H-Zone
D-2 Lower
Atlantis &
Lemuria Warps

D-2 Trion
Light Field

A-2
PSG-5

Aurora - 2
Platform
"Cloud Cities"
Ah-SA-LE-YON
in Thermo-
sphere

Earth
Machu Picchu
Peru

Aurora - 2 Safe Zone

Thermosphere
of Earth

*Each of the 4 Aurora
& 4 Ecousha Platforms has
5 Planes & 5 Matter States
of the Aurora Continuum

Aqualene
Sun Field 1
A2-Bottom

AdorA
Ecousha 1
'AmG'a ha'-DA

A-2 Bottom   Ecousha - 1

H-Zone
D-1 Upper
"Oz", Shasta
etc. A1 Cloud

Ozone Layer
D-2 Surface Earth

D-1
Derma

Spanner 7 Adjugate Gates

ADJ-13 ShaLa
Scottsdale, AZ - St. Kitts-Shalon 7
AdorA H10 (4B Strands)

Machu Picchu
A1-A2

A-1 Top   Aurora - 1
Platform
Subterranean
Earth between
Upper & Middle
Mantle
Ah'RÜ - NE'wa

D-2 Earth Upper Mantle

Urtha
D-2
Nada

H-Zone
Net

ADJ-14 Urta
off Brazil *Phoenix-Alon 7 (was Sedona)
AquAelle Host & M31
Urtha / ShaLa 3 (24 Strands)

A-1
Shalon
7

Earth D-2
Subterranean
Earth
"Agartha" etc.

ADJ- 15 Reuta
North Atlantic - Rocky Point, Mexico-Kaylon 7
AshaLA-3 (24 Hosted Strands)

• Adjugate 13 ShaLa
St.Kitts

Phoenix
Az

Aurora - 1 Safe Zone

A1
Safe
Zone

① RashaLAe Ring &
span opening
activates / opens
Aurora platforms

A-1 Bottom

Earth D-2
Middle Mantle
Biomes

Earth D-2 Lower-Mantle
Aquifer Gates

Earth D-2
Lower
Mantle

② Aurora platforms activate
Aqualene Sun fields of
Aquafereion Shield

Earth D-2
Aquifers
Liquid
Outer
Core

③ Aqualene Sun fields activated
AdorA Ecousha Crystal City
Linking platforms

④ AdorA Ecousha sites activate
Gyrodome Host sphere

⑤ Gyrodome merges 4 Aurora platforms
& 4 AdorA Ecousha sites activating
the Aurora Slide Zone
Earth Host Domain

⑥ Aurora Slide Zone core
Eiron passage Ascension chamber

Earth &
Urtha
Shala - 13

AdorA
Shala - 13

Jhafa
3

Adams
2

Nada 1

Prana
Seed

Earth
D-2
Solid
Inner
Core

Earth Core
Gates

(Left side curved labels:)
Urtha Slide 5 to Saila Sira DN-2 Edon Sirius B
Ecousha 5 Gate
Slide 4 Urtha DN-1 will open
ASN Earth Slide 4 to Urtha
Ecousha Slide 4 ASN Earth DN-2 Open
Ascension Earth Slide 3
Ecousha Slide 3
Slide 2 ASN Earth DN-2 Closed
ASN Earth Slide 2
Ecousha Slide 2
Aurora Slide Zone Sphere
Gyrodome Klystal River Host Field
Magnetic Earth Slide
Slide 1

© E'Asha Ashayana, 1997-2020

184

Cale Yuga es el último de los cuatro ciclos en los que entra un sistema. Con el inicio de la Tierra, se inicia un proceso físico natural conocido como „Fuego Estelar".

La diferencia entre un sistema abierto y otro cerrado es que solo el abierto es parte de sistemas cristic que viven eternamente y tiene un acceso inagotable a la energía de la Fuente Divina.[200]

Los sistemas cerrados, a su vez, también se encuentran en la estructura del cuerpo del Absoluto, que en las doctrinas de la libertad se llama *alumeridana*.[201] Han cambiado su estructura original hasta el punto que ya no pueden obtener acceso a la energía de la Fuente Divina. Este estado se alcanza a través de una elección hecha por los seres en estos sistemas. En muchos casos, estas criaturas toman la decisión de separarse de la Fuente Divina y seguir existiendo como esclavos y consumiendo otros sistemas.

Nuestra galaxia Vía Láctea finalmente adquirió un estado de sistema cerrado en el año 2007 después de una serie de intervenciones negativas e intentos fallidos por prevenirlas.

Cuando tengamos una idea de la diferencia entre sistemas abiertos y cerrados, primero podemos tener en cuenta las elecciones que nosotros y otras criaturas hacemos. En particular, podemos hacer un balance de si seguimos los principios de amor y cooperación, o elegimos oponernos a ellos y seguimos un patrón de división, competencia, conflicto y obediencia. A partir de esta elección, determinamos en qué realidad viviremos (eterna o transitoria) y qué experiencia obtendremos en el futuro.

Los conceptos de sistemas abiertos y cerrados nos permiten comprender mejor lo que significa ser libre. Al vincular este conocimiento con la Tierra y al diseñar estas leyes a nivel planetario, vemos cómo una nación busca el dominio y la dominación sobre otra nación. Esta actitud de una comunidad conduce a la pérdida de su libertad, ya que la elección de la conducta de dominación y supremacía inevitablemente llevará a restricciones y regimientos kármicos. Cada usurpador será esclavizado en la misma medida en que él ha esclavizado a otros.

---

200 Traducción propia del inglés de "starfire"
201 WS The Milky Way mysteries - Amsterdam, 2007, disk 2

CAPITULO 10

LA LEY DE UNIDAD

La Ley de la Unidad se presenta en las enseñanzas de la libertad y el tantriara como un principio cósmico fundamental, cuya manifestación se explica detalladamente en sus diversos aspectos.

La comprensión de las leyes humanas siempre está asociada con una cierta voluntad individual o colectiva impuesta por aquellos en el poder y cuyo incumplimiento se ve reforzado por la sanción. De la misma manera primitiva imperativa, muchas de las religiones también presentan leyes "Divinas", y romper las reglas "Divinas" escritas implica la ira "Divina" y conduce a un "justo" castigo del "pecador". Esta forma de "Regla Divina" no se comparte en las enseñanzas de la libertad, y la Ley de Unidad debe considerarse como una ley física en lugar de una regla que alguien nos obliga a observar. Esto es esencial porque cada ser tiene el derecho de ejercer libremente su voluntad y es responsable de su comportamiento derivando en las consecuencias kármicas de sus acciones y no por que sea castigado, vengado o condenado por alguien. Si no cumplimos con la Ley de Gravedad y, por ejemplo decidimos saltar desde el tercer piso, nadie nos está castigando y nadie nos está imponiendo qué hacer y qué no. Sabiendo de la existencia de una ley física natural, podemos enriquecer nuestra vida, vivir con más armonía al aplicarlo y decidir si respetarla o no.

La Ley de la Unidad se puede describir brevemente de la siguiente manera:

Todos los seres son manifestaciones de la Fuente Divina y son partes eternas e indivisibles de ella que tienen la capacidad de expresarlo de una manera única.

El amor es el poder que desarrolla esta habilidad para manifestar la chispa cristic natural divina. Incluso en el manual de Catara primer nivel se pone hincapié en el estado de amor y en la comprensión de los diferentes tipos de amor: el amor suave, amor duro, el amor propio y el amor omnidireccional (hacia todos).[202] En Catara se explica el intercambio de energía que se produce cuando dos seres se aman. Este cambio es la armonización vibracional lo que permite crear una conexión energética entre ellos a través de la cual fluyen energías curativas. Por ende : si uno quiere ser sanador la condición imprescindible es tener amor hacia el paciente para apoyar su curación.

El amor "suave" es el amor tierno, compasivo, intimo y cercano en el que el amante se abre y lo transmite al amado. Este amor requiere una gran confianza y cercania lo que requiere madurez emocional y espiritual siendo cada uno responsable de sí mismo, sus valores, actos, pensamientos y sentimientos. El nivel de madurez emocional y espiritual significa no intentar manipular a los demás, no drenar la energía de otras personas, no tener la actitud de acusar a los demás o abusar de los sentimientos del ser que nos ama. El amor requiere respeto por si mismo y por los demás.

El amor "duro" es más difícil de reconocer y, a menudo, se malinterpreta en la sociedad. Es necesario cuando el hombre (el ser) que es el sujeto de los sentimientos no ha alcanzado la madurez espiritual y emocional antes mencionada.

Muchas personas se comportan de manera egoísta, agresiva, exigente, imponen, culpan y se niegan a ser responsables de sus propias acciones. A menudo, las personas que tienen heridas profundas de su infancia u otras encarnaciones tienen dificultades para ser confiados, respetuosos y amar a los demás, y su enfoque es manipulador y egoísta. Si las personas con este tipo de conducta son tratadas con amor suave, existe el riesgo de ser víctimas de sus acciones y sufrir violencia en diferentes formas. Muy a menudo, el comportamiento de las personas con una experiencia de vida difícil y un sistema de valores no armonioso es tal que repela a los demás ocultando los conflictos internos y las heridas que los torturan. Las personas en tal estado también necesitan amor, pero debe darse de tal mane-

---

202 E'Asha Ashayana , Kathara bio-spiritual healing system manual, level 1, 2000, pp.191-197

ra que no dañe a los que aman u a otras personas. Esto significa identificar claramente los límites entre las dos partes, aceptando ser respetuosos y no manipuladores, y que cada parte sea responsable de sus propias acciones. Si una persona que tiene dificultades psicológicas no quiere cambiar su comportamiento destructivo y pone a su compañero en un rol de víctima de alguna forma, entonces el segundo debe salir de este rol y revisar la relación para que no se manifieste el modelo del abusador y la víctima.

El amor duro también tiene como objetivo el bienestar y la felicidad de la persona hacia la cual se está experimentando, pero se expresa de una manera terapéutica para proteger al amor. Este amor no significa culpabilidad y negligencia hacia esa persona y no incluye el enjuiciamiento y el castigo. La distancia y los límites son saludables y la persona amada es responsable de mantener la relación en igualdad de condiciones con respecto al libre albedrío de su compañero.

Una comprensión profunda de este modelo psicológico de "víctima y agresor" y su liberación es clave para reconstruir nuestros potenciales y sentar las bases para una relación más armoniosa. El modelo psicológico "víctima-abusador" se presenta en las enseñanzas de la libertad incluso como un programa "V-A".[203] Este programa no apareció accidentalmente en la psique colectiva de diferentes seres, sino que fue un experimento psicológico creado deliberadamente, para contrarrestar las intenciones cristic de la Fuente Divina. Históricamente, este experimento ocurrió hace 480 mil millones de años en nuestro sistema paralelo ekasha, de una raza que decidió estudiar las causas de la caída de otras e incluso eliminar la posibilidad de esta. Este experimento no salió como se esperaba y provocó conflictos feroces en nuestro ekasha-e spectra. Más información sobre los acontecimientos históricos de esos tiempos remotos y las causas de gran parte de los problemas en nuestra ekasha, universo y la Tierra respectivamente, se puede encontrar en el taller "El Festival de la Luz", 2007.[204]

203 Traducción propia del inglés de "V-V program (victim-victimizer)"
204 E'Asha Ashayana, Workshop FOL, 2007

La Fuente Divina crea dentro de sí. Para que este proceso sea específico, se necesitan ciertas leyes que lo guíen. Esto significa que el Absoluto ha creado solo estas leyes y principios como parámetros en los que desea continuar el curso de la creación. La ley de la unidad es la ley original cuyo entendimiento nos ayuda a explicar mejor nuestra creación. Las enseñanzas

de la libertad revelan la esencia y el significado de la creación, pero también el orden matemático en que ocurre. En el nivel más original, Dios tiene, por definición, acceso a todos los mecanismos de creación que ha creado y a través de los cuales continúa eligiendo libremente seguir con el proceso de creatividad. Este proceso incluye no solo inspiración, pero también necesita una estructura en la que esta inspiración se exprese en la forma correspondiente.

La consciencia se diferencia a sí misma aceptando diferentes formas y se conoce a sí misma explorando las relaciones entre sus partes. Por lo tanto, la forma que recibe la conciencia no está separada de ella y no es algo inerte, sino que es una estructura viva compuesta de elementos de la conciencia de la Fuente Divina. Esto significa que ninguna criatura o partícula es lejana a la creación y tiene su propio propósito divino que la enseñanza nos ayuda a entender.

El hecho de que cada objeto exista como parte de la Fuente Divina significa que todo, sin excepción, tiene un cierto potencial para crear de manera consciente o inconsciente. Sin embargo, si un ser vivo pierde el conocimiento del proceso, o, en otras palabras, no puede hablar en el lenguaje de la creación, no puede usar su poder innato para su propósito previsto. Esta criatura creará, pero sin saber sobre el contexto o la comprensión de las herramientas para lo que crea. Por lo tanto, para estos seres, los procesos de creatividad parecen arbitrarios e impredecibles, y en sus vidas hay caos y ruina.

La Unión de Guardianes explica a través de Ashayana que las enseñanzas de la libertad y su aplicación en Catara tienen la intención de dar a las personas una guía práctica de los mecanismos de la creación que ayudarán a nuestra comprensión y nuestro sentido de la vida.

Este conocimiento es también la base principal sobre la cual se desarrollan todas las ciencias y tecnologías avanzadas de la luz, el sonido, la frecuencia y el electromagnetismo. Presentan las estructuras subyacentes de la energía electromagnética a través de las cuales se construyen todas las formas materiales.[205] Las reglas y normas que se consideran en las enseñanzas de la libertad están demonstradas con el desarrollo de la ciencia de la Tierra.

Una característica importante en Catara es que el conocimiento que se da no es un postulado dogmático que no deba ser discutido, sino que alienta a cada persona a buscar respuestas por sí misma. Lo que se propone es la estructura de la creación, las relaciones específicas y las relaciones de energía entre el microcosmos y el macrocosmos, así como las correspondientes técnicas de interacción con sus chakras, centros de Catara, escudos, plantilla de ADN personal, líneas axiotónicas, campos de mercaba, etc.

Además, si uno se percibe a sí mismo como pequeño e insignificante, pero considera a fuerzas externas en forma de ángeles, arcángeles, gobernantes del karma, maestros ascendidos, como autoridades a las que debe obedecer y dar su fuerza, él / ella pierde el significado básico de estas enseñanzas: el poder espiritual está dentro de todos y solo es necesario aprender a trabajar con él.

Al percibir esta actitud, uno deja de enaltecer a las autoridades individuales pero puede mostrar respeto por su personalidad y el trabajo que que ha realizado. Esta forma de pensar pone a una persona en posición de igualdad con absolutamente todo, lo que implica tanto ausencia de adoración servil como arrogancia y prepotencia.

Hay una diferencia importante entre el aceptar seres de dimensiones superiores como autoridades que vienen a salvarnos y a los que debemos abedecer o como amigos que nos puedan aconsejar sobre lo que podamos mejorar para desarrollarnos de la mejor manera.

Este es un signo distintivo importante para reconocer qué naturaleza se comunica con usted y qué actitudes provoca una doctrina. Si el ser insiste en la obediencia, no respeta el libre albedrío de los demás o se comporta con desprecio, entonces es más probable que

205 E'Asha Ashayana, Voyagers 2, Secrets of Amenti , p.451, 2002

sus intereses sean egoístas y manipuladores, y el consejo estorbaría la integración de uno con su avatar de Cristo.

Las enseñanzas de la libertad y su uso en Catara no están destinadas a personas que desean verse a sí mismas como ovejas que necesitan un pastor, como seguidores que necesitan un guru para obedecer incondicionalmente.

Se considera que esta actitud obstaculiza el desarrollo espiritual de una persona y desarrolla hábitos de impotencia, la actitud hacia la autocomplacencia y la fe ciega en la autoridad que amortigua los sentidos de la realidad circundante. Esta actitud de subordinación no es típica del hombre, el representante de la línea genética angélica, y el hecho de que en la civilización de los últimos milenios prevalezca un culto a las personalidades, la esclavitud, la dependencia y la división es una indicación de que los principios de la organización de esta civilización están en contradicción con el orden natural de la igualdad y de igual importancia para todos.

Si nos ponemos a pensar qué significa que una religión o doctrina espiritual vea a las personas como ovejas y el líder espiritual o incluso Dios como pastor, revelaremos cuál es la relación entre este líder y su "rebaño". Comencemos por responder a la pregunta de por qué un pastor cuida ovejas. Primero, los trata como un producto que le trae bienes: lana, leche y cuando se necesita, carne.

Para él, las ovejas son un medio de vida y un recurso económico. El pastor no necesita que cada oveja muestre su individualidad, sino que busca que sus animales sean fáciles de manejar, que permanezcan en el establo y no tengan curiosidad hacia el mundo exterior.

El pastor protege a las ovejas de los lobos porque las considera como su propiedad y fuente de riqueza. Cuando una oveja se separa del rebaño, como se relata en la historia bíblica, debe ser considerada como perdida y no como decidida a ejercer su libre voluntad y buscar la independencia del pastor y del rebaño. Por lo tanto, las acciones del pastor se consideran de rescate y no van contra la libre voluntad de la oveja curiosa.

Por último, pero no menos importante, no hay comunicación directa entre las ovejas y el pastor y no se considera posible tener una, lo que significa que las ovejas no deben hacer preguntas al pastor, y él a su vez no tiene la obligación de proporcionarles ninguna información. Incluso si pudiera comunicarse con sus ovejas, si el pastor les contara las cosas hermosas de la vida y estimulara la necesidad de desarrollarlas, inevitablemente se repetiría la situación de la "oveja perdida", esta vez en una escala mayor y entonces su recurso económico se reduciría. Por esta razón, el pastor no quiere que sus ovejas se desarrollen y mantendrá su entorno para que no les ayude a que se desarrollen, para que teman al mundo exterior y no hagan preguntas sobre su propio origen, función y propósito.

Finalmente, las ovejas se utilizan para ofrenda al Dios de ese pastor.

Preguntémonos qué es este ser que necesita sacrificio y ¿debemos aceptar que éste es el Dios Creador amoroso de todos? Es doloroso cuando encontramos tales contradicciones y mensajes en ciertas religiones, pero cada persona pensante debe juzgar qué cosas resuenan con su comprensión de Dios y qué cosas no de un libro religioso en particular. Es mucho más doloroso cuando aprendemos de la historia que todas las doctrinas se han infiltrado, sin excepción, y se han convertido en estudios que ofrecen caminos mixtos.[206] Esto no significa que sus seguidores deban rechazarlos necesariamente, sino estar alerta cuando descubren cosas que no cuadran para liberarse de las trampas colocadas intencionalmente en estos libros.

Para descubrir si una ley es buena, debemos observar qué sucede cuando se aplica en su forma más pura.

Aplicar la Ley de Unidad en la comunicación con las personas significa no discriminar a persona o grupo por diferentes principios, que nadie sea más importante y valioso que cualquier otra persona. Sin importar el conocimiento, los talentos, las habilidades, la bondad de carácter, nadie es más importante o menos significativo que otra persona. Esto no significa que todos puedan tomar decisiones en todos los sectores, pero debe entenderse que cuando alguien de-

---

206 Ascension mechanics, projectcamelot productions on www.youtube.com , 2010

sarrolla cierta calidad y aprende cierto conocimiento, es un experto en el campo.

Entonces esta persona puede aplicar las lecciones aprendidas o enseñar a otros, pero esto no lo hace más importante que otros miembros de la sociedad y merece más bienes materiales o privilegios especiales que no estén relacionados con el ejercicio de su actividad. Es típico de la sociedad actual asi como en las civilizaciones antiguas conocidas evaluar la importancia de las personas y priorizar a unas antes que otras. Hoy se entiende la igualdad como un inicio equivalente a la lucha por la supervivencia, y todos obtienen una cantidad diferente de riqueza según la forma en que el sistema evalúa su trabajo, sus orígenes u otras cualidades.

En casi todas las culturas conocidas de sociedades organizadas hay varias formas de división inadecuada de personas por su importancia o la discriminación de ciertos grupos, lo que viola la Ley de Unidad. Si tomamos como ejemplo, las élites forman los estratos económicos diferenciados de la sociedad, en general, de los trabajadores, la clase media, la élite. En este modelo, la energía y el trabajo de algunas personas se utiliza para mantener el estado elitista de otro círculo que mantiene el estado de los que están por encima de ellos. Este modelo vicioso y corrupto de la división socioeconómica de la sociedad está en contra de la Ley de Unidad y es ajeno a las razas crístic en el universo. La limitación de conocer solo un modelo social desconcertante y contradictorio es una fuerte tentación de percibirlo como el único posible y, luego, si se ven sus debilidades, no se las cuestiona y no se ofrecen e implementan mejores alternativas.

Cuando aplicamos la Ley de la Unidad, podemos reconocer el desarrollo armonioso de una persona y apreciar sus logros con respeto y gratitud por su servicio a la gente. Al mismo tiempo no subiremos a alguien en los altares en una adoración maniacal, tampoco nos sentiremos insignificantes por sus logros. Por el contrario, cuando nos comunicamos con personas y otras criaturas que están por delante en el camino de la evolución, podemos aprender rápido y mejor las lecciones.

Una pregunta lógica es cómo se puede organizar una sociedad cuando sus miembros no están dispuestos a implementar la Ley de la Unidad y realizan acciones que la violan. ¿Es posible ser guiado por el amor hacia esas personas sin descuidar a los otros que sufrieron las consecuencias del incumplimento de esta Ley? Es posible y deseable respetar al mismo tiempo la libre voluntad de los que infringen la Ley de la unidad, recordando que ellos también son parte de esta unidad y a la vez proteger a otros miembros de la comunidad de las consecuencias de la infracción?

Restringir la libertad de movimiento y el trabajo terapéutico con los delincuentes para que sean conscientes que están vinculados a otras personas a las que deben respetar es un método mucho más efectivo que la restricción autolimitada de la libertad de movimiento y la colocación de la persona en el entorno con otros delincuentes. El establecimiento de marcos de la libertad de tales personas no se hace con el propósito de castigar o vengarse, sino para proteger a los demás y prevenir en la medida de lo posible que se dañen a sí mismos trabajando para expandir su conciencia. Estas formas de limitación pueden aplicarse individualmente a una persona, pero también se aplican a grupos grandes que han elegido convertir en víctimas a todos los que se cruzan en sus caminos.

En el presente, estamos presenciando la cuarentena de todo nuestro sistema veca porque ciertos lideres en él continúan siguiendo el camino de la asimilación de todos los otros sistemas, a lo que llaman su "Objetivo Primario". Este "objetivo primario" ha llevado a la caída de la constelación Lira hace 250 mil millones de años, conocida en la Biblia como el concepto de "pecado primigénio". Puede encontrar más información sobre eventos históricos y conflictos entre diferentes razas en nuestro sistema en el taller "Festival de la Luz" de 2007, realizado por Yesha Ashayana.

Este tipo de comportamiento es un riesgo de destruir sistemas más grandes, de los que forma parte nuestra veca, por lo que los Consejos de los maestros de los niveles superiores toman la decisión de cerrar nuestro sistema.[207] Cuando un sistema se cierra, sus

---

207 E'Asha Ashayana, dispensation from Dec 2012, Arhayas.com, 2013 http://

recursos se vuelven limitados y los seres que viven en él, muy a menudo, comienzan una lucha por la supervivencia que se convierte en conflictos agonizantes y las relaciones se degradan progresivamente. En otros casos, sin embargo, los seres en el sistema cerrado aceptan las consecuencias de sus acciones y entienden que están en esa situación porque no han seguido los principios de amor y respeto mutuos y no han decidido vivir en paz y armonía aplicando las virtudes de Cristo y la Ley de la Unidad. Nada ni nadie puede estar fuera de la Fuente Divina ni tampoco dejar de ser parte de Ella. Lo que un ser puede lograr ejerciendo su libre albedrío es perder la memoria de su conexión con el Absoluto y vivir de una manera como si no existiera, lo que lleva al sufrimiento para él y para otros seres con los que conecta directamente.

La aplicación de la Ley de la Unidad a la naturaleza de la Tierra, la actitud hacia los animales y las plantas es clave para lograr la armonía ecológica y la conservación de diferentes especies. Si consideramos a los animales y a las plantas como manifestaciones del Absoluto y sentimos amor por ellos, debemos apoyarlos, proporcionando el mejor entorno posible para su existencia y no los consideramos sólo como un recurso para nuestra existencia humana criando varias especies biológicas en condiciones inhumanas. La necesidad de alimentarnos de plantas y animales es el resultado de mutaciones externas no naturales en la biología humana. Este estado no era la forma original de cargarse de energía para los humanos, lo que se explicó brevemente en el capítulo cinco de este libro y las fuentes citadas en el mismo .

Si respetamos a otras especies como formas divinas que forman parte de nosotros, deberíamos abordar el proceso de comer con una actitud sagrada y la gratitud ritual necesarias, sabiendo que este es un proceso normal hasta la restauración del estilo de vida breteriano.

Cuando Ashayana y la Unión de Guardianes presentan determinada información, tratan de explicarla de manera comprensible para la ciencia moderna, no presentarla como una propaganda religiosa que debe seguirse porque dice ser Divina. Respetar el libre albedrío y la inteligencia de los lectores y oyentes requiere que la Ley de Unidad sea explicada y no impuesta. Una de las maneras más claras de entenderlo es estudiar la conectividad del microcosmos y el macrocosmos y su dependencia entre sí. Esta conexión se ve en la ciencia de los escudos o en la psicología, en nuestras relaciones con varios colectivos (llamados en las tradiciones esotéricas egregores). Cada persona está conectada con su familia, equipo de trabajo, círculo de amistad, personas y la raza humana, y por lo tanto pueden ejercer influencia en estas comunidades. Dependiendo de su rol (ubicación del escudo) y poder de impacto (poder de implementación), cada persona puede realizar ciertos cambios en los grupos respectivos. Es importante cómo se coloca un grupo en relación con un grupo más grande: por ejemplo, ciertas comunidades familiares tienen una mayor influencia en la comunidad de su nación que otras. La ubicación en un escudo colectivo determina el grado de influencia, pero no si ésta influencia será beneficiosa para la comunidad o no.

A través de las Enseñanzas de la libertad y la aplicación de ciertas técnicas cataras, uno puede aprender gradualmente más sobre sus orígenes, cómo influir en su comunidad de una manera positiva, y si no quiere esta influencia, como liberarse definitivamente y de forma segura de un escudo corrupto.

Cuanto mejor conozcamos nuestra conexión con colectivos más grandes, mejor comprenderemos a qué influencia están expuestas las comunidades más pequeñas con las que estamos conectados. Por ejemplo, los problemas de desarrollo de una nación tienen un impacto negativo en todas las familias que la componen. En consecuencia, los problemas de toda la humanidad afectan adversamente a todos los pueblos y familias. ¿Cuántas personas han sido masacradas de forma monstruosa, cuántas caminatas de "fe recta" se han llevado a cabo en total contradicción con la esencia de las respectivas enseñanzas religiosas y lo que predicaron partes de sus libros religiosos?

Para muchos es muy difícil deshacerse del reflejo para culpar a otros por sus problemas y condenar a otros por su propio comportamiento. Al mismo tiempo, es muy fácil para estas personas justificarse por haber sido desafiadas para un acto agresivo.

En la cultura de todos los pueblos durante miles de años y hoy en día hay una reacción común a la conducta inarmónica : es el enjuiciamiento y la condena a la persona. La política de destrucción de los síntomas de una enfermedad es característica tanto para la medicina como para el derecho en la sociedad moderna. Cabe aclarar que la evaluación de un comportamiento es diferente a condenarlo. La diferencia principal es conseguir eliminar las causas que lo provocan y no personas o eventos que lo producen.

Los verdaderos guardianes del conocimiento sagrado nunca quitarían la voluntad de alguien para negar o aceptar cierta información. No confían en la fe ciega y no proporcionan afirmaciones inexactas o semi-verdaderas que confundirían a las personas. La información proporcionada por los guardianes Eyeanos y las razas cristic a través de Ashayana, considero que es consecuente, extremadamente profunda, clara y enriquecedora revelando la naturaleza del hombre, el poder que tiene y su uso adecuado. Una comprensión gradual de esta información es especialmente necesaria hoy en día cuando tiene lugar la última ascensión de criaturas con potenciales cristic. En lugar de llamar a la fe ciega a los que estudian las enseñanzas, los Eyeanos alientan a todos a sentir cómo responden a la esencia de la información y a comprender las inscripciones en ella. La interpretación de la inscripción es esa cualidad por la cual una persona consigue darse cuenta de qué información es real y cuál no, nota la intención que hay detrás de la pronunciación de una palabra o detrás de la pintura de un cuadro. Cuando esta cualidad se desarrolla masivamente, las personas son mucho más difíciles de manipular, y esto creará un problema para aquellas organizaciones e individuos que desean tal manipulación. Esto es asi porque si uno no sigue la fe ciega sino siente su reacción intuitiva, empieza a hacerse preguntas y buscar respuestas satisfactorias. Esta reacción intuitiva es una forma de comunicación entre el hombre y su representación superior, por ejemplo su Avatar que manda mensajes intuitivos.

A las enseñanzas religiosas que pretenden explicar el origen Divino del universo y del hombre (como es el caso de las Enseñanzas de la libertad) no les debería importar que sus tesis se comparen con otras. Al contrario, las Enseñanzas de la libertad animan a la gente que conozcan otros sistemas esotericos, textos religiosos o ciencias exactas para comparar la información, buscar los puntos comunes pero tambien marcar las diferencias.

La siguiente característica esencial en la transmisión del conocimiento espiritual es si se realiza de forma enigmática y fragmentaria o se transmite para que la mayoría de la sociedad pueda entenderlo. Las enseñanzas de la libertad se caracterizan por esta última. El conocimiento que recibimos incluye una historia real a partir de sus inicios para nuestra matriz de tiempo, hace 950 mil millones de años. La descripción de los años terrenales (aunque la Tierra no existía en ese momento) de un período tan largo nos da límites temporales claros y desarrolla aún más la idea científica del universo de que es mucho más antiguo de lo que suponemos hoy: 13.700 millones de años.

Cuando la información sobre la historia desde hace tanto tiempo se transmite, es difícil percibir tal realidad como verdadera, ya que ni los participantes ni los momentos ni los lugares nos son familiares en este momento.

En la mayoría de los otros textos religiosos, los marcos temporales de la creación no están claramente indicados si se ha intentado representar este periodo. En la doctrina cristiana, por ejemplo, se habla de un cierto número de días, y se marca un comienzo abstracto que no nos da suficiente claridad sobre el período de la creación. En la versión original del cristianismo, los libros, que formaban parte de la Biblia, tenían que ser la base espiritual de esta religión, incluían información sobre la historia pre-antigua y la estructura del universo y el hombre.[208]

Por lo tanto, a la pregunta cuándo se ha originado la vida en el universo o más precisamente en nuestra matriz del tiempo, la re-

---

208 E'Asha Ashayana, Voyagers 2 - Secrets of Amenti, Granite Publishing, 2002, pp.101-105

spuesta dada en las enseñanzas de la libertad es hace unos 950 mil millones de años. Debe tenerse en cuenta que el tiempo y el espacio son uno y el pasado no se pierde irremediablemente, el contacto con los seres que son llamados razas-fundadoras es posible y factible. La creación surge y existe simultáneamente en todas sus vías de desarrollo potencial. Todas las lineas temporales surgen a la vez y las elecciones que hacemos determinan que realidad vivimos.

En las enseñanzas de la libertad, se explica brevemente cuáles son las razas fundadoras a partir de las cuales todas las razas se originan en nuestra matriz del tiempo, incluida la raza humana angelical.[209]

La Ley de la Unidad nos explica la interrelación más básica que existe: la que existe entre la electricidad y el magnetismo y cuál es su comienzo e interacción comunes. Esta relación es la base de la relación entre los principios masculinos y femeninos a nivel cósmico, pero también a nivel personal. En las enseñanzas de la libertad, se presentan las relaciones matemáticas entre la manifestación masculina de los sistemas en el espacio (parte Partike) y su manifestación femenina (parte Partikum). El conocimiento de estas partes separadas pero complementarias de la creación es necesario para comprender el proceso de ascensión que ocurre después de la fusión armoniosa y natural entre las dos manifestaciones complementarias.

Para que un conocimiento sea útil, debe ser presentado y comprendido claramente por quienes lo asimilan. Por ejemplo, cuando se trata de las razas fundadoras, es necesario responder claramente a las preguntas de dónde vienen, dónde están, cómo se ven, cuántas son, su actitud hacia el Absoluto y las otras razas, la importancia de su relación con la humanidad.

Hoy en día, hay una serie de requisitos previos para una mejor difusión del conocimiento sagrado de los cátaros y las enseñanzas de la libertad.[210] Primero, todas las conferencias públicas y las char-

---

209 E'Asha Ashayana, Dance for life - manual, 2002, pp. 131-147
210 The Evolutionary Path of Human Consciousness. Secrets of the Melchizedek's and Guardian races, 1999; Dance for Love workshop, 2002; Dance for freedom workshop; Dance for life - manual, 2002

las se pueden grabar en vídeo. Esto es importante para que una persona se familiarice con ella, sienta la energía del orador y aprecie tanto el contenido como la forma de presentación. Hace 2000 años, no existía tal oportunidad y en lo que se basan numerosas religiones en la actualidad, sin menospreciar su contribución, son historias sobre historias que se han escrito, editado y seleccionado. Muy pocas personas pudieron ver y escuchar lo que decían los oradores, y en algunas de las Escrituras ni siquiera se trata de testigos presenciales.

A continuación, Internet permite que la información se difunda casi instantáneamente, en cantidades ilimitadas y en casi todo el mundo. Si pensamos en lo difícil que es escribir un libro y difundirlo libremente entre las personas de aquellos tiempos, podemos llegar a la conclusión de que la mayoría de la población no se ha familiarizado con la forma original en que se presentaban las enseñanzas.

Una condición importante para la rápida difusión del conocimiento sagrado es el mejor ambiente político, las condiciones más humanas entre un gran número de naciones y la mayor tolerancia de la mayoría de las religiones y las escuelas esotéricas en la actualidad. Esto le permite a cada persona aprender sobre diferentes enseñanzas espirituales y tradiciones antiguas y decidir a cuál pertenecer. Es responsabilidad de cada uno evaluar la información, su consistencia y su contradicción, su calidad y sus fuentes, y no necesariamente depender de la evaluación de otros, ya sean representantes de instituciones religiosas o no. El acceso gratuito a la información es un regalo que viene con la responsabilidad de si lo usamos o no. Una vez que la información está disponible, el aceptarla o rechazarla sin reflexionar es la elección de cada uno. Esta actitud demuestra respeto por las personas y fe en su capacidad para escuchar su voz interior.

Luego de un acceso relativamente libre a la información en tiempo real, también podemos resaltar la mejor educación a la que la mayoría de las personas tiene acceso. Este es el requisito previo clave para aumentar nuestra capacidad hoy en día para evaluar la información, asimilarla de una manera conveniente para nosotros y, finalmente, integrarla como un conocimiento espiritual que promueva nuestros ideales y valores. Por ejemplo, podemos imaginar lo difícil que sería para una persona común de aquel tiempo percibir que la Tierra es redonda y aún menos entender el concepto de las dimensiones, los universos armónicos y su relación con los centros de catara en el cuerpo humano.

La ciencia de la física cuántica, la astronomía y la biología molecular son importantes para la percepción gradual del conocimiento de Catara.

Imagínese lo que le pasaría a un hombre de la Edad media que insiste en que vivimos en un planeta en forma de globo o que comparte públicamente conceptos tan "absurdos" y no convencionales.

CAPÍTULO 11

EL RIO DE CRISTAL

La fecha del 21.12.2012 estuvo cargada de una enorme energía y atención pública, y pasó sin cambios visibles en la sociedad. La falta de visibilidad de ciertos fenómenos no significa que no haya habido eventos significativos en el mundo energético, en este caso : eventos que marcan una nueva época para toda la galaxia de la Vía Láctea.

En el período 21.12.2012 - 03.01.2013, la Tierra fue objeto de activación de las redes con frecuencias de los consejos de magistrados de la Alhambra de Cosminyas.[211] Los consejos de la Alhambra son el nivel más alto de los Consejos Maestros de Mashaia-Hana. Su primera intervención fue tranquila e invisible, fue el 08.08.2011, cuando se perforó el escudo de Salomón. Los consejos de magistrados de la Alhambra son los Guardianes de la Ley del Christ Eterno.[212]

Este período permanecerá en la historia de nuestro planeta, así como en la historia de todo el veca como el evento más significativo de la intervención de Cristo en la Tierra. Los guardianes llaman a este período con mucho cariño : Los "13 días de Teosofía cristic (Christ-mass) y el despertar de la semilla de plata del planeta". El proceso de transformación de la Tierra que conocemos, donde la vida ha estado sujeta a una mutación no humana durante tantos años, se ha iniciado desde que sus biocampos se empezaron a entrelazar con los biocampos de la versión cristica más avanzada de la Tierra llamada Tierra media.[213] La combinación de los campos de la

---

211 Para más información quiénes son estos seres y desde dónde influyen a nuestro planeta, podéis encontrar en el taller "Sliders 12 part 2" y "Sliders 12 part 3", 2012, "Tantri-Ahura teachings.The path of bio-spiritual artistry", August 2012
212 Para más información ver en "Sliders 12 part 3", May 2012
213 E'Asha Ashayana, Workshop "The Waters of E-lAi-Sa...", 2013, disk 1

Tierra Media y nuestra Tierra formó un nuevo campo de energía, en el que hoy se encuentra una gran cantidad de gente y que se llama Tierra Aurora.

Este proceso de transformación se realiza a través de la llamada fusión tantrieja, que también se conoce como "dos se convirtieron en tres que se convirtieron en uno". En un mensaje oficial[214] de los Guardianes a través de Yesha Ashayana, ella explica lo que significa este período:

1. "A través de nuestros mecanismos actuales (que siguen vigentes) del Sistema de Seguridad del Receptor del Río Cristalino,[215] nuestra Tierra Aurora ya tiene estatus de planeta ascendiente. Sus Al-ham-bra pasajes trans-tempo de portales "D-conectados"[216] están y quedaran permanentemente abiertos para los siguientes 900 años[217] de la Tierra Aurora.

2. En segundo lugar, con las activaciones que se han producido, las luchas invisibles por las redes (plasma guerras), a las que la Tierra está sometida desde eones, se han completado. Estas guerras con las frecuencias alcanzaron un punto cero de la tolerancia cristica entre septiembre de 2000 y agosto de 2011. Fue en agosto de 2011 cuando la intervención de los consejos de magistrados de la Alhambra y el sistema de seguridad de Cristo se convocó y se inició su activación. Después del 03.01.2013. este sistema finalmente prevaleció y permanecerá en vigor en el período de evacuación durante los próximos 900 años.

3. El templario planetario y los sistemas de portales de nuestra Tierra Aurora están totalmente protegidos por los consejos de magistrados de la Alhambra de Cosminyas y Melquisedec, la orden esmeralda del monje Melquisedec debido a la activación del Sistema de Seguridad del Receptor Río Cristalino. En consecuencia, los sistemas Alpha-Omega y Fatali caídos están permanentemente sel-

---

214 http://www.arhayas.com/pages/dispensation-dec2012
215 Krystal River Host Fail-Safe
216 AL-Hum-Bhra Trans-Time Passages D-Span Gates
217 Hasta el año 2913

lados y bloqueados para que las razas Fatali y aquellas que eligen el camino de regreso a través de la caída no invadan desde el exterior o el interior.

4. Durante los próximos 900 años, la Tierra de Aurora se convertirá en una estación intergaláctica para ascender para muchas formas de vida y conciencia que buscan el último puerto crístico para salir de las galaxias en caída permanente, como es también nuestra Vía Láctea. Los sistemas solares en estas galaxias también están en caída, incluido nuestro sistema solar. Un gran número de formas de vida y conciencia que tienen el potencial de ser evacuadas en sistemas crísticos comenzarán a nacer en nuestra Tierra de Aurora, así como a hacer visitas.

5. Durante estos 900 años, en los que Tierra Aurora se convertirá en una estación intergaláctica de ascensión, habrá muchos cambios de "idas y venidas" de vida y conciencia que se encuentran en sus campos. La Tierra experimentará ensamblajes geológicos lentos pero progresivos mientras dure el proceso del cambio crístico y la sanación del mercaba actual en la Tierra.[218]

6. El sol en nuestro sistema solar está en un proceso irreversible de morir, también conocido como bardo, lo que creará muchos cambios y la necesidad de adaptación de la vida en la Tierra.

7. En el período de enero de 2013 al 2047, nuestra Tierra de Aurora transfigurará progresivamente otra 1/3 parte de su materia atómica y frecuencias que corresponden al receptor crístico en materia atómica plasmática eterna que proviene de los Niveles Dha-Yah-Tei.[219]

8. Entre 2047 y 2912, el tercio restante de materia, vida y conciencia en los campos de la Tierra de Aurora se transformará en materia atómica plasmática eterna de los niveles de Dha-Yah-Tei. Tierra Aurora y Utta comenzarán lenta y progresivamente su ciclo de fusión tántrieja planetaria para alcanzar su ascensión

---

218 The 34-R same-spin-set Deathstar Merkaba Field" of the Net Earth aspect of Aurora Earth progressively heals and returns to an organic Krystic Merkaba „counter-spin-set".
219 Eternal Life elemental-atomic Plasmas of the DhA-Yah-TEi Planes

Kristar Adashi-3 a través del receptor del Consejo de Magistrados del Río Cristal de Alhambra y la orden esmeralda del monje Melquidezec.

9. Hasta ahora, nuestras vidas continúan aquí y ahora, y los amados guardianes crísticos de la Alhambra, los consejos de magistrados de Cosminyas, que dirigen el receptor del río Cristalino entrarán en contacto con cualquiera que esté abierto a las enseñanzas de Tantriara, el camino de la artesanía espiritual del alma. A través de esta doctrina, podemos redescubrirnos como seres de Cristo eternos a los que se les confía el cuidado de nuestro templario en la Tierra de Aurora mientras caminamos juntos durante los 900 años de evacuación a través del Río de Cristal.

El 21 de diciembre de 2012, se activaron los llamados arcos de Areas.[220] Las frecuencias que entraron en la Tierra pasaron por las puertas de la galaxia y el sistema solar, tal como se describe en el manual del taller de diciembre de 2012. Este movimiento de energía consiste en pasar por las siguientes puertas estelares:

1. La ubicación inicial y de inicio desde el cual se envían las frecuencias se llama matriz Aqueri.

2. Después, las energías entran en la galaxia M31 - Andrómeda. Su nombre es matriz Aquinos.

3. Desde Aquinos, las frecuencias entran en nuestra galaxia Vía Láctea y pasan a través del portal número 8 veca, que es Mintaka, en la constelación de Orión.

4. El siguiente paso en el camino de estas energías es a través del portal veca número 5: Alcion, la constelación de las Pléyades.

5. Cuando pasan por Alcion, las energías entran en nuestro sistema solar y pasan por su portal estelar número 8, que es el planeta Urano. Aunque Urano se considera el séptimo planeta en el sistema solar, es la puerta número 8, ya que el quinto planeta Meldek ha sido destruido en el pasado y en su órbita (entre Marte y Júpiter) ahora hay numerosos asteroides.

---

220 Traducción propia del inglés de "Arcs of Arhayas"

6. A continuación, las energías pasan a través del cinturón de asteroides o portal estelar número 5 del sistema solar.

7. Al pasar por el cinturón de asteroides, las frecuencias pasan por Venus, que es el portal estelar número 2 del sistema solar. Si imaginamos la red de Catara del sistema solar, significa que las energías pasan a través del eje central a través de los portales 8, 5 y 2, luego se dirigen a la Tierra, que es la puerta número 3 en el sistema solar pero también en toda la galaxia.

8. En la Tierra, las frecuencias areas pasan a través de los cinco complejos catedrales de la red de la Alhambra. Inicialmente, pasan por el complejo de Alhambra núm. 2, que es Machu Picchu (el quinto portal estelar del templario de la Tierra)

9. A continuación, se encuentra el complejo Alhambra núm. 1 - Florida, posteriormente cruza Oslo, la isla de Bali y Alejandría, Egipto.

¿Cuál es el significado de esta información y para qué es bueno prepararnos en las próximas décadas y siglos en la Tierra?

En primer lugar, es importante tener en cuenta que este es un evento muy positivo, cristianamente hablando, para el planeta y sus habitantes. Cuando los potenciales para una ascensión vertical natural del primer universo armónico al segundo se perdieron en la Tierra, se descubrió esta oportunidad para la llamada ascensión "Kristar" de nuestro planeta a los "niveles internos" de la creación.[221] Se puede comparar esto en lugar de pasar de tercer grado (tercera dimensión) a cuarto grado (cuarta, quinta y sexta dimensiones), pasamos a un nivel de maestría (a niveles más allá de la matriz de 12 dimensiones). Esta evolución acelerada para el planeta y sus especies biológicas necesita una asimilación acelerada de las vibraciones, es decir, la comprensión de los procesos energéticos, los eventos espaciales históricos y la aplicación de técnicas. Esta es la razón para dar información por primera vez en nuestra galaxia desde los discos de cristal Kumea Alhambra, que se encuentran en la galaxia

---

221 E'Asha Ashayana, Introduction to Shiftmasters, hostmasters and Earthcync celebration, 2013, p.45-59

Andrómeda M31 llamada Aquerión, Aquinos. En enero de 2009, el contrato del portavoz Yesha Ashayana fue complementado por un portavoz de la Orden Esmeralda que presentaba información de los registros de Dora Teura, traduciendo y distribuyendo los discos de cristal Kumea Alhambra.

El río Cristalino es una coalición de razas, que son guardianes crísticos que viven en nuestro ekasha-e spectra 3, pero en diferentes corredores ekasha. Además de las razas crísticas de nuestra ekasha, la intervención para la protección y la evacuación gradual se lleva a cabo mediante consejos cristic de otros dos ekasha corredores. Por consiguiente, el río cristalino son tres espirales cristic de tres sistemas que se han reunido y están conectados en el núcleo de la Tierra.

Una vez que se presenta la información sobre el mapa multidimensional del espacio con sus sistemas lejanos, podemos tener una idea de la magnitud de esta intervención cristic.

Estas razas han alcanzado el desarrollo de sus potenciales cristic y se han prometido a sí mismas cooperar con los sistemas que están en declive, para que sean regenerados o evacuados, de acuerdo con los principios cristic. Esto significa que la intervención se realiza con el propósito de proteger a los seres, no de defenderlos. Lo último implica una actitud de conflicto y división. Esta diferencia sutil en la actitud hacia los problemas asociados con los conflictos entre colectivos estelares que se han traducido en conflictos duraderos entre los pueblos y las religiones en la Tierra, es el reconocimiento de que todos se originan en la Fuente Divina. Incluso si algunos seres lo han olvidado y actúan de manera monstruosa y con las intenciones opuestas a la intención cristic de la Fuente Divina.

El principio cristic de preservación no debe entenderse de ninguna manera como una debilidad por parte de las criaturas cristic. Como resultado de su implementación, se crean campos de energía que devuelven las energías negativas a su fuente y pueden llevar a la destrucción de quienes los enviaron. Dado que el objetivo no es esta destrucción, las razas cristic recuerdan y advierten que mantendrán hasta el final a aquellos de quienes son responsables, incluido el planeta Tierra y sus especies biológicas que tienen potenciales cristicos. Esta advertencia es también una expresión de preocupación por las razas caídas agresivas que tienen la opción de no continuar con su ataque energético.[222] A pesar de estas advertencias en los últimos años, especialmente en 2007-2012, la Tierra estaba en el centro de una guerra casi invisible y silenciosa en las dimensiones superiores. Como resultado, se hicieron varios intentos para enviar espirales de energía anticristicas y no naturales por parte de diferentes razas caídas. Después de que fueron convocados los consejeros magistrales Alhambra de Mashaia-hana consejos y fue activado el escudo Alhambra por naves de plasma alrededor de la Tierra, estas espirales de energía fueron devueltas con las frecuencias de plasma crísticas a los seres que las enviaron.

El proceso de ayudar a evacuar criaturas, pueblos o un planeta entero se realiza a través de la así llamada, combinación tantrieja. Este proceso es posible cuando las criaturas que se evacuan desde sistemas en caída tienen una oportunidad energética para conectarse con la ola Kristar que ha sido enviada por la Coalición del Río Cristalino.[223]

Más información sobre las razas que han formado la Coalición del Río Cristalino, así como sobre las razas caídas y su influencia política y religiosa en la Tierra, podéis encontrar en el taller "El Festival de la Luz", 2007[224], así como en el volumen 1 del taller "Las 12 Tribus".[225]

En la actualiadad y después del año 2013, en la Tierra se activan el nivel siguiente de las vibraciones cristic, llamadas frecuencias Ileisa, a través de la liberación de los 32 Ileisa-Areas-Alhambras sellos y la apertura de los túneles Ileisa-Alhambra.[226] Este proceso va a seguir durante 30 años y va a acabar en el año 2043.

Las personas que participan en la activación de las frecuencias de Ileisa en el planeta son parte de los "Guardianes de Ileisa". Es-

222 E'Asha Ashayana, 12 tribes manual, volume I
223 E'Asha Ashayana, Workshop "The Waters of E-lAi-Sa...", 2013, disk 3
224 E'Asha Ashayana, Workshop FOL, 2007
225 E'Asha Ashayana, 12 tribes manual, volume I
226 E'Asha Ashayana, Manual "The Waters of E-lAi-Sa...", 2013, p.41

tas invisibles cristic-índigo personas que viven como cualquier otra persona hoy en día en la Tierra, dan inicio a una gran organización que ya existe en el futuro y que es responsable de la comunicación multidimensional entre los diversos seres y razas. Esta organización se llama el "Centro para el Avance de la comunicación multidimensional" y existe oficialmente en nuestra línea de tiempo en el año 6520.[227] Los estudios tantriara son la base de esta perspectiva y de una comprensión más completa de la interacción entre diferentes realidades.

En nuestra realidad, hoy y aquí en la Tierra, está ocurriendo un evento extremadamente raro e importante, sin precedentes para todo el ekasha corredor en el que nos encontramos, y más precisamente: la ascensión kristar del planeta. Este es un gran salto en la evolución del planeta y sus razas y continuará durante los próximos nueve siglos. La ascensión kristar resulta absolutamente necesario porque, de lo contrario, nada ni nadie podrá abandonar el sistema y regresar a la Fuente Divina como un ser consciente evolucionado.

La presentación de esta información no pretende solo eso sino que el mensaje (la inscripción) que contiene es una llamada a aquellos que han buscado y esperado el regreso de las verdaderas enseñanzas cristic y los conocimientos del templario. En el primer volumen de "las Doce Tribus", Ashayana explica que los Guardianes invitan a personas de diferentes orígenes, que han firmado un contrato antes de su nacimiento, para ser entrenados a ser los guardianes del templario en Urta. Cuando estas personas estén listas, serán contactadas por el consejo de Urta u otro consejo crístico, y su entrenamiento continuará en los niveles sutiles de la creación.

Para muchas personas y otras criaturas, no será posible atravesar portales de ascensión, ni en vida, ni después de su muerte. Esto se debe al hecho de que su plantilla ADN está dañada de manera fuerte e irreparable. La razón por la que no pueden ir a los niveles cristic no es porque alguien condene a estos seres, sino porque si se les permite pasar a través de un portal, su sustancia sufrirá una implosión y se convertirán en polvo estelar al instante. Los guardianes no inten-

---

227 E'Asha Ashayana, Workshop"The Waters of E-lAi-Sa...", 2013, disk 4

tarán evacuar a una persona u otro ser a menos que sea físicamente apto para atravesar el portal estelar. Algunas de las razas caídas han hecho intentos similares en la Tierra. Estos experimentos acababan trágicamente para los seres que se habían utilizado siendo los experimentos sobretodo con vacas.[228] Para muchos investigadores que exploran el tema de las vacas lisiadas, esta información puede ser un punto de partida adicional para comprender este fenómeno.

Por esta razón, la Unión de los Guardianes está haciendo esfuerzos para preparar a las personas para los procesos de bioregeneración de su plantilla ADN y la aplicación de técnicas y la vida de acuerdo con los principios de amor y respeto. La vida "honrada" no es necesaria porque alguien nos está forzando y amenazando, sino porque cualquier emoción, pensamiento, acción y valor conduce a un cierto karma que corresponde a la frecuencia transmitida. Entonces, el mensaje es ser conscientes de que lo que sembremos, lo mismo cosecharemos. Si no "purificamos" suficientemente nuestra plantilla ADN, nadie podrá ayudarnos en el proceso de asimilación de las frecuencias que se envían a la Tierra y la activación del ADN que lo acompaña.

En las enseñanzas de la libertad, se enfatiza que, para la Fuente Divina y los guardianes cristic, todos los seres son igualmente importantes y el amor se aplica a todos. Sin embargo, esto no significa que las consecuencias físicas del ejercicio del libre albedrío de los seres que pierden sus potenciales siempre pueden cambiarse. Algunos de ellos han optado por existir lejos de la Fuente Divina y no siguen los principios cristic, y su voluntad es respetada intentando desalentar, pero no manipular tales decisiones. Una de las oportunidades para ciertas razas caídas es continuar su existencia en un agujero negro que no está relacionado con otro agujero negro de razas que han estado en una pelea irresistible durante miles de millones de años. Después de miles de millones de años de intentar dar una oportunidad de bioregeneración a algunos de estos colectivos estelares, es hora de que sus decisiones determinen su destino y tomen

---

228 Whispers of the Rasha ReishA, Revelations of the Unspoken Ones, the HaahTUrs and the HUB, 2005, disk 2

el camino de la caída. Cuando se trata de una situación similar para un ser, una raza o un sistema veca, también se pueden tomar decisiones que sean más favorables para los seres en estos sistemas y se ajusten a los principios crístic.

Las razas que desean ser separadas en un agujero negro independiente son impulsadas por su deseo de supervivencia y por el hecho de que están en desventaja con respecto a otras razas caídas a los que querían dominar, pero las situaciones políticas y militares han cambiado. Como resultado de las negociaciones exitosas entre las razas cristic y las razas caídas, esto se hará y se respetarán los deseos de estas razas.

Cuando las criaturas cristic brindan información, no esperan una obediencia ciega, e incluso sería preocupante si se confía de manera ciega y sin reservas en la fuente de esta información. Es preocupante porque uno no tendrá cuidado en distinguir la fuente de información falsa y engañosa de la verdadera. Además, los seres cristic no siempre dan respuestas fáciles, sino que estimulan e inspiran a una persona para que las encuentre por sí misma sin engañarla. Lo que puede ser útil es despejar el camino, alentar al buscador, advertirle de los peligros y mostrarle los métodos que lo ayudarán a encontrar las respuestas por sí mismo. Cuando nos acostumbramos a caminar, lo aprendemos de una manera que podemos pasárselo a los demás, sin olvidar que deben caminarlo por sí mismos cuando estén listos y si lo desean.

La convicción cristic es que una idea o una creencia no debe ser impuesta. El hecho de que es bueno para todos, que alguien aplique los principios de amor y respeto cristic, no significa que se le quite su libre albedrío de eligir si seguir estos principios o no. Las ideas cristic pueden ser compartidos, explicados y presentados en la realidad por un ejemplo personal, pero todos elegirán si aplicarlos o no, y sufrirán las consecuencias de su elección.

En nuestra matriz de tiempo, el ejercicio del libre albedrío es la primera regla para ingresar en ella y la primera regla para salir. Ashayana y la Unión de Guardianes explican que hay otras matrices de tiempo en las cuales la voluntad de los seres está significativamente subordinada, y los sistemas de valores y experiencias de las sociedades en ellas son muy diferentes de los de nuestra matriz de tiempo. El ejercicio del libre albedrío es una cuestión compleja y delicada cuando la elección personal de uno de los seres humanos viola la libertad de los demás.Es lógico preguntar si hay alguna fuerza que restaure el equilibrio (no mediante la venganza, sino mediante el seguimiento de las reglas en nuestra matriz de tiempo). En un taller en mayo de 2012[229], Ashayana entregó la información de los Guardianes sobre los eventos históricos que llevaron a que el receptor de Río Cristalino activara el sistema de evacuación de emergencia. Es aquí donde se aclara que la libre voluntad de los seres en nuestra matriz del tiempo tiene su limitación de ejercicio. La voluntad divina supera el libre albedrío individual de sus manifestaciones cuando este último ejerce una oposición directa a la voluntad de la Fuente Divina y pone en peligro el movimiento crístico siempre vivo que está incrustado en el código cristic del Corredor Ekasha. Esto es exactamente lo que hemos visto en los últimos años, lo que ha llevado a la intervención cristic.[230]

---

229 Sliders 12, WS - May 2012
230 E'Asha Ashayana, sliders 12, WS May 2012

CAPÍTULO 12

TÉCNICAS BÁSICAS

Las enseñanzas de la libertad y catara proporcionan una gran cantidad de técnicas, muchas de las cuales se asemejan a meditaciones guiadas, incluido el uso de símbolos, colores y tonos. Las técnicas incluyen la visualización de unos símbolos específicos en determinadas partes del cuerpo, los colores y la pronunciación de los tonos. Todos los colores y tonos se seleccionan para un propósito específico y contienen una incidencia de energía de una determinada dimensión. Muy explícitamente en catara, se hace hincapié en aclarar cómo influyen los colores y los tonos. La elección basada en la información es una elección libre y, por lo tanto, el impacto de las técnicas se presenta con detalles.

La lengua es anuhasi, como ya se mencionó en capítulos anteriores. Como el lenguaje más antiguo en nuestra matriz de tiempo, corresponde a la plantilla de ADN de todas las razas en ella, incluida la línea humana angélica, por lo que las palabras y las oraciones actúan como una fórmula para activar nuestros programas de ADN latentes.

Las ondas de sonido se crean no solo pronunciando palabras, sino también realizando ciertos movimientos que en catara se denominan *seurias*. *Seuria* es un movimiento o posición del cuerpo o brazos que crea una columna de sonido estática.[231] Para crear esta onda de sonido estática, es necesario activar ciertos flujos en el cuerpo de una persona y en su mercaba. Las mudras, tan populares en la actualidad, como posición de las manos, también son forma de seuria.

En catara, queda claro que cuando uno aprende a aplicar los sellos y percibe las ondas de sonido que maneja, comienza a dominar el arte de crear una escultura acústica. Un hombre así,

---

231 E'Asha Ashayana, Dance for love, 2002, disk 3

cuando baila, deja una carga positiva en toda la sala y para todos los que están presentes en su acto de comunicación íntima con la Tierra y el espacio.

Los símbolos utilizados en las técnicas funcionan de manera similar a un tono: son códigos que representan una transferencia visual de entidad de una determinada frecuencia. Ambos tonos y símbolos se ven en catara como poderosos instrumentos vivos de influencia.

Lo importante aquí es que son entidades vivos que deben ser respetadas cuando entramos en contacto y en un proceso de creatividad conjunta. Esta actitud de comunicación respetuosa con cada objeto es clave para crear una excelente sensación de unidad con todo. Nos ayuda a construir un sentido de la individualidad y singularidad de cada átomo y cada partikum partícula con la que estamos en contacto y verlo como una manifestación de la Fuente Divina.

La aplicación de la técnica de catara es posible sin explicaciones detalladas de la estructura que existe y el tipo de energía que se está utilizando. No obstante, es mejor que el cuerpo mental conozca estos detalles y comprenda por qué se hace algo de una determinada manera. Cuando este conocimiento está presente y el cuerpo mental integra la técnica (entiende su significado), entonces hay una mejor retención de las frecuencias altas, inicialmente en el cuerpo mental y después en el cuerpo emocional y físico.

Un enfoque equilibrado para combinar técnicas, escuchar y leer el material básico es el preferido para renovarse sin problemas y aumentar las frecuencias que manejamos. La clave es que nos familiaricemos con la información que nuestro cuerpo y subconsciente ya conoce, a pesar de que haya estado oculta para nosotros desde hace mucho tiempo. El recuerdo de estas energías y actitudes está vivo y se encuentra profundamente dentro de nosotros, y las técnicas nos ayudan a despertarlo poco a poco y crecer al integrar nuestras identidades superiores.

El verdadero conocimiento difiere del falso en que el primero lleva frecuencias que incluyen la memoria celular de una persona y ésa sabe y siente con cada célula de su cuerpo que el conocimiento es verdadero. Confiar en esta respuesta interna y la evaluación de la información le permite crecer espiritualmente y acumular conocimiento y no la fe ciega en las autoridades que no explican sus afirmaciones. Por esta razón, las técnicas de catara son una herramienta con la cual uno gana más libertad para construir su visión del cosmos y crear.

1. Los puntos Catara

Cuando conocemos algunos de los niveles de nuestra anatomía fina y la forma en que se relaciona con nuestro cuerpo físico, el ejercicio físico y el masaje adquieren un significado y un propósito diferentes. Cuando los centros de catara del cuerpo se masajean en una determinada secuencia con el conocimiento de que son centros energéticos centrales, esto actúa como un evento desencadenante para el subconsciente humano y su memoria de ADN.

El masaje en los puntos de las líneas de catara en una secuencia específica actúa de una manera beneficiosa para el cuerpo para abrir los 12 centros de catara y otros puntos de energía específicos. A través de estas acciones el cuerpo recibe una nueva entrada de infusión de energía y la regeneración de la huella de salud. En catara se explica el proceso físico de estas infusiones de energía, que representan la reprogramación electrotonal de fusión de las partiki y el aumento en la frecuencia de nuestra oscilación y emisión de luz. En un lenguaje más simple, esto significa que el ritmo de pulsación de las partículas de las que estamos compuestos aumenta y podemos recibir en nuestro cuerpo energías más altas y más puras. Si pulsamos a una frecuencia, percibimos todo lo que existe en y por debajo de esa frecuencia. Por lo tanto, si aumentamos nuestra frecuencia, percibiremos cosas nuevas y reales, y las antiguas se repensarán, ya que se ven desde otro ángulo y desde otro sistema de percepción.

Cada punto se masajea durante 15 o 20 segundos hasta que se siente un ligero flujo de energía y la activación del centro en cuestión. Antes de proseguir con el masaje catara del cuerpo, en catara se dan las siguientes instrucciones: "Respire lenta y profundamente e imagine un flujo de energía pasar desde vuestro escudo maharic (30 cm debajo de los pies) a través de las plantas de los pies subiendo por todo el cuerpo hasta que alcance el primer chakra. Seguidamente, masajee los puntos en el siguiente orden:

1. Masaje de la corona

2 y 3. Masaje de las sienes simultáneamente

4. Masaje en la base del cráneo

5 y 6. Puntos de masaje debajo de los hombros.

7 y 8. Masaje del abdomen en la zona por encima de los muslos

9 y 10. Masaje en la parte posterior de las rodillas

11 y 12. Masaje en la parte inferior del pie junto con el empeine

13. Masaje del cuarto chakra - el punto entre el pecho

14. Masaje del sexto chakra (tercer ojo) - el centro de la frente

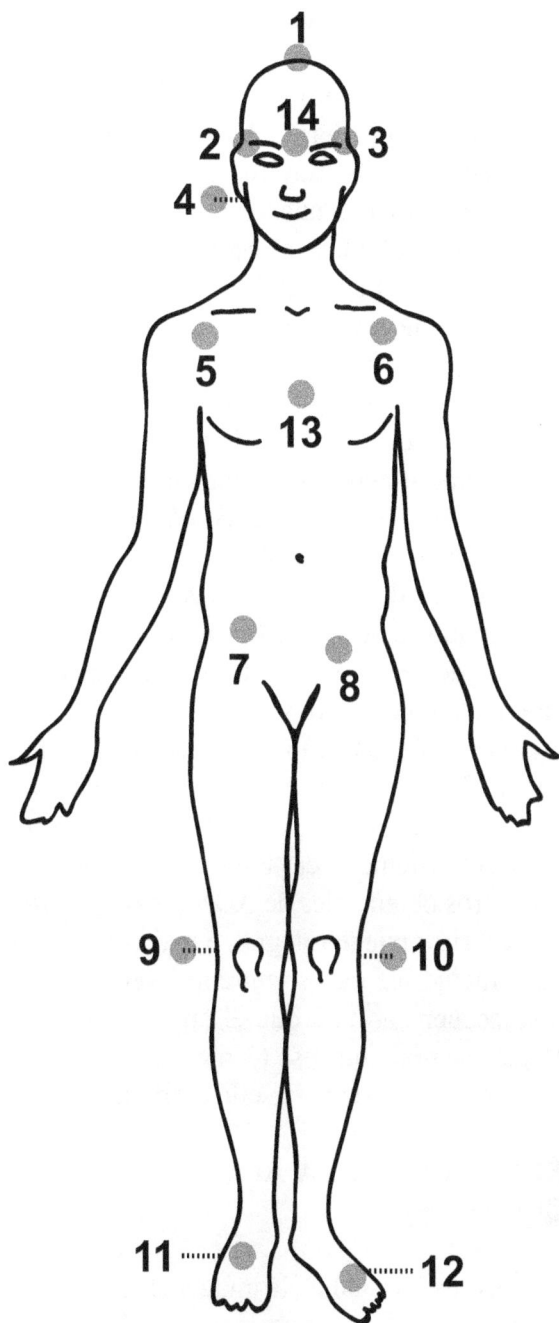

2. Activación del escudo maharic

La técnica básica en catara es la activación del escudo maharic y la retirada del sello maharic. Antes de realizar esta técnica y cualquier otra meditación es muy recomendable activar su cuerpo de plasma haciendo al menos una vez en su vida dos meditaciones guiadas: la primera es un viaje al centro de Ari-Areas Aluma-Un centro del átomo Kristar. La segunda meditación guiada es un viaje a la isla de Areas. La necesidad de estas técnicas es asegurar que, en todos los viajes guiados, meditaciones y viajes durante el sueño no habría contacto no deseado ni impacto de fuerzas que no estén en línea con la misión de su Avatar de Cristo. Podéis encontrar un archivo de audio gratuito con estas técnicas en la página oficial de Yesha Ashayana: http://www.arhayas.com/pages/techniques

Una vez que haya realizado los viajes, puede pasar tranquilamente a activar su escudo mahárico y seguir potenciando con otras técnicas a medida que su avatar de Cristo lo vaya llevando.

La activación del escudo maharic es la técnica que se realizaba cada día en tiempos remotos por todos los representantes de la raza humana. Es la conexión que cada uno de nosotros realiza con su propio avatar de Cristo, y con esta conexión ayuda a la sanación del escudo de la raza humana y, por lo tanto, de la Tierra, el sistema solar, la galaxia, el sistema veca. Esta es la técnica que incorpora fluidamente nuestros potenciales de ADN y es el puente a través del cual el avatar de Cristo puede integrarse mejor en nuestro cuerpo.

Leer atentamente los pasos, entrenar constantemente la visualización en su secuencia, hará que el organismo se acostumbre a ellos. Cuanto más se practique esa técnica, más fácil y rápidamente se activará el escudo maharic y su sello maharic.

LA TÉCNICA PARA LA ACTIVACIÓN DEL ESCUDO MAHARIC

1. Cierre los ojos y visualice la imagen de una estrella de David (la Estrella de mercaba) de seis puntas plana (bidimensional), hecha

de luz blanca y ubicada en el sexto chakra (tercer ojo) en el centro de la cabeza. Si aún no puede generar visualizaciones internas, imagine que el símbolo está ahí. Continúe visualizando o imaginando la estrella blanca, luego mueva su imagen a la izquierda de su campo central de visión interior. Nuevamente en el centro de su campo de visión interior, visualice la imagen de otra estrella mercaba que brilla con luz plateada oscura.visualice simultáneamente las dos mercaba estrellas en el campo de su visión interior, seguidamente mover lentamente las dos imágenes, una hacia la otra, hasta que se unifiquen en una sola estrella mercaba que brilla con luz plateada clara. Este símbolo de una doble mercaba se llama **hierofante**. Este es un método multidimensional de movimiento de energía dentro del cuerpo y fuera de él hasta la 12ª dimensión, a través de la cual se activa el escudo maharic.

2. Visualice el hierofante claramente en su mente, luego dirija su atención a su respiración y escúchela al disminuir su ritmo de inhalación y exhalación dos veces de su ritmo normal. Tome algunas respiraciones lentas y profundas y haga exhalaciones. En la siguiente exhalación, use su poder para empujar al hierofante desde el sexto chakra, a través del flujo vertical central del cuerpo, hasta el núcleo de la Tierra. Tome algunas respiraciones y exhalaciones más lentas mientras visualiza el hierofante en el centro del núcleo de la Tierra. Ahora vea cómo comienza a girar en el núcleo de la Tierra y se acelera. La estrella mercaba plateada oscura y la estrella mercaba blanca giran en direcciones contrarias. Cuando se haya acelerado lo suficiente, vea como el hierofante se convierte en una esfera de luz plateada clara que gira en el núcleo de la Tierra.

3. Visualice cómo desde la esfera de luz plateada giratoria apa-rece un disco de luz de color plateado claro, que pasa a través del ecuador y se extiende hacia la atmósfera de la Tierra. Vea cómo el disco comienza a girar. Este disco es el escudo maháric en la Tierra.

4. Ahora vuelva su atención a la esfera giratoria en el núcleo de la Tierra. Respire hondo y visualice cómo un hilo de color plateado claro, de unos 15 cm de diámetro, sale del núcleo de la Tierra. En la parte superior del hilo se encuentra la esfera hierofante. Al inspirar

imagine como el hilo se va dirigiendo a su cuerpo y se para en el 12°
chakra que se encuentra en la corriente central a 15 cm por debajo
de los pies (el trasero, si está sentado con piernas cruzadas). Un
extremo del hilo está unido con el nucleo de la Tierra, el otro con
la esfera hierofante. Visualice el 12° chakra como un pequeño disco
transparente con un diámetro de 7-8 cm, que está 15 cm por debajo
de sus pies. Vea cómo la esfera gira en el centro del duodécimo
chakra y vea cómo el diámetro del disco del 12° chakra aumenta a
15 cm.

5. En la siguiente inhalación, tire de la esfera hierofante del
chakra número 12 desde la corriente central hasta el chakra número 14, que está a 90 cm por encima de su cabeza. Mientras inhala,
imagine cómo el hilo de luz plateada fluye a través de su corriente
central y conecta el núcleo de la Tierra con sus chakras hasta el
chakra 14. Inhale unas cuantas veces mientras siente el flujo de energía limpia y fresca que pasa por su cuerpo.

6. En la siguiente exhalación, visualice cómo la esfera hierofante apunta hacia abajo en la corriente central, pasa por el chakra
12° y se detiene 30 cm por debajo de sus pies (15 cm por debajo del
chakra 12°). Ésta es la ubicación de su escudo mahárico en el campo
morfogenético de su cuerpo. Respire lentamente y observe cómo
gira la esfera hierofante hasta que aparezca un disco horizontal de
luz plateado claro a 30 cm debajo de sus pies. Sienta el disco que
tiene unos 3 metros de diámetro.

7. Invoque en su mente la imagen del escudo maharic de la
Tierra que gira, y con cada inhalación suya, saldrá de él una energía
mahárica plateada clara liviana, que pasa a través del hilo plateado
y alcanza su escudo maharic, 30 cm bajo sus pies. Sienta cómo la
energía llena su escudo mahárico. Cuando su escudo mahárico alcance su capacidad, vea cómo se convierte en un pilar de luz blanca
plateada que atraviesa todo su cuerpo y lo envuelve por completo.
El pilar alcanza el 14° chakra de su cuerpo, 90 cm por encima de la
cabeza. Inhale profundamente varias veces y sienta como la energía
maharic del pilar alcanza todas las células de su cuerpo. Sus biocampos ya están sellados con el sello maharic de la 12ª dimensión.

8. Purificación con luz líquida: mientras el pilar de energía ilumina todo a su alrededor, dirija su atención a su 13° chakra, que se encuentra en el núcleo de la Tierra. Inhale una última chispa de luz plateada moviendo la chispa desde el núcleo de la Tierra a traves del hilo plateado, a su cuarto chakra en el centro de su pecho. Respire lenta y suavemente. Vea cómo una bola de luz maharic brilla desde el cuarto chakra y llena su cuerpo con maharic energía pura. Cuando haya alcanzado su potencial, su 12° chakra se reducirá automáticamente, el escudo mahárico de la Tierra dejará de girar gradualmente y reducirá el flujo de energía desde el núcleo de la Tierra. Su hilo plateado se encogerá en su posición original en el núcleo del planeta.

En los primeros tres meses de uso regular, el sello maharic permanecerá en su biocampo entre 1 y 3 horas. Después de un uso prolongado de la técnica todos los días, el sello permanecerá activo hasta 12-14 horas.

Si en las últimas 24 horas ha activado el sello maharic, éste se puede volver a activar rápidamente de nuevo sin tener que repetir los pasos de nuevo. Tan sólo es necesario previsualizar la esfera de luz de color blanco plateado en el sexto chakra (tercer ojo), enviarla al centro de la Tierra con una fuerte exhalación, visualizar cómo gira el escudo maharic de la Tierra y de él sale el hilo de plata que pasa a través de usted y se dirige en lo alto del cielo. Respire suavemente y sienta que su cuerpo se llena con energía maharic y su sello maharic está de nuevo activado.

El uso regular de la técnica de activación del escudo maharic y el sello maharic purifican gradualmente la red catara del cuerpo y todas las energías sutiles en base a las cuales se construye el cuerpo físico.

El uso de esta técnica da los siguientes resultados:
1. El código genético de una persona expande progresivamente su capacidad para asimilar y mantener frecuencias de conciencia cada vez más altas de dimensiones más altas.
2. Comienza el proceso de activación de los chakras morfo-

genéticos y purificación de los centros de la red catara de una persona.

3. Se ayuda a la apertura de los sellos cristalinos en el cuerpo, lo que resulta en la activación del ADN y los correspondientes procesos que lo acompañan.

4. Se estimula la activación del ADN y desencadena gradualmente mercaba completa hasta la 12ª dimensión: mahunta mercaba.

5. Al utilizar la técnica, el escudo mahárico de una persona se conecta de una manera más completa al escudo mahárico de la Tierra, lo que permite que el cuerpo de la persona y sus biocampos se utilicen para un trabajo sagrado real con las redes de la Tierra: la purificación energética de puntos geográficos; creación de áreas protegidas para la comunicación multidimensional; apertura y trabajo con sistemas de portales estelares; trabajo de luz bajo la sutil dirección del avatar de Cristo y la Unión de Guardianes con centros de energía del planeta.

6. Permite a los sanadores enviar energía desde la 12ª dimensión para proteger a sus clientes de intervenciones externas no armoniosas de dimensiones superiores.

7. El sello maharic protege a una persona de interferencias poco armónicas al realizar proyecciones astrales, viajes meditativos y otras actividades en el astral y las dimesiones más altas.

8. Ayuda a la purificación de los codigos ADN invertidos en la plantilla del ADN humana con lo que se regenera la huella de salud natural.

9. Ayuda a las personas índigo y a las personas que representan a la raza humana angélica, a los iluminati en cuerpos humanos para conectarse con su avatar de Cristo, y si lo desean estar protegidos de las interferencias a las que son vulnerables debido a los problemas con su código genético.

Además de las técnicas de visualización del hierofante mediante las cuales activamos el escudo mahárico u otros escudos o centros en nuestro cuerpo, en catara y tantriara, se presentan otros dos tipos de técnicas básicas mediante las cuales se puede manejar un cierto tipo de energía. Una de estas técnicas básicas es la llamada inducción pineal óptica.[232] En un lenguaje más simple, significa respirar a través del tercer ojo la energía que irradia un símbolo. Esta técnica es muy necesaria cuando queremos introducir en nuestro biocampo el programa matemático de ciertos códigos (veca, eka, ekasha, ileiasa y otros códigos). Estos códigos se asemejan a mandalas y otras imágenes o figuras geométricas. Antes de usar la inducción óptica pineal para un código dado, es una buena idea activar la protección cristic (el sello maharic o frecuencias más altas). Una vez que ingresemos el código en nuestro biocampo, necesitamos saber dónde colocarlo en nuestro cuerpo y qué hacer con él en este lugar para que sea efectiva la activación del código. Esta activación representa la reanudación del funcionamiento de una parte de nuestra compleja y rica anatomía bio-espiritual, que nos dará acceso a dimensiones más altas y una interacción más completa con diferentes energías cristic.

Otra técnica básica que se presenta en tantriara es pronunciación de una secuencia de tonos de palabras sagradas. Uno de los comandos cristic más poderosos y beneficiosos se llama "La canción de Areas".[233] Yesha Ashayana explica que estas son las 15 Kristar corrientes centrales del eterno Kristar "Areas Cosminyas Alhambras". Al decir los nombres de estas corrientes, se activa la llama cristic Ileisa en las siguientes dimensiones, de la siguiente manera:

La canción de Areas

Comandos de canciones de Areas Ariona - activan dimensiones del 1 a 9 (Kristar Cosminyas Kundalini)

1. *Ariyon Kaiachi*
2. *Ariyon Raiaki*
3. *Ariyon Iaiarey*
4. *Ariyon Saia Prana*

---

232 Traducción propia del inglés "optical pineal induction", "Kathara biospiritual healing system manual", nivel 1, 2000; "Workshop, Kathara nivel 1"
233 E'Asha Ashayana, Introduction to Shiftmasters, hostmasters and Earth-cync celebration, 2013, p.6

5. *Ariyon Taia Mana*
6. *Ariyon Haia Traia*
7. *Ariyon Laia Mira*
8. *Ariyon Maia Maia*
9. *Ariyon Shaia Iana*

Comandos de la Alhambra - activan dimensiones del 10 al 12 (Plasma fluido de luz del campo Kristar)

10. *Ariyon Al Ia Taja*
11. *Ariyon Um Ia Jara*
12. *Ariyon Bra Ia Maja*

Comandos Ileisa: activan las dimensiones del 13 al 15 (Plasma de luz eterna del campo Kristar)

13. *Ariyon Ii Ia Kii*
14. *Ariyon Le Ia Ra*
15. *Ariyon Sa Ia She*

«Ariyonia Alhambra Ileisa» (x3)

Después del pronunciamiento único de los comandos del 1 al 15, la técnica se cierra mediante un triple pronunciamiento en los tres niveles: "Ariyonia Alhambra Ileisa".

Esta secuencia de tonos puede ser utilizada indefinidamente por cualquier persona, siempre y cuando uno sienta que se ha activado y llenado con la energía cristic beneficiosa de Kristar en su cuerpo.

La técnica de la secuencia de tonos también funciona cuando se pronuncia en la mente.

En catara y tantriara se presentan cientos de técnicas que pueden usarse para activar e integrar ciertas frecuencias en el cuerpo que estimulan la recuperación de la huella de la salud. Dado que estamos en una situación de evacuación cristic del sistema veca, es importante que antes de utilizar cualquier técnica catara, se lleven a cabo las meditaciones guiadas hasta Ari- Areas Aluma-Un y hasta la isla de Areas. De esta manera, la persona activa su cuerpo de plasma cristic Alhambra, que lo protege al nivel más alto.[234] Seguidamente se propone proceder con la técnica descrita para la activación del escudo maharic y otros. Para una información más precisa, se pueden consultar los talleres de 2013 y 2014, así como el sitio web: http://www.arhayas.com

Las técnicas bioespirituales que se presentan en las enseñanzas tantriara ofrecen perspectivas teóricas a través de las cuales las personas pueden optar por explorar el potencial de la evolución de una manera consciente, informada, proactiva y empoderadora.[235]

La aplicación de técnicas implica la activación de frecuencias más altas en el cuerpo y cada practicante es libre de usar variaciones de las mismas técnicas para diferentes actividades que tienen intenciones crísticas. Al entender la ubicación y el funcionamiento de los diferentes chakras, centros catara y otros puntos, con sus respectivas frecuencias y acceso a las dimensiones, la mecánica mercaba personal, la acción de los escudos de energía, uno puede hacer miles de cosas diferentes con este conocimiento. La aclaración de las técnicas es mostrar diferentes puertas hacia uno mismo, cómo se abren y cierran, cómo se mantienen y hacia dónde conducen. La decisión hacia dónde quiere ir y desarrollarse determinada persona depende totalmente de su libre albedrío y sus conocimientos.

---

234 E'Asha Ashayana, Sliders 12, part 1&2, 2012; http://www.arhayas.com/pages/techniques
235 E'Asha Ashayana, Introduction to Shiftmasters, hostmasters and Earth-cync celebration, 2013, p. 55

CONCLUSIONES

La presentación del conocimiento sagrado de catara en la Tierra por el portavoz de la Unión de Guardianes y los consejos de magistrados de la Alhambra es una promesa hecha hace dos mil años para el retorno y el apoyo en el proceso de ascensión de todas las criaturas que desean vivir en sistemas abiertos de Cristo y quienes no han perdido su potencial espiritual para esto.

La asimilación de las enseñanzas de la libertad es un esfuerzo importante que cada uno tiene que elegir por si mismo. Los eventos cósmicos en gran escala, en los que la Tierra y la humanidad están involucrados, todavía se encuentran en el limbo de la atención pública y no son claramente visibles aquí en el primer universo armónico. Esto cambiará en las próximas décadas y los temas sobre los seres extraterrestres, las dimensiones, la biosanación, el viaje en el tiempo, el estado del Sol y los campos geomagnéticos no se podrán ocultar detrás de la cortina transparente de la negación. Al restaurar sus potenciales bioespirituales, cada uno podrá definir mejor su camino evolutivo que desea seguir eones por delante. La introducción de varias técnicas de visualización y meditación durante veinte minutos al día en nuestro programa diario tendría un gran impacto en la integración de nuestras identidades multidimensionales superiores, el desarrollo de nuestras capacidades genéticas y despejar nuestro bloqueo genético.

Cada vez más personas comienzan a sentir e intuitivamente saben que el origen de la humanidad proviene de las estrellas y que nuestro subconsciente vive un pasado prehistórico que tiene una relación directa con nuestro presente.

Vernos a nosotros mismos y a todos como hijos de Dios es una declaración correcta, pero en las doctrinas de la libertad, también se animan los humanos a verse como co-creadores con la Fuente Divina. Somos creadores y somos responsables de nuestras creaciones, de nuestras acciones como seres adultos. Esta actitud nos ayudará

a entender el drama en el que estamos y aprender a actuar deliberadamente en la creación. Con nuestra percepción de adultos y no de
niños, podemos entender lo que está sucediendo a nuestro alrededor,
porque, nos guste o no, somos parte de grandes eventos cósmicos y
es útil tener conocimientos sólidos y resistencia psicológica para los
tramos difíciles del próximo desenlace; también estar preparados
para experimentar el indescriptible sentimiento de felicidad y tran-
quilidad de nuestro tan esperado regreso a casa.

La capacidad de obtener información directamente de nuestro
avatar de Cristo u otras identidades en dimensiones, que son seguras
para nosotros bajo la protección de nuestro Ser crístico, es el fun-
damento para crear verdaderos individuos libres. Precisamente son
estas personas las que pueden tener un gran acceso al conocimiento,
lo que reqiere una actitud responsable para su uso.

La mecánica sagrada de la creación, que se explica en catara,
es el vínculo de conexión entre la espiritualidad y la ciencia. Este
es el conocimiento eterno que requiere que cada persona vuelva a
despertar su propio poder creativo y su libertad para afirmar su so-
beranía personal como una expresión única del Absoluto.

LISTA GRADUAL DE LIBROS Y TALLERES RECOMENDADOS EN EL APRENDIZAJE DE LAS EN-SEÑANZAS DE LA LIBERTAD

La lista de talleres recomendados y literatura está recopilada por el autor, reflejando sus preferencias por el orden de familiarización inicial con los materiales. El propósito de esta lista es ayudar a la entrada en las enseñanzas de la libertad, catara y tantriara de una manera gradual.

Autor Yesha Ashayana (conocida como Ashayana Deane y Anna Hayes) Author: E'Asha Ashayana (F.K.A Ashayana Deane and Anna Hayes)

Sitios webs oficiales para más información: http://www. elaisafreedomforum.com y http://www.arhayas.com

LIBROS:
1. Voyagers 1 - The sleeping abductees, Wild Flower Press, 20022. Voyagers

2 - Secrets of Amenti, Granite Publishing, 2003

3. Master's Templar Stewardship Initiaive and the Grail Quest Signet roundtables, 2010

4. Kathara level 1 manual- bio-spiritual healing system, 2001

5. The real Christmas story, 2008

6. Sliders handbook 1-12

7. ARhAyas Productions, December 2012 Workshop Handbook

8. ARhAyas Productions, April 2013 - Chart Pack

9. ARhAyas Productions, May, 2013 handbook

10. ARhAyas Productions, August 2013 handbook

TALLERES:

1. Project Camelot productions, The realities of Ascension, 2010

2. The Lemurian and Atlantian Legacies, 2001

3. The Arthurian Roundtables - Nibiruian Checkerboard Mutation,2001

4. Dance for Life,2002

5. Dance for Love,2002

6. Dance for freedom, part 1,2003

7. Dance for freedom, part 2,2003

8. Revelations Of The 'DhaLA-LUma', Transfiguration of the Kryst & the 'KaLE-Hara' Celebration, 2007

9. Legacy of the Lost, Freedoms of the Found, the Milky Way Mysteries, Halls of Records and the "Jesus Codes", Amsterdam, 2007

10. ARhAyas Productions, Dawn of the Age of enlightenment, December 2012

11. ARhAyas Productions, The E-Lai-sa awakening, April 2013

12. ARhAyas Productions, The waters of E-Lai-sa, May 2013

13. ARhAyas Productions. Introduction to Shiftmasters, August 2013

ALEKSANDAR MILANOV

EL REGRESO DEL CONOCIMIENTO SAGRADO DE CATARA

◆◆◆

Los secretos de los portales estelares

ALEKSANDAR MILANOV
La información en el libro está basada íntegramente en conferencias y fuentes escritas de Yesha Ashayana.
© Autor – Aleksandar Slavkov Milanov, 2020
© Editorial - Fundación „Граждани на Новата епоха"
("Ciutadanos de la Nueva Época"), 2020
Traducción del búlgaro - Fundación „Граждани на Новата епоха"
("Ciutadanos de la Nueva Época"), 2020
Revisión y corrección de la traducción: Victoria Petrunova
www.newagecitizens.org
e-mail: foundation.newagecitizens@gmail.com
ISBN 978-619-90834-4-4

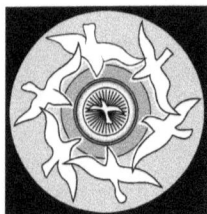

NEW AGE
CITIZENS
FOUNDATION